Mikkel Robrahn

VIGGO

A PietSmiet Story

Über dieses Buch:

Am 29.7.2012 wurden die Zuschauer des Kanals »PietSmiet« Zeugen eines folgenschweren Verbrechens. In Folge 99 des Let's Plays zum Videospiel »DayZ« wird ein unschuldiger Zivilist namens Viggo von Peter Smits auf einem Krankenhausdach erschossen. Seit diesem Tag rätselt die Community: War es kaltblütiger Mord, oder wurde Peter von seinem PietSmiet-Kollegen Brammen zur Tat nur angestiftet? Eine Legende formt sich. Die Frage nach der Schuld bleibt bis zum heutigen Tage ungeklärt. Der Roman »Viggo« klärt die Frage nach dem Opfer.

Über die Autoren:

PietSmiet leben und lieben Videospiele: Die fünf Jungs sind kein seelenlos zusammengecastetes Let's-Player-Pendant zu einer Boyband, sondern seit vielen Jahren beste Freunde. Das fühlen und spüren ihre rund 2,3 Millionen Abonnenten in jedem der inzwischen über 21.000 Videos.

Mikkel Robrahn ist Mitarbeiter der PietSmiet UG und Co. KG und dafür verantwortlich, dass nichts liegen bleibt. Als begeisterter Schreiber hat er sich bereits auf der PietSmiet.de ausgetobt. »Viggo« ist sein erster Roman.

FSC
www.fsc.org
MIX
Papier aus verantwortungsvollen Quellen
FSC® C106632

1. Auflage

Zülpicher Platz 9
50674 Köln

Covergestaltung: Risto
Redaktion: Mirka Uhrmacher
Satz: Achim Münster, Overath
Gesetzt aus der Palatino

Gesamtherstellung: Community Editions GmbH
ISBN 978-3-96096-081-2
Printed in Germany

www.community-editions.de

MIKKEL ROBRAHN

[VIGGO]

A PietSmiet STORY

Community EDITIONS

Dieses Buch ist für alle,
die die schändlichen Taten des gewissenlosen Schweins
niemals in Vergessenheit geraten lassen!
#NeverForgetViggo

Das Dröhnen der Kaffeemaschine war wie Musik in Viggos Ohren. Zwei Stunden noch, dann hätte er endlich Feierabend, würde nach Hause fahren und Abendbrot für die Familie zubereiten, bevor seine Frau von ihrem Job im Supermarkt zurückkam. Und er hatte nicht vor, diese zwei Stunden ohne Kaffee zu verbringen.

Brühend heiß plätscherte die braune Flüssigkeit in die weiße Tasse mit der Aufschrift *Dad of the year*, die ihm Alexandra vor zwei Jahren zum Vatertag geschenkt hatte. Auch wenn es kitschig war: Er hütete sie wie einen Schatz.

Nachdem die Maschine ihren Dienst verrichtet hatte, nahm er die Tasse aus der Halterung, schlurfte zurück zum Rechner und ließ sich auf dem Bürostuhl nieder, der so bequem war wie eine Holzbank. Vor ihm stand ein alter Röhrenmonitor – denn auch wenn das Krankenhaus erst vor Kurzem gebaut und mit aktuellen medizinischen Geräten ausgestattet worden war, hatte man beim Rest gespart. Die Rechner liefen noch mit Windows 2000, das von Microsoft bereits seit zwei Jahren nicht mehr mit Updates versorgt wurde. Für ein Krankenhaus natürlich ein großes Sicherheitsrisiko – aber das hatte er oft genug angesprochen und wurde ignoriert.

Er nippte kurz am Kaffee, den er schwarz trank, und warf dann einen Blick auf die Patientenakten. Seit einem Jahr arbeitete er als Krankenpfleger im städtischen Krankenhaus – kein Job, mit dem man reich wurde, aber zusammen mit dem Gehalt seiner Frau kamen sie gut über die Runden, und alle zwei Jahre war ein Urlaub drin, den sie gern im Sommer am Meer verbrachten.

Als er gerade dabei war, die Essensbestellungen für das kommende Frühstück einzutippen, klingelte das Telefon.

»Station 3, Viggo Nikolaij am Apparat.«

»Hey, Viggo, Viktor hier«, meldete sich derjenige am anderen Ende der Leitung. Viktor war einer von Viggos Freunden bei der Arbeit. Er kam mit vielen gut aus, aber mit Viktor war er schon einige Nächte um die Häuser gezogen. So etwas schweißte zusammen.

»Ich ruf an, weil ich dich fragen wollte, ob du heute Abend dabei bist. Anja feiert ihren dreißigsten Geburtstag und wollte das mit einer Flasche Sekt im SammysInn begießen.«

»Liebend gern«, sagte Viggo. »Du weißt, dass ich bei so was eigentlich nicht Nein sagen kann. Aber ich habe Magda versprochen, dass wir das Wochenende gemeinsam einläuten. Wir werden Pizza machen, einen Film gucken, und wenn Alexandra im Bett ist, wird eine Flasche Rotwein geköpft. Tut mir leid, aber die Familie geht vor.«

Am anderen Ende herrschte kurz Stille, dann räusperte sich Viktor. »Oh Mann, du alter Spießer. Na gut, dass ich da den Kürzeren ziehe, ist wohl klar. Dann sehen wir uns morgen in der Mittagspause?«

»Morgen in der Mittagspause. Es gibt Lasagne in der Kantine, und du kommst nicht ohne ein paar gute Geschichten von der Party, verstanden?« erwiderte Viggo.

»Dann bis morgen«, sagte Viktor und legte auf.

Sie kannten sich noch aus der Schulzeit, hatten dort drei Jahre nebeneinandergesessen, sich aber anschließend aus den Augen verloren. Es war eine große Überraschung gewesen, als sie sich im Krankenhaus über den Weg liefen und beide die schlichte blaue Krankenpflegeruniform trugen. Viggo hasste die Klamotten, in denen man immer aussah wie ein Sack Kartoffeln, bloß blau und nicht braun. Aber es half ja nichts.

Viktor arbeitete auf Station 6 mit suchtkranken Patienten – ein Job, um den ihn Viggo nicht beneidete. Dort kamen die krassen Fälle hin: Junkies, Alkoholsüchtige, Abhängige, die aufgrund einer

Krankheit ins Hospital mussten und weiterhin ihren Stoff brauchten – natürlich unter ärztlicher Aufsicht. Ein Entzug war für den Körper eine solche Herausforderung, dass er neben einer Lungenerkrankung oder Krebs nicht zu stemmen war.

Viggo nahm einen Schluck Kaffee, der mittlerweile schon kalt war, und verzog leicht angewidert das Gesicht. Kalter Kaffee ist wie Sex ohne Orgasmus, hatte sein Vater mal zu ihm gesagt. Damals hatte er nicht viel damit anfangen können, aber heute wusste er sehr gut, was sein alter Herr damit gemeint hatte.

Seine Augen wanderten ungeduldig in Richtung Uhrzeitangabe auf seinem Monitor. Er konnte den Feierabend kaum abwarten, auch wenn er seinen Job gern machte. Aber weil er und seine Frau beide im Schichtdienst arbeiteten, war die gemeinsame Zeit als Familie rar gesät. Deshalb hatten sie sich vorgenommen, zumindest einmal im Monat zu kochen und zu dritt einen Film zu schauen. Und dieser Abend war heute. Viggo freute sich wie ein Kind auf die Bescherung.

Die Zutaten für die Pizza hatte Magda schon am Vortag mitgebracht: Tomatensoße, Käse, Pilze, Schinken und Mais. Den Teig würde er frisch mit Alexandra machen und die Pizza dann vorbereiten. Um neunzehn Uhr fünfundfünfzig würde er sie in den Ofen schieben, und eine Viertelstunde später würden alle gemeinsam am Esstisch sitzen. Den Abwasch würden sie stehen lassen und sich stattdessen auf die Couch setzen, um den ersten Ghostbusters-Film zu schauen – einen von Alexandras Lieblingsfilmen. Anschließend würde seine Tochter ins Bett gehen, und dann stand das Erwachsenenprogramm an, das aus einer Flasche Rotwein und irgendeiner romantischen Komödie bestand – und schlafen würden sie in dieser Nacht natürlich nicht viel.

Es klopfte an der Tür des Stationszimmers, kurz darauf schob sich ein blond gelockter Kopf durch den Türrahmen, und Frau Iwanow sah ihn freundlich an.

»Ich will ja nicht drängeln, aber wissen Sie schon, wann es Abendbrot gibt?«

Frau Iwanow war wegen eines komplizierten Bruchs im rechten Unterarm im Krankenhaus. Sie war mit ihrem Hund spazieren gegangen, einer winzigen Corgi-Hündin namens Emma, die einer vorbeilaufenden Katze hinterherjagen wollte. Das allein wäre kein Problem gewesen, aber Emmas Leine hatte sich ungünstig um Frau Iwanows Handgelenk verknotet, der Hund wuselte ihr aufgeregt zwischen den Beinen hindurch, und bei dem Versuch, nicht auf das kleine Tier zu treten, war sie gestolpert und auf ihrem Arm gelandet.

Viggo sah auf die Uhr. »Da müssen sie sich noch ungefähr zwei Stunden gedulden, dann fangen die Kollegen mit der Essensausgabe an, Frau Iwanow.«

»Zwei Stunden noch?«, gab sie in gespielt beleidigtem Ton zurück. »Ich werde meinem Sohn sagen, dass er mir das nächste Mal ein paar Kekse mitbringen soll, damit ich hier nicht noch verhungere, während ich auf meine OP warte.«

»Keine Angst, erwiderte Viggo ironisch. »Wir würden Ihnen vorher schon eine Sonde verpassen. Stellen Sie sich die Schlagzeilen vor, wenn Sie uns hier verhungern. Das würde die Leitung bestimmt nicht riskieren.«

Die rüstige Dame schenkte ihm ein Lächeln und machte sich dann wieder auf den Weg in ihr Zimmer. Viggo liebte den Umgang mit den Patienten – zumindest, wenn es so nette und freundliche wie Frau Iwanow waren. Natürlich gab es auch das komplette Gegenteil: Nörgler, die weder Danke noch Bitte sagen konnten und das Krankenhauspersonal für ihre persönlichen Leibeigenen hielten. Aber mit solchen Menschen hatte man wohl in so ziemlich jedem Job zu tun, weshalb er versuchte, so etwas nicht zu sehr an sich heranzulassen.

Eine Bewegung im Augenwinkel ließ Viggo aufblicken. Er konnte von seinem Stationszimmer aus direkt durch die große

Scheibe auf den Flur sehen, der zum Treppenhaus führte. Dort liefen ein paar Leute hektisch auf den Ausgang zu. Er dachte sich nichts dabei. Im Krankenhaus gab es schnell mal Hektik, wenn ein Notfall eintrat – auch wenn sie sich das natürlich nach Möglichkeit nicht anmerken lassen sollten, um den Patienten keine Angst zu machen.

Doch keine fünf Sekunden später ertönte plötzlich das Heulen einer Sirene. Ein lang gezogener, schriller Ton, der Viggo an einen Fliegeralarm aus einem Zweiter-Weltkriegs-Film erinnerte. Jemand hatte den Feueralarm ausgelöst.

Sergej, mit dem er gerade Dienst schob, kam von hinten aus dem Aufenthaltsraum. Sergej war ein großer, kräftiger Mann mit Glatze, und Viggo vermutete, dass er mal geboxt haben muss, denn seine Nase war in alle Richtungen gebogen und seine Ohren sahen aus wie Blumenkohlröschen. Im Dunklen wollte er ihm nicht begegnen, aber Sergej war einer der freundlichsten und zuvorkommendsten Menschen, die er kannte.

»Der Feueralarm, Viggo!«

»Ja, eine Übung war nicht angekündigt, oder?«

»Nein, nicht dass ich wüsste. Was machen wir?«, wollte Sergej wissen.

Viggo zuckte mit den Schultern. »Das, was wir gelernt haben: Wir evakuieren unsere Station.«

Im Brandfall war vorgesehen, dass das gesamte Krankenhaus evakuiert wird. Die Krankenpfleger waren dafür verantwortlich, dass alle Patienten, die nicht auf Maschinen angewiesen waren, auf die große Rasenfläche neben dem Krankenhaus gebracht wurden. Alle anderen mussten auf umliegende Krankenhäuser verteilt werden. Für Viggo und Sergej war das kein großes Problem, denn sie hatten keine bettlägerigen Fälle – sie mussten ihre Schützlinge nur wie eine Herde Schafe zusammentreiben und dann zu den speziellen Feuerwehraufzügen bringen.

Sergej nickte, dann eilte er den Flur nach links, Viggo nach rechts hinunter. Wenige Minuten später hatten sie alle Patienten vor dem Fahrstuhl versammelt und brachten sie nach unten.

Vor dem Krankenhaus gab es einen großen Menschenauflauf. Das Gebäude leerte sich schlagartig – wie eine Bar, in der kein Alkohol mehr ausgeschenkt wurde. Alle redeten wild durcheinander, niemand wusste, was den Alarm ausgelöst hatte.

Einen Brand gab es offensichtlich nicht, denn es waren kein Rauch und vor allem keine Flammen zu sehen, die sich dem Himmel entgegenstreckten.

Schließlich trat ein Mann mit einem Megafon vor die Menge. Er war klein, dürr, hatte eine Halbglatze und steckte in einem schlecht sitzenden Anzug. Es war Artjom Popow, der stellvertretende Krankenhausdirektor, wie Viggo erkannte.

»Sehr geehrte Damen und Herren, es besteht kein Grund zur Sorge. Der Feueralarm wurde auf der Intensivstation ausgelöst, aber wie Sie sehen, scheint es nicht zu brennen. Die Feuerwehr wird gleich eintreffen und den entsprechenden Bereich kontrollieren. Danach dürfen Sie wieder auf Ihre Zimmer.«

Wie auf Bestellung fuhren mehrere Löschfahrzeuge vor, und Männer und Frauen mit Brandschutzmonturen und Atemmasken sprangen aus den Autos. Es gab eine kurze Besprechung zwischen dem – wie Viggo vermutete – Einsatzleiter und dem stellvertretenden Direktor, danach wurde ein Trupp Feuerwehrleute zusammengestellt, die das Krankenhaus betraten, während der Rest bei der Versorgung der Patienten half und die Löschfahrzeuge in Position brachte.

Viggo sah sich um. An die hundert Leute standen auf der Wiese. Viele waren Patienten, ein paar lagen in ihren Betten. Es war ein kalter Tag Anfang Januar, der Schnee des letzten Jahres begann gerade erst zu tauen, und die Sonne war ein seltener Gast. Deshalb begann das Personal auch gleich damit, Decken auszuteilen, und von irgendwoher hatte man eine große Kanne mit heißem Wasser herbeigeschafft, das nun zusammen mit Teebeuteln ausgeteilt wurde.

Immerhin regnete es nicht, dachte Viggo. Lieber würde er sich hier draußen eine Erkältung einfangen, als da drinnen zu verbrennen.

Die Minuten verstrichen, aber die Stimmung vor dem Krankenhaus war locker. Es ging wohl niemand davon aus, dass wirklich etwas passiert war.

»Was meinst du?«, fragte Sergej. »Fehlalarm, oder wollte irgendein Besuchskind aus Langeweile wissen, was passiert, wenn es den Knopf drückt?«

Viggo lachte. »Ich hoffe für das Balg, dass seine Eltern gut versichert sind. Das kann schnell teuer werden. Aber höchstwahrscheinlich war es einfach ein Fehlalarm, oder die Krankenhausleitung wollte sehen, wie schnell wir die Leute rausbekommen, und hat uns deshalb nicht vorgewarnt.«

»Meinst du nicht, in dem Fall hätte man der Feuerwehr Bescheid gegeben, damit sie nicht extra ausrückt?«

Viggo nickte. Damit hatte Sergej auf jeden Fall recht.

Zu diesem Zeitpunkt wusste noch niemand, dass sich ihrer aller Leben in ein paar Minuten komplett auf den Kopf stellen würde und sie viel Glück brauchten, um die kommenden vierundachtzig Stunden zu überleben.

Eine Stunde zuvor

Ein Krankenwagen hielt mit quietschenden Reifen vor der Notaufnahme. Sanitäter sprangen heraus und brachten einen bewusstlosen Mann auf einer Bahre ins Krankenhaus.

»Patient männlich und ohne Bewusstsein. Eine Anwohnerin hat ihn im Treppenhaus gefunden, als sie mit den Einkäufen vom Supermarkt wiederkam. Niedriger Puls, Herzschlag unregelmäßig, Vitalfunktionen lassen nach, Frau Dr. Manakov.«

Schweißperlen rannen über die blasse Stirn des Mannes. Seine Pupillen waren winzig und reagierten nur stark verzögert auf das Licht aus der kleinen Taschenlampe, mit der Manakov ihm in die Augen leuchtete.

»Vermutlich eine Überdosis, haben Sie Einstiche an den Armen festgestellt?«, wollte Dr. Manakov wissen.

»Nichts«, gab der Sanitäter zurück.

Manakov nickte. »Sofort in den Schockraum mit ihm.«

Die Sanitäter schoben den Patienten weiter in den Schockraum, wo der Bewusstlose an allerhand Geräte angeschlossen wurde. Wie bei einem Boxenstopp saß jeder Handgriff, Monitore lieferten kurz darauf erste Ergebnisse, und das Personal stand Spalier.

Neben Frau Dr. Manakov befanden sich noch ein Assistenzarzt und drei extra für solche Notfälle ausgebildete OP-Pflegekräfte im Raum.

Manakov blickte auf den Monitor, auf dem eine feine Linie Rückschlüsse auf die Herzfrequenz des Mannes zuließ. Der Ausschlag der grünen Linie wurde immer unregelmäßiger, kleiner und die Abstände kürzer.

»Beginnen Sie mit der Beatmung«, bellte Manakov eine Frau an, die sofort eine Maske über den Mund des Mannes legte, woraufhin eine weitere Maschine zu surren anfing und weitere Lichter auf einem der vielen Displays blinkten.

»Sauerstoffsättigung steigt«, sagte jemand mit monotoner Stimme, die auch von einem Roboter hätte kommen können.

Manakov blickte wieder auf die Linie und hoffte inständig, dass Besserung eintrat. Sie hasste solche Fälle, bei denen es keinen klar erkennbaren Grund für den Zustand des Patienten gab. Wenn jemandem ein Arm fehlte, war klar zu erkennen, wo das Problem lag und was zu tun war. Aber das hier war wie eine Runde Topfschlagen, und sie konnte nur hoffen, dass sie sich in die richtige Richtung bewegte und den Topf schnell genug fand.

Die Werte wurden schlechter.

»Defibrillator bereit machen!«

Geübte Griffe folgten auf ihren Befehl, und als hätte sie es gewusst, ertönte kurz darauf ein langer, unangenehmer Ton, der in den Ohren wehtat. Der Herzstillstand war eingetreten.

»3-2-1, zurücktreten!«, rief Dr. Manakov und drückte den Defibrillator auf die nackte Brust des Mannes. Strom floss durch den leblosen Körper und ließ ihn einmal zucken.

Wieder der Blick auf den Monitor: keine Veränderung. Statt eines regelmäßigen Piepens war immer noch der hohe Ton zu hören.

»3-2-1, zurücktreten!«

Wieder schoss Strom durch den Körper des Mannes, und er zuckte, aber es holte ihn nicht ins Leben zurück.

Manakov überlegte kurz, wusste aber, dass sie den Kampf so gut wie verloren hatte.

»Einmal noch. 3-2-1, zurücktreten!«

Der Körper zuckte, das ganze Team sah wie gebannt auf den Monitor und hoffte auf eine Veränderung, auf ein Lebenszeichen. Auch wenn sie alle schon Patienten in diesem Raum verloren hatten, den Job übten sie aus, um Leben zu retten. Kein Verlust ging spurlos an ihnen vorbei. Fünf Augenpaare waren auf den kleinen Monitor gerichtet, und wäre nicht der hohe Ton des Messgerätes gewesen, man hätte eine Nadel fallen hören können.

Dr. Manakov zählte stumm bis zehn, und als sich dann immer noch nichts am Zustand des Mannes auf der Liege geändert hatte, schob sie resigniert den Mundschutz runter. »Schalten Sie es aus«, wies sie die Pflegekraft am Beatmungsgerät an. Dann wandte sie sich an ihren Assistenzarzt Harven. »Notieren Sie den Zeitpunkt des Todes, Ursache ungeklärt.«

Harven nickte und begann das Formular auf seinem Klemmbrett auszufüllen. Er war ein junger Uni-Absolvent aus der Großstadt, der hier Praxiserfahrung sammelte. Er war ehrgeizig und hatte das Medizinstudium in der Regelstudienzeit absolviert – was nur den Besten gelang. Sein Vater war Chefarzt in einem Krankenhaus fünfzig Kilometer südlich, und Manakov hatte keinen Zweifel, dass er mal in die Fußstapfen seines alten Herrn treten würde.

»Was soll ich beim Namen eintragen?«, fragte er.

Manakov überlegte, einen Namen hatten die Sanitäter nicht genannt. »Hat er Dokumente bei sich?«

Der Assistenzarzt fing an, den Toten auf irgendetwas Brauchbares abzutasten – Ausweis, Krankenkassenkarte oder einen Brief vom Arbeitsamt, Hauptsache, der Schrieb ließ Rückschlüsse auf den Namen zu. Erst tastete er die Hosentaschen ab, die allerdings abgesehen von einem Schlüsselbund und ein paar Kaugummis der Marke Seventeen Powergum leer waren.

»Helfen Sie mir mal bitte, den Körper auf die Seite zu drehen«, bat er eine der Pflegekräfte, die auf der anderen Seite der Leiche standen. »Vielleicht finden wir etwas in den Gesäßtaschen seiner Jeans.«

Die junge Frau packte sofort mit an, und gemeinsam schoben und zogen sie ihn auf die Seite, was bei einem schlaffen Körper alles andere als einfach war, das wusste Manakov aus eigener Erfahrung nur zu gut. Für einen kurzen Moment sah es so aus, als würden sie es auch zu zweit nicht schaffen. Skeptisch beobachtete die Oberärztin das Treiben. Wer nicht mal eine Leiche auf die Seite legen konnte, der konnte schließlich auch keine Operationen durchführen.

Zu ihrer Erleichterung gelang es den beiden aber schließlich, und der Tote lag auf der Hüfte. Harven tastete an der Gesäßtasche nach einem Portemonnaie oder einem Zettel und hatte dabei sichtlich wenig Berührungsängste. Wenn man tagein, tagaus mit entweder toten oder – im besseren Fall – für die OP narkotisierten Patienten und deren Körpern zu tun hatte, legte man ganz schnell jede Distanz ab.

Seine Hand glitt in die rechte Tasche, und er zog eine Geldbörse hervor.

»Jackpot, wir haben …«, setzte er gerade an, da durchschnitt ein schriller Schrei die Luft.

Alle blickten auf, und Entsetzen spiegelte sich in den Gesichtern wider. Die Leiche oder das, was sie für eine Leiche gehalten hatten, hatte sich in den Unterarm der Krankenpflegerin verbissen.

Die junge Frau riss sich los, wobei ein großes Stück Fleisch aus ihrem Unterarm herausgetrennt wurde. Arterien lagen frei und bespritzten die sonst so makellos weißen Wände mit Blut.

Harven taumelte ein paar Schritte zurück, verlor das Gleichgewicht und landete auf seinem Hintern. Er stammelte etwas, das Dr. Manakov nicht verstand, und sah aus, als hätte er ein Gespenst gesehen – was der Wirklichkeit näher kam, als sie sich eingestehen wollte. Der Kopf des Patienten drehte sich ruckartig zur Seite, und die kalten Augen sahen die Ärztin an.

»Sie … müssen …«, stotterte sie. »Sie stehen unter Schock. Wir … dachten, Sie wären tot. Beruhigen Sie sich, Ihnen wird hier geholfen.«

Aus dem Gesicht des Mannes auf der Liege war jede Farbe gewichen – wenn man von dem Blut absah, das aus dem Unterarm der Pflegekraft stammte. Seine Augen zuckten hin und her, schienen den Raum abzuscannen.

Harven war immer noch wie zu Stein erstarrt. Als der unruhige Blick des Patienten an ihm hängen blieb, wirkte er wie ein Reh, das einem Rudel Wölfe in die Augen schaut. Manakov wurde eiskalt. Sie wusste plötzlich, dass es keine Rettung mehr für den jungen Nachwuchsarzt gab. Er war die Beute, und der Patient auf der Liege, dessen Leben sie vor ein paar Minuten noch zu retten versucht hatte, war der Jäger.

Als sie diese Erkenntnis traf, sprang das Ding auch schon von der Liege, war mit zwei schnellen Schritten bei Harven und vergrub seine Zähne tief in der Kehle des ambitionierten Mediziners. Es war über ihn hereingebrochen wie ein Unwetter in den Bergen, in seiner Schockstarre war ein Handeln unmöglich.

Aber der Sprung riss die umstehenden Personen aus ihrer Untätigkeit – abgesehen von der verletzten Krankenschwester, die wimmernd auf dem Boden lag. Manakov und die anderen beiden Pflegekräfte stürzten zu Harven und versuchten, den Angreifer von ihm herunterzuziehen. Der Mann wand sich in ihrem Griff, schlug wie in Raserei um sich, erwischte Manakov im Gesicht und zerkratzte ihr mit den Fingernägeln die Wange. Sofort quoll warmes Blut aus der Wunde.

Das hier ist kein Mensch mehr, durchzuckte es die Ärztin. Drogen ließen Menschen vielleicht gewalttätig werden und Dinge tun, die sie ohne Rauschmittel nicht machen würden. Manche verliehen sogar scheinbar übermenschliche Kräfte. Aber Drogen ließen niemanden von den Toten auferstehen. Sie selbst hatte den Tod festgestellt, Vitalfunktionen waren keine mehr messbar gewesen, und kurze Zeit später sorgt diese Leiche für ein Massaker im Schockraum! Das konnte einfach nicht sein.

Sie stolperte einen Schritt zurück. Mittlerweile hatte das Monster von Harven abgelassen, einen der Krankenpfleger abgeschüttelt und dem anderem ein Ohr abgebissen. Seine zu Klauen verkrampften Hände gruben sich in alles, was sie zwischen die Finger bekamen. Die Motorik war grob, die Bewegungen ruckartig, der eben noch völlig schlaffe Körper stand unter unglaublicher Spannung.

Dr. Manakov sah sich hilflos um. Der wild gewordene Patient stand zwischen ihr und dem verbliebenen Krankenpfleger, der die Tür im Rücken hatte.

Ihre Blicke trafen sich, und in seinem Gesicht konnte sie lesen, dass er schon jede Hoffnung aufgegeben hatte, dieses Ding irgendwie überwältigen zu können. Einen Herzschlag später drehte er sich um und lief zur Tür, die auf den Flur führte und die einzige Rettung darstellte.

Die plötzliche Flucht schien den Jagdinstinkt in dem Wesen zu wecken. Noch bevor sein Opfer die Tür erreichen konnte, sprang es den Pfleger von hinten an und riss ihn zu Boden. Es vergrub seine Zähne im Nacken und löste Fleischbrocken heraus, obwohl sich seine Beute unter ihm immer noch wand und wehrte.

Manakovs Blick irrte durch den Raum: Blut sammelte sich in großen Pfützen auf dem Boden, und ihre Kollegen, mit denen sie schon Hunderte Operationen durchgeführt und Patienten vor dem Tod gerettet hatte, waren bewusstlos oder so schwer verletzt, dass sie sich nicht mehr rührten. Harven war tot, dafür brauchte sie nicht mal seinen Puls fühlen, das konnte man sehen. Wenn sie hier irgendwie lebendig herauskommen wollte, musste sie handeln.

Sie nutzte den Moment der Unachtsamkeit, während der Angreifer wie ein Aasgeier über den Nacken des Mannes herfiel, und schlich zum Operationsbesteck. Ihre Hand wanderte zielsicher zum Skalpell – ein Werkzeug, mit dem sie schon unzählige Körper aufgeschnitten hatte, um Leben zu bewahren. Doch sie wusste auch, wo sie zustechen musste, um damit zu töten.

Sie griff nach dem Messer und umklammerte es so fest, dass ihre Knöchel weiß hervortraten. Mit zögerlichen Schritten näherte sie sich dem Ungetüm, ihre Hand mit dem Skalpell darin zitterte stark, Schweiß vermischte sich mit dem Blut auf ihrem Gesicht und ließ die Wunde brennen. Sie stellte sich hinter das Monster und nahm Maß. Dann schnellte ihr Arm hinunter.

Sie traf die Halsschlagader präzise und durchtrennte sie. Egal, was das da vor ihr war, ein solcher Schnitt musste einfach ausreichen, um das Ding außer Gefecht zu setzen.

Aber das tat er nicht.

Ihr Ziel hielt kurz inne, als würde es darüber nachdenken, ob sich gerade eine Fliege auf seiner Schulter abgesetzt hatte. Dann drehte es sich ruckartig um und schlug in der Drehung mit der flachen Hand nach der Ärztin.

Manakov war auf den Angriff nicht vorbereitet, hatte sie doch erwartet, dass ihr Opfer tot zusammenbrechen würde. Sie schlug der Länge nach hin. Im Sturz sah sie etwas, das sie alle in der Panik völlig vergessen hatten. Es würde sie zwar nicht mehr retten, aber vielleicht gab es den vielen Menschen im Krankenhaus die Gelegenheit, noch rechtzeitig aus dem Gebäude zu flüchten, ehe das Monster über sie alle herfallen konnte.

Es war ein kleiner roter Kasten mit einer Glasscheibe. Unter dem Glas stand: »Scheibe einschlagen. Knopf tief drücken.« Der Feueralarm.

Das hier war zwar kein Feuer, aber es war ein Notfall, und der Alarm würde die Leute aus dem Krankenhaus treiben.

Allerdings dachte Manakov diesen Gedanken nicht zu Ende. Sie dachte nicht an die Feuerwehrmänner, die irgendwann durch die Tür treten und mit Feuerlöschern nach einem Brand suchen würden. Sie dachte nicht daran, dass die Einsatzkräfte mindestens so unvorbereitet waren auf das, was hier passiert war, wie jeder andere. Niemand war auf das hier vorbereitet.

Verzweifelt rappelte sie sich wieder auf und stürzte auf den Feuermelder zu, die Hand zur Faust geballt, während sie bereits hörte, wie sich das Monster von hinten langsam näherte. Der Jäger hatte seine Beute gewählt. Sie spürte nicht mehr viel, als sie angefallen und zu Boden gerissen wurde. Das Letzte, was sie wahrnahm, war das laute Schrillen der Sirenen.

Wenig später auf dem Krankenhausvorplatz

»Was dauert das denn so lange?«, wollte Sergej wissen.

Mittlerweile war bestimmt schon eine Viertelstunde vergangen, seit die Feuerwehr das Gebäude betreten hatte, was den Verdacht aufkommen ließ, dass es sich nicht bloß um einen Fehlalarm oder einen brennenden Mülleimer handeln konnte. Der Alarm meldete immerhin nicht bloß, *dass* es möglicherweise ein Problem gab, sondern der Feuerwache wurde auch automatisch angezeigt, in welchem Bereich des Krankenhauses das Feuer gemeldet worden war. Dorthin zu gelangen, konnte nicht so viel Zeit in Anspruch nehmen.

»Ich weiß es nicht, aber komisch ist es schon«, sagte Viggo und sah sich die vielen Kranken an, die hier im Freien standen. »Hauptsache, wir bekommen die Leute wieder schnell ins Warme, ansonsten haben wir bald eine schöne Erkältungswelle bei uns im Laden.«

Sergej nickte und schaute wieder gespannt zur Haupteingangstür, aus der die Feuerwehrmänner eigentlich jeden Moment wieder herauskommen müssten. Die Alten und Bettlägerigen wurden mittlerweile von den restlichen Feuerwehrleuten mit gold- und silberschimmernden Rettungsdecken ausgestattet.

Viggo hatte nie verstanden, wie diese Dinger funktionierten und warum sie so gut warm hielten, aber in diesem Moment war er froh, dass sich jemand um die Menschen kümmerte. Er selbst aber fühlte sich nutzlos, wie er so herumstand und nichts tat. Es musste sich doch etwas in Erfahrung bringen lassen!

»Ich bin gleich wieder da«, sagte er zu Sergej. »Hab ein Auge auf unsere Leute.«,

Dann marschierte er zu Artjom Popow, dem stellvertretenden Krankenhausdirektor, der etwas abseits der Menge stand und besorgt den Blick immer wieder am Gebäude nach oben schweifen ließ.

»Entschuldigen Sie, Herr Popow, aber können Sie sagen, was vorgefallen ist?«

Popow drehte sich um und schien kurz verwirrt, dann erkannte er offensichtlich, wen er vor sich hatte. Viggo hatte bei der letzten Weihnachtsfeier gemeinsam mit ihm und noch ein paar weiteren Kollegen bis in die frühen Morgenstunden in einer Bar Tequila getrunken und Weihnachtslieder gesungen. Er nahm ihm das Zögern nicht übel – es war eine Nacht, in der viel Alkohol floss, und er selbst konnte sich nicht mehr an jedes Gesicht erinnern.

»Schwierig zu sagen.« Popow fuhr sich mit einer Hand durch das schüttere Haar. »Der Feueralarm wurde in Schockraum 1 ausgelöst, dort versuchte Dr. Manakov eigentlich, einem Notfall das Leben zu retten.«

Viggo schaute sich um, sah die Ärztin aber nicht. »Gehen Sie denn von einem Feuer aus?«, wollte er wissen.

»Nun, ich bin ehrlich zu Ihnen: Ich habe absolut keinen Plan. Vielleicht hat sich irgendjemand eine Zigarette angesteckt, und dabei ist ein Stapel Papiertücher in Flammen aufgegangen … wäre möglich.« Er klang selbst nicht sehr überzeugt.

Viggo deutete auf die Menschenansammlung auf dem Rasen. »Wenn die Leute noch länger hier draußen rumstehen, dann müssen wir uns bald nicht nur Sorgen um gebrochene Beine und neue Hüften machen, sondern auch um Lungenentzündungen. Es ist einfach zu kalt.«

»Ich weiß doch, ich weiß doch!« Nun schien Popow eher genervt als angespannt. »Aber was soll ich machen? Das Protokoll sieht vor, dass das Krankenhaus erst von der Feuerwehr freigegeben werden muss, bevor ich Sie und die Patienten wieder nach drinnen schicken kann. Meinen Sie, es macht mir Spaß, die Leute hier im Kalten stehen zu sehen?«

Das war eine rhetorische Frage, trotzdem antwortete Viggo mit einem resignierten Kopfschütteln. Popow wusste ganz offensichtlich ebenso wenig wie er. Missmutig schlurfte zu zurück in Richtung seines Kollegen. Auf halber Strecke kam er an einer Feuerwehrfrau vorbei, deren Funkgerät sich genau in diesem Moment meldete. Das Rauschen war stark, die Wörter aber unmissverständlich.

»... HILFE ...« Starkes Rauschen und Wortfetzen folgten. »... ANGEGRIFFEN ... VERLETZT ...«

Viggo und die Feuerwehrfrau sahen sich an. Die Augen der Beamtin wurden groß, dann brachen Hektik und Unruhe unter den Männern und Frauen in Uniform aus. Befehle wurden gerufen, ein zweiter Trupp formierte sich und lief ins Krankenhaus, wobei Viggo nicht entging, dass einer der Männer eine Feuerwehraxt bei sich trug. Der lange Axtstiel war deutlich zu erkennen.

Nur zwei Feuerwehrmänner waren zurückgeblieben und liefen zu den Löschfahrzeugen, wo sie irgendwas in ihre Funkgeräte brüllten. Viggo war zu weit weg, um zu verstehen, um was es ging, aber das Ganze gefiel ihm nicht. Irgendwas schien überhaupt nicht so zu laufen, wie es sich die Rettungskräfte vorgestellt hatten, und das war kein gutes Zeichen. Mit schnellen Schritten hastete er zu Sergej zurück, um ihn zu warnen.

»Mach dich darauf gefasst, dass wir hier gleich ein paar Leute vom Gelände bringen müssen«, rief er seinem Kollegen zu, sobald er in Hörweite war.

Sergej sah ihn erstaunt an. »Warum schiebt die Feuerwehr so eine Hektik?«

»Gute Frage, irgendwer hat den ersten Trupp da drin wohl angegriffen, wenn ich das richtig mitbekommen habe. Hoffentlich war es kein Drogenjunkie oder so«, antwortete Viggo.

Dass Patienten aggressiv wurden, kam schon mal vor. In der Regel waren es Suchtkranke, die von der Polizei gebracht wurden und auf einem Trip waren – allerdings wurden die einfach an der Liege fixiert, ein Spuckschutz wurde um das Gesicht geschnallt, und das Thema war erledigt. Vermutlich musste da drinnen einer der Klitschko-Brüder höchstpersönlich wüten, um einer Feuerwehrmannschaft gefährlich zu werden.

Viggo versuchte, Viktor unter den Wartenden auszumachen, um ihn zu fragen, ob einer seiner Patienten vielleicht durchgedreht war, doch plötzlich ging alles sehr schnell: Zuerst nahm Viggo in der Ferne das Heulen von Sirenen wahr, die immer näher kamen. Jemand musste die Polizei gerufen haben, was den Verdacht erhärtete, dass im Krankenhaus irgendein Verrückter völlig ausgetickt war. Es musste sich um mindestens drei Fahrzeuge handeln, da die Geräusche versetzt ertönten und aus unterschiedlichen Richtungen kamen.

Keinen Augenblick später flog die Tür des Haupteingangs auf, und eine Frau in Feuerwehrmontur kam herausgestolpert. Sie ging auf die Knie, zog sich die Maske vom Gesicht und schrie: »Verschwindet, schnell! Bevor sie hier sind!«

Viggo erkannte, dass es die Frau war, bei der er vorhin den Funkruf mitgehört hatte. Sie brüllte sich die Seele aus dem Leib, aber niemand regte sich. Alle waren perplex und verwirrt, erwarteten, dass jeden Moment ein Moderator mit Mikrofon und Kamerateam um die Ecke kommen und sie fragen würde, ob sie Spaß verstehen.

Aber das war kein Spaß. Es war etwas, das noch niemand richtig verstehen konnte und viele nie verstehen würden, aber es war kein Spaß.

Während die Frau weiterbrüllte und niemand ihren Anweisungen folgte, konnte Viggo beobachten, wie sich jemand sehr schnell durch die Eingangshalle bewegte. Irgendwas an der Körperhaltung der Person kam ihm komisch vor. Sie wirkte nicht wirklich … menschlich. Aber er konnte zu wenig sehen, um sein ungutes Gefühl genauer zu deuten, bis die Person mit einem großen Satz ins Tageslicht hinaussprang und sich sofort auf die Feuerwehrfrau warf, deren warnende Rufe ins blanke Kreischen übergingen.

»Was zum …?«, stammelte Sergej.

Viggo sah mit vor Entsetzen geweiteten Augen genauer hin. »Ist das Dr. Manakov?« Er konnte sich nicht rühren, so unglaublich war das Bild, das sich ihm bot. »Was macht sie da?«

Das Gesehene war für alle Anwesenden kaum zu begreifen. Sie wurden Zeuge, wie eine Angestellte der Feuerwehr von einer tobenden Ärztin angegriffen wurde. Die beiden rangen auf dem Boden miteinander, und es sah so aus, als versuchte die Frau im Kittel die Frau in Montur zu beißen. Auch wenn es keinen Sinn ergab, war es das, was Viggos Augen seinem Hirn zu vermitteln versuchten.

Zwischen den Evakuierten und den beiden kämpfenden Frauen lagen vielleicht hundert Meter, vielleicht etwas weniger, und noch immer regte sich niemand. Die Leute standen mit offenen Mündern da und starrten, als würden sie gerade dem Erstkontakt mit einer außerirdischen Rasse beiwohnen.

Es war Sergej, der nach endlos scheinenden Augenblicken beschloss einzugreifen, wodurch auch die anderen aus ihrer Tatenlosigkeit gerissen wurden. Mehrere Pflegerinnen und Pfleger liefen zur Schlägerei und versuchten, Dr. Manakov von der Feuerwehrfrau zu trennen, deren Gesicht bereits völlig zerkratzt war. Blut lief ihr aus einer Bisswunde am Ohr.

Als Viggo wie benommen auf die Gruppe zutaumelte, war die Ärztin bereits wieder halbwegs unter Kontrolle. Er konnte kaum glauben, was er sah. Dr. Manakov war leichenblass, und unterhalb des Kinns sah es aus, als hätte ihr ein wild gewordener Hund ein Stück Haut mit den Zähnen herausgerissen. Ihre Pupillen waren ganz klein, und sie stöhnte und schrie animalisch, Speichel und Blut rannen ihr aus den Mundwinkeln. An jedem Bein und Arm hing ein Pfleger, Sergej hatte sie von hinten in den Schwitzkasten genommen. Nur so gelang es ihnen, sie notdürftig am Boden zu halten. Sie schien plötzlich über eine unglaubliche Kraft zu verfügen, ihr ganzer Körper stand unter Druck, wie eine Dose Cola, die man zu stark geschüttelt hatte.

Da Viggo zum Fixieren von Manakov nicht benötigt wurde, kümmerte er sich um die angegriffene Feuerwehrfrau. Wimmernd lag sie am Boden wie ein angefahrener Hund.

»Was fehlt Ihnen?«, fragte er, während er sich vor ihr hinkniete.

»Da drinnen«, stammelte sie, »sind noch mehr von denen.« Sie musste tief Luft holen und versuchte, sich zu beruhigen. »Sind über uns hergefallen wie ein Rudel verhungernder Löwen.«

»Was meinen Sie?« Viggo verstand nicht, was die Frau ihm sagen wollte. Vermutlich stand sie unter Schock und redete wirres Zeug.

»Wir wurden von unseren eigenen Leuten angegriffen«, stöhnte sie und biss dann die Zähne zusammen. Sie schien starke Schmerzen zu haben – kein Wunder, wenn einem ein Stück Ohr abgebissen wurde.

»Wie viele haben Sie angegriffen?«, wollte Viggo wissen.

»Sechs oder acht, ich weiß es nicht.«

Viggo dachte erst an einen Amoklauf oder einen terroristischen Anschlag, aber das erklärte nicht, was mit Dr. Manakov passiert war. War vielleicht eine Chemikalie ausgetreten, die die Leute durchdrehen ließ? Möglich …

Drei alte Dacias in weiß-gelber Lackierung rasten auf das Gelände und hielten mit quietschenden Reifen neben den Löschfahrzeugen. Auf den Seiten und Motorhauben stand mit großen Buchstaben »Polizei« geschrieben. Eigentlich hatte die Stadt die Fahrzeuge schon längst gegen modernere austauschen wollen, aber es war mal wieder kein Geld da.

Die Sirenen verstummten. Sechs Männer stiegen aus den Autos. Sie trugen blaue Uniformen und hatten je einen Schlagstock an der einen und eine Pistole an der anderen Seite des Gürtels befestigt. Als wären sie sich nicht ganz sicher, was ihre Aufgabe an diesem Einsatzort war, sprachen sie zunächst untereinander. Viggo konnte es nicht fassen. Es war ja wohl offensichtlich, dass schnelles Handeln gefragt war, kein endloses Rumstehen.

»Hierher!«, brüllte er die etwas überfordert dreinschauenden Männer an. »Wir brauchen hier Hilfe!«

Endlich setzte sich der Trupp in Bewegung und kam zum Haupteingang gelaufen.

»Was ist hier vorgefallen?«, blaffte einer der sechs Polizisten, der seinem Äußeren nach vermutlich auch der Dienstälteste war. Unter der Mütze schauten kurze graue Stoppeln hervor, und er hatte einen beeindruckend dicken Schnurrbart.

»Sie wurde angegriffen, von ihr«, sagte Viggo und zeigte erst auf die Feuerwehrfrau und dann auf Dr. Manakov, die sich immer noch mit ganzer Kraft wehrte. »Und sie«, Viggo zeigte wieder auf die Feuerwehrfrau, »sagt auch, dass da drinnen noch mehr durchgedreht sind.«

Der Polizist runzelte die Stirn, wobei sich sein Schnurrbart kräuselte. »Sie wollen mir also sagen, dass eine Ärztin des Krankenhauses eine Mitarbeiterin der Feuerwehr angegriffen hat?«, vergewisserte er sich.

Viggo seufzte. Ihm war klar, wie absurd das klingen musste. »Wir haben es mit eigenen Augen gesehen.«

»Und da drin sind noch mehr, die Leute angreifen?«

»Hab ich Ihnen doch gerade gesagt, verdammt!« Viggo wurde langsam ungeduldig. »Wir wissen auch nicht, was los ist. Es gab einen Feueralarm, alle haben das Krankenhaus verlassen, und die Feuerwehr ist reingegangen. Sie ist die Einzige, die seitdem wieder rauskam.«

Die Feuerwehrfrau am Boden war mittlerweile ohnmächtig geworden. Die Wunde am Ohr blutete noch immer stark und tränkte ihre Uniform. Viggo musste dringend einen sauberen Verband auftreiben, um die Blutung zu stoppen.

»Okay, einen Moment«, sagte der Polizist und besprach sich dann mit seinen Kollegen. Viggo konnte nicht verstehen, was sie sagten, aber offensichtlich waren sie sich über das weitere Vorgehen nicht ganz einig. Es wurde wild gestikuliert, dann setzte sich der Mann mit dem Schnurrbart von der Gruppe ab und holte ein Funkgerät aus seiner Brusttasche. Während er sich wahrscheinlich mit der Leitstelle in Verbindung setzte, übernahmen seine Kollegen Dr. Manakov. Nur unter Aufbietung aller Kräfte konnten sie die Ärztin auf den Bauch rollen und am Boden fixieren, wobei sie immer noch mit ihrem Kiefer wild um sich schnappte wie ein in die Enge getriebener Wolf.

Der Polizist mit dem Schnurrbart kam zurück zu Viggo. »Die Verstärkung wird gleich …« Weiter kam er nicht. Sie hörten das Geräusch schneller Schritte aus dem Krankenhausinneren. Vieler schneller Schritte.

Im Nachhinein fiel es Viggo schwer, die nachfolgenden Momente in eine richtige Reihenfolge zu bringen. Es war wie ein Mosaik, in dem viele Teile fehlten. Sechs oder sieben Menschen kamen aus dem Krankenhaus gelaufen – bloß waren es keine Menschen mehr. Später würden sich Begriffe wie Zombies oder Beißer etablieren, in diesem Moment aber waren sie für Viggo blutrünstige Monster ohne Namen. Wesen, die irgendein Horrorautor im Drogenrausch erfunden hat. Mit unnatürlich verdrehten Gliedern und wild in jede Richtung zuckenden Köpfen kam die Horde auf den Vorplatz gestürmt.

Viggo starrte voller Entsetzen auf das Schauspiel. Sein Gehirn weigerte sich zu verarbeiten, was seine Augen wahrnahmen. Er wusste zwar, dass er sich wahrscheinlich bewegen sollte, dass er weglaufen sollte, dass er irgendetwas *tun* sollte, aber er regte sich nicht.

Plötzlich wurden Schüsse abgegeben, die zwar nicht viel auszurichten schienen, Viggo aber endlich aus seiner Starre rissen. Die Krankenpfleger und Patienten um ihn herum flohen panisch in alle Richtungen. Zumindest jene, die noch schnell genug laufen konnten. Das Schicksal der anderen war besiegelt, aber sie verschafften dem Rest ein wenig Vorsprung – lagen sie doch wie ein Festmahl für die Zombies parat.

Die Panik verbreitete sich wie ein Buschfeuer im Hochsommer. Jeder, der konnte, war auf der Flucht. Viggo blickte zu der Feuerwehrfrau hinab, die noch immer bewusstlos auf dem kalten Asphalt lag. Er würde sie hier zurücklassen müssen. Er würde sie in den sicheren Tod schicken.

Nur langsam rappelte er sich auf und blickte sich ein letztes Mal verzweifelt in der Hoffnung um, doch noch jemanden zu finden, der ihm oder der Beamtin helfen würde. Aber es war niemand mehr da.

Zu seinen Füßen regte sich die Gestalt der Frau. Ein Ruck ging durch den vorher leblosen Körper, dann riss sie unvermittelt die Augen auf. Tote Augen.

Viggo rannte.

Er brauchte ein paar Anläufe, bis der Haustürschlüssel endlich in das Schloss wollte. Seine Hände zitterten, und er wusste nicht mehr, wie er nach Hause gekommen war. Auf der Kreuzung vor dem Bahnhof hätte ihn fast ein Auto überfahren, als er ohne einen Blick nach links oder rechts über den Zebrastreifen lief.

Er hatte die erste Bahn nach Hause genommen und die ganze Zeit keinen klaren Gedanken fassen können. Die Menschen um ihn herum hatten ihn irritiert angeschaut, waren aber völlig ruhig. Offensichtlich hatte sich noch nicht herumgesprochen, was vor dem Krankenhaus passiert war.

Was *war* da überhaupt passiert?

Eine Frage, auf die Viggo keine Antwort wusste. Er wusste, was er gesehen hatte, aber nicht, was es bedeutete. Er fühlte sich wie ein Grundschüler, den man in einen Mathevorbereitungskurs für die Uni gesetzt hatte. Nur dass die Dozenten untote Monster waren.

Nachdem er mit zitternden Fingern endlich die Haustür geöffnet hatte, ging Viggo direkt ins Wohnzimmer und fand dort zu seiner großen Erleichterung seine Tochter vor. Sie lümmelte auf der Couch und las ein Jugendmagazin, als wäre die Welt in bester Ordnung. Sie war gerade fünfzehn geworden, hatte lange schwarze Haare und die kleine Stupsnase ihrer Mutter.

»Hey, Dad, schon …«, begrüßte Alexandra ihn. Als sie ihren Vater sah, blieben ihr die Worte aber im Halse stecken.

Viggo nickte kurz, griff nach der Fernbedienung und schaltete den Fernseher an. Ungeduldig zappte er sich durch das Programm, bis er endlich den regionalen Nachrichtensender fand. In der Regel liefen dort Berichte über Bauern, die große Kürbisse züchteten, entlaufene Hunde und die 1. Frauenfußballmannschaft, die mal wieder irgendein Turnier gewonnen hatte. Belangloser Kram, aber man blieb auf dem Laufenden, um beim Friseur oder Bäcker mitreden zu können.

Gerade wurde eine Reportage über ein örtliches Restaurant gesendet, in dem nur Burger und Beilagen serviert wurden. »In Pennys Burger Pub gibt es aber nicht nur normale Fritten, sondern auch selbst gemachte Chips und Süßkartoffelpommes«, säuselte die Stimme aus dem Off.

Alexandra sah irritiert zwischen dem Fernseher und ihrem Vater hin und her, doch der deutete nur stumm auf die rote Schrift auf gelbem Grund am unteren Rand des Bildschirms. Als der Sender das letzte Mal eine solche Einblendung gebracht hatte, war eine Chemiefabrik einige Kilometer östlich in die Luft geflogen, und die Anwohner waren angewiesen worden, alle Türen und Fenster geschlossen zu halten und in ihren Häusern zu bleiben.

Buchstabe für Buchstabe formte sich eine Botschaft: »Bitte meiden Sie das Gebiet um das Krankenhaus weiträumig.«

Wenn der Text einmal über den Bildschirm gelaufen war, wiederholte er sich sofort. Das war alles, keine Bilder, keine Notstandsmeldung, nur eine kleine Information am Bildschirmrand eines unbedeutenden Regionalsenders.

»Was ist los, Dad?« In Alexandras Stimme schwang Besorgnis mit.

»Ich weiß es nicht«, stammelte Viggo. »Irgendwas Schlimmes ist im Krankenhaus passiert.«

Als Alexandras Augen sich weiteten, bereute er seine Gedankenlosigkeit sofort. Er wollte seiner Tochter keine Angst einjagen. Aber jetzt, da er es einmal ausgesprochen hatte, konnte er auch nicht mehr zurückrudern. Also erzählte er ihr das wenige, was er von den vergangenen Stunden wusste, ohne zu sehr ins Detail zu gehen. Es gab Dinge, die musste eine Fünfzehnjährige wirklich noch nicht hören.

Als er fertig war, schüttelte Alexandra ungläubig den Kopf. »Dad, du weißt, wie das klingt, oder?«

»Ja, ich weiß, völlig verrückt. Als wären die Filme von George A. Romero plötzlich Realität geworden.«

»Setz dich erst mal, ich hole dir was zu trinken«, sagte sie und verschwand in der Küche.

Viggo setzte sich in den braunen Ohrensessel, der gegenüber der Couch stand, und merkte erst jetzt, wie das Adrenalin in seinem Körper abflaute. Sein Puls und seine Atmung wurden langsamer, seine Hände hörten auf zu zittern. Er musste dringend seine Frau anrufen und ihr sagen, dass sie nach Hause kommen solle.

»Hier, trink das.« Alexandra riss ihn aus seinen Gedanken und hielt ihm ein Glas Wasser unter die Nase. »Ich glaube, das kannst du grade gut gebrauchen.

Dankbar nahm er das Glas und trank es in einem Zug leer. »Danke, Schatz. Wahrscheinlich war irgendwas in der Luft, irgendeine Chemikalie oder ein Gas, das die Leute hat durchdrehen lassen. Die Polizei wird sich der Sache annehmen – dafür bezahlen wir sie ja schließlich.« Viggo nickte wie zu sich selbst. Er wollte glauben, dass es irgendeine Chemikalie oder ein Gas war, aber er befürchtete, dass er sich damit nur selbst anlog. Die kalten, toten Augen von Dr. Manakov verfolgten ihn immer noch. Wie sie sich auf die Feuerwehrfrau geworfen hatte, als wären alle Sicherungen in ihrem Hirn durchgebrannt und jede Menschlichkeit verschwunden.

»Wir sollten deine Mutter anrufen und nachfragen, ob bei ihr alles in Ordnung ist«, sagte er und war schon dabei, zum Telefon zu gehen, doch Alexandra schüttelte den Kopf.

»Ich hab grade in der Küche schon versucht, Mum auf der Arbeit zu erreichen, aber sie hat wahrscheinlich keinen Empfang. Oksana konnte ich auch nicht erreichen.« Oksana war Alexandras beste Freundin. Die beiden kannten sich bereits seit dem Kindergarten und gingen seit der Einschulung in dieselbe Klasse. Sie wurden oft für Schwestern gehalten, Oksana war einen knappen Kopf kleiner als Alexandra, sah ihr aber ansonsten sehr ähnlich.

Viggo sah auf die Uhr. Es war kurz vor vier, vermutlich würde seine Frau gerade an der Kasse sitzen und Dosenravioli, Chips und Gemüse über den Scanner ziehen.

»Hast du es nur auf ihrem Handy versucht oder auch direkt im Laden?«

»Beides natürlich«, gab Alexandra in einem leicht genervten Ton zurück, der ihren Vater daran erinnern sollte, dass sie kein kleines Kind mehr war.

Viggo nickte und umklammerte noch immer das leere Wasserglas. Das war nicht gut. Gar nicht gut. Er überlegte, was sie tun sollten. Mit dem Zug brauchte er vielleicht fünfzehn Minuten in die Innenstadt – allerdings fuhr der auch nur jede halbe Stunde, und wer wusste schon, ob die Polizei die Strecke nicht abgeriegelt hatte.

Ein Auto hatten sie nicht, und zu Fuß wäre er vermutlich nicht vor Ladenschluss am Supermarkt.

Vielleicht aber, und das hielt Viggo für gar nicht so unwahrscheinlich, hatte die Polizei das Geschäft auch mittlerweile aufgrund der Vorkommnisse geschlossen, und Magda war bereits auf dem Heimweg. Der Supermarkt lag nur einen Steinwurf vom Krankenhaus entfernt. Trotzdem wollte er hier nicht tatenlos rumsitzen.

Er sah seine Tochter an. »Du wartest hier, ob sie nach Hause kommt, und ich schaue, dass ich einen Zug in die Stadt erwische. Wenn ich sie im Supermarkt nicht antreffe, komme ich direkt wieder zurück.«

»Ich komm mit, ich bleib doch nicht alleine hier!«, gab Alexandra widerspenstig zurück.

»Kommt gar nicht infrage.« Viggo wollte kein unnötiges Risiko eingehen, solange er nicht wusste, wie die Lage in der Stadt war.

Alexandra schien schon zu einer patzigen Entgegnung ansetzen zu wollen, da wurde der Bericht über Pattys Burger Pub für eine Eilmeldung unterbrochen. Eine junge Frau mit kurzen blonden Haaren und einem grauen Blazer stand vor der Bahnhofshalle. Sie hatte einen Knopf im Ohr und ein Mikrofon mit dem Senderlogo in der Hand.

»Aktuell wissen wir noch nicht sehr viel. Aus internen Kreisen der Polizei heißt es, dass es einen Angriff oder einen Anschlag auf das Krankenhaus gab. Die Bevölkerung wird aufgefordert, die Wohnungen und Häuser nicht zu verlassen, der öffentliche Verkehr wurde aufgrund der unklaren Situation eingestellt. Es gibt einen Bericht über mehrere Tote, darunter Polizisten und Feuerwehrbeamte am Krankenhaus – diese sind aber noch nicht bestätigt. Zeugen berichten von Übergriffen auf dem Krankenhausgelände – Informationen zu den Tätern sind widersprüchlich und noch zu vage. Bisher gibt es noch kein Statement vom Bürgermeister, die Stadt und die Polizei haben aber eine Pressekonferenz für den morgigen Mittag im Rathaus angekündigt.«

Dass diese Pressekonferenz niemals stattfinden würde, wusste zu diesem Zeitpunkt noch keiner.

Viggo sah noch für ein paar Sekunden wie gebannt auf den Bildschirm, dann sagte er: »Wir bleiben.«

»Was meinst du damit?«, fragte Alexandra entgeistert.

»Dass wir heute Nacht hierbleiben. Es fährt keine Bahn mehr, und deine Mutter ist sicherlich schon auf dem Heimweg. Wir würden sie nur verpassen und uns im Chaos nicht wiederfinden.«

Viggo erinnerte sich noch gut an einen gemeinsamen Besuch im Vergnügungspark vor drei Jahren. Damit sie sich nicht aus den Augen verlieren konnten, hatten sie einen Treffpunkt ausgemacht – die Pommesbude vor dem Riesenrad. Das Riesenrad war im ganzen Park zu sehen, und wenn einer verloren ging, war zumindest klar, wo man sich wiederfand. Und der einzig logische Ort in dieser Situation, der der Pommesbude gleichkam, war ihr Zuhause. Er hoffte nur, dass Magda eine Mitfahrgelegenheit gefunden hatte oder zumindest bei Kollegen in der Innenstadt unterkommen und ihn von dort aus anrufen konnte.

»Mir gefällt das nicht«, murrte Alexandra. »Was sollen wir denn die ganze Zeit über machen?«

»Nun, wir haben Pizza«, sagte Viggo. »Und Ghostbusters-Filme, die geschaut werden wollen.« Eigentlich war ihm überhaupt nicht nach Normalität zumute, aber für seine Tochter war es wahrscheinlich das Beste, und vielleicht half es ja auch ihm, auf andere Gedanken zu kommen. Morgen, wenn die Nationalgarde anrücken und für Sicherheit sorgen würde, sah die Welt wahrscheinlich schon ganz anders aus.

Also machten sie Pizza. Viggo kümmerte sich um den Belag, Schnitt den Schinken und rieb den Käse, während Alexandra für den Teig verantwortlich war. Er war mit der Arbeitsaufteilung sehr zufrieden, denn er hasste es, den Teig auszurollen. Ständig blieb die Masse am Nudelholz kleben, und wenn er fertig war, glich das Ganze eher einem abstrakten Gemälde als einer schönen, runden Pizza.

Um auf dem Laufenden zu bleiben, hatten sie das Radio in der Küche angemacht. Gerade liefen Oldies – Stones, Queen, Beatles, David Bowie –, das war die Musik, mit der Viggo groß geworden war. Etwas anderes kam ihm nicht ins Haus. Mit dem ganzen Pop-Kram wurde er einfach nicht warm. Einmal hatten sie auf der Fahrt ans Meer Musik von Alexandra hören müssen. Es war die längste Fahrt seines Lebens gewesen. Autotune und mehr Beats pro Minute als in einem Boxkampf waren einfach nicht seine Welt.

Die Musikstücke wurden gelegentlich von Jingles unterbrochen. Es war überwiegend regionale Werbung von Autohäusern, Supermärkten, die Supersonderangebote anpriesen, und Restaurants, welche einen aufforderten, die Frau doch mal wieder zu einem netten Essen auszuführen. Viggo hörte nur mit halbem Ohr hin. Eigentlich wartete er die ganze Zeit auf die Nachrichten. Als sie sich zur vollen Stunde endlich ankündigten, drehte er umgehend lauter. Erst ging es um Weltpolitik, irgendein Präsident hatte schon wieder irgendwas Dummes getan, dann drehte sich alles um die kommende Fußballweltmeisterschaft, die in Europa ausgetragen werden sollte. Erst zum Ende hin gab es eine kurze Warnung, dass man bitte aufgrund eines Unfalls im Haus bleiben solle. Das Wetter bildete den Schluss.

Das war alles: ein Unfall. Sie nannten es einen Unfall, und das machte Viggo wütend. Er wusste, dass es keiner war, als die Feuerwehrfrau von Dr. Manakov angegriffen wurde. Dr. Manakov war die spießigste Frau, die er je kennengelernt hatte. Für sie hätte man die Redewendung »Stock im Arsch« erfinden müssen, wenn es sie nicht schon gegeben hätte. Was da passiert war, war viel mehr als ein Unfall.

»Ist der Teig jetzt dünn genug?« Alexandra riss ihn aus seinen düsteren Gedanken, wofür er sehr dankbar war.

»Er ist perfekt«, sagte er, und damit log er nicht mal aus väterlichem Stolz. Der Pizzateig war rund wie mit einem Zirkel gezogen und dünn wie ein Blatt Papier – die besten Voraussetzungen, damit sie im Ofen richtig schön kross wurde.

Sie machten Tomatensoße und Gewürze drauf, belegten sie mit Pilzen, Schinken und Mais. Dann wurde das Ganze mit einer dicken Schicht frisch geriebenem Käse bedeckt. Viggo hatte eine große Schwäche für alles, was irgendwie mit Käse überbacken wurde, egal ob Nudeln, Pizza oder Nachos. Man gab einfach Käse drüber, schob es in den Ofen, und es schmeckte. Die Magie des 21. Jahrhunderts.

Sie warteten noch zwei Stunden auf Magda in der Hoffnung, dass sie in der Stadt eine Mitfahrgelegenheit gefunden hatte. Vielleicht war ja irgendeiner der Nachbarn gerade mit dem Auto dort gewesen, hatte sie gesehen und gleich eingepackt. Oder sie hatte einfach einen Autofahrer angesprochen, ob er sie mitnehmen und hier rauslassen könne. Alles denkbare Szenarien, nur leider trafen sie nicht ein. Auch ihre Versuche, sie im Laden oder auf dem Handy zu erreichen, blieben erfolglos.

Als es draußen schon lange dunkel war, schoben sie die Pizza bei hoher Hitze in den Ofen. Viggo öffnete sich ein Bier, Alexandra hatte sich einen eiskalten Sepjö aus dem Kühlschrank geholt. Sie liebte diesen Energy-Drink. Viggo dagegen hielt nicht viel von dieser Chemiepampe, aber es war einer dieser Abende, an denen alles erlaubt war und er keinen Streit vom Zaun brechen wollte.

Während die Pizza vor sich hin brutzelte, schauten sie zum gefühlt hundertsten Mal, ob die Nachrichten im Fernsehen etwas Neues hergaben, doch die Sendeanstalten blieben vage. Seit Stunden lief die immer selbe Aufnahme mittlerweile in Dauerschleife.

Oben rechts stand »Aufzeichnung«. In den Tagesnachrichten wie auch im Radio war nach wie vor nur von einem Unfall die Rede. Das Internet hatte auch nur verwackelte Handyvideos zu bieten, die so ziemlich alles zeigen konnten. Davon wollte sich Viggo nicht verrückt machen lassen. Jeder wusste, wie aus einem umgefallenen Blumentopf im Netz gleich eine nationale Katastrophe wurde. Außerdem war er es schnell leid, bei der Holzleitung hier auf dem Land darauf zu warten, dass sich die Seiten aufbauten. Daher schaltete er den alten Computer in Alexandras Zimmer schon bald wieder ab. Gedankenversunken ging er ins Wohnzimmer zurück und versuchte, sich einen Reim auf das zu machen, was er tagsüber gesehen hatte. Das ergab doch alles überhaupt keinen Sinn! Das laute Schrillen, das den perfekten Garpunkt der Pizza ankündigte, bemerkte er zunächst gar nicht.

»Die Eieruhr«, rief Alexandra von der Couch.

Viggo war noch nicht ganz bei der Sache. »Hm?«, fragte er stutzig.

»Die Eieruhr, du Penner«, sagte Alexandra noch mal.

Dann mussten beide lachen. Die liebevolle Beleidigung war ein Insider zwischen ihnen, der auf einem witzigen Video basierte, das sie mal auf dieser Plattform im Internet gesehen hatten, auf der sich Alexandra ständig herumtrieb. Seitdem verliehen sie ihren Forderungen gern mit dem Beisatz »du Penner« Nachdruck. Viggos Frau mochte solche Ausdrücke nicht sonderlich, ließ die beiden aber gewähren.

Der Gedanke an Magda versetzte Viggo einen Stich. Der Supermarkt hatte längst geschlossen. Hoffentlich war sie okay … Um sich abzulenken und Alexandra mit seinen Sorgenfalten nicht weiter zu beunruhigen, ging er in die Küche und holte die Pizza aus dem Ofen. Er schnitt sie in große Stücke und platzierte sie auf zwei Schneidebrettern. Das Besteck ließ er in der Schublade. Man konnte keinen Filmabend machen und dann Pizza mit Messer und Gabel essen. Das wäre, als würde man im feinsten Zwirn zu einem Fußballspiel gehen. Völlig fehl am Platz.

Er reichte seiner Tochter ihre Pizza und schob dann die DVD von Ghostbusters in den Player. Der Film war zwar von 1984, aber trotzdem einer ihrer absoluten Lieblingsstreifen. Die Mischung aus Grusel, Witz und interessanten Charakteren war perfekt – außerdem waren sie beide große Fans von Bill Murray, der bei den Ghostbusters die Rolle des Dr. Peter Venkman verkörperte.

Etwa nach der Hälfte des Films holte sich Viggo ein zweites Bier und brachte Alexandra eine neue Dose Sepjö mit.

»Aber nicht, dass du nachher nicht schlafen kannst«, mahnte er, während der Druck geräuschvoll aus der Dose entwich.

»Das wird so oder so schwer«, erwiderte sie und seufzte niedergeschlagen.

Viggo nickte. Die Diskussion hatte sie eindeutig gewonnen. Er war eh nie der konsequente Part in der Erziehung gewesen – diese Rolle musste immer Magda übernehmen, und das hielt sie ihm oft genug vor. Viggo argumentierte dann, dass es in jeder Beziehung einen bösen und einen guten Bullen geben musste, was die Stimmung seiner Frau aber nicht unbedingt verbesserte.

Als Ghostbusters zu Ende war, war es kurz vor zehn Uhr, und bei beiden schlich sich langsam die Gewissheit ein, dass Magda heute nicht mehr nach Hause kommen würde. Sie sprachen es nicht aus, aber beide wussten es.

»Nun, da wir heute eh nichts mehr vorhaben …«, versuchte Viggo die Stimmung aufzulockern und schob den zweiten Ghostbusters-Teil in den DVD-Player.

Nachdem das Team um Dr. Spengler und Dr. Venkman New York ein zweites Mal vor der Geister-Apokalypse gerettet hatte, musste Alexandra laut gähnen. Viggo hatte das kaum für möglich gehalten nach der Menge an Energy-Drinks, aber er war froh darüber.

»Leg dich hin, Liebes«, sagte er.

Sie streckte die Arme in die Luft, nickte und schlurfte dann zur Treppe. Bevor sie hochging, wandte sie sich noch einmal um. »Versprich mir aber, dass du auch ein Auge zumachst.«

»Versprochen.«

Sie nickte wieder und verschwand nach oben. Viggo hörte das Wasser im Bad laufen, als sie sich die Zähne putzte, dann die Tür zu ihrem Zimmer zufallen. Danach war es still im Haus. Unbehaglich still.

Viggo legte sich in dieser Nacht nicht oben ins Ehebett, sondern zog die Couch vor. Er wollte auf keinen Fall verpassen, wenn Magda doch noch nach Hause kam oder hier unten irgendwas anderes passierte. Doch genau deswegen fiel es ihm schwer, zur Ruhe zu kommen. Er schien einfach keine Position zu finden, die bequem war.

Erst nach Stunden überkam ihn die Erschöpfung, und seine Augen klappten zu wie eine Bahnschranke. Aber er hatte nur einen unruhigen Schlaf und wurde von Albträumen geplagt. Immer wieder schwebte die unmenschliche Fratze von Dr. Manakov vor seinem geistigen Auge, und er versuchte ihr zu entkommen. Er lief so schnell er konnte, hatte aber das Gefühl, als würde er durch Honig waten. Beständig hörte er, wie hinter ihm die Kiefer der Ärztin auf- und zuklappten. Ihre Zähne klangen dabei wie Buschtrommeln. Es war eine hoffnungslose Flucht, Viggo hatte so einen Traum schon oft geträumt. Mal lief er vor einem bissigen Hund davon, mal vor seiner Schwiegermutter – aber immer trat er auf der Stelle. Doch dieses Mal war die Gefahr anders, irgendwie unmittelbarer und tödlicher.

Unruhig wälzte er sich auf der schmalen Couch von einer Seite zur anderen, strampelte die blaue Baumwolldecke von sich, wachte auf, deckte sich wieder zu und verfiel erneut in denselben Traum.

Aber diesmal hatte er endlich einen Anker, an dem er sich festhalten konnte: Magda. Sie stand vielleicht dreißig Meter entfernt und hatte die Arme vor ihrer Brust verschränkt. Kleidung trug sie keine, sondern war komplett nackt. Wie in Zeitlupe kam er ihr näher, ihre Augen waren geschlossen, und sie blickte auf den Boden – weg von Viggo.

Kurz bevor er bei ihr war, riss sie plötzlich den Kopf hoch und sah ihn mit den toten und kalten Pupillen von Dr. Manakov an. Ihr Gesicht war zu einer Fratze verzerrt und ihre Haut so blass, als wäre das Blut aus ihren Adern gewichen.

Viggo schrie im Traum, dann schrie er wirklich, weckte sich selbst mit seinem eigenen Gebrüll. Das alles war nicht passiert. Nur ein Produkt seiner Fantasie.

Er schaute auf die Digitalanzeige der Uhr, die auf der kleinen Kommode neben dem Fernseher stand. 03:16 Uhr. Der Raum wurde nur vom Mondschein erhellt, der durch die großen Wohnzimmerfenster fiel – es war Vollmond.

Viggo richtete sich auf und versuchte, den Kopf klar zu kriegen und die bösen Gedanken zu vertreiben. Irgendwo in der Ferne hörte er Hundegebell und, wenn sein Hirn ihm keinen Streich spielte, auch das Heulen einer Sirene ganz weit entfernt. Ob es ein gutes Zeichen war, weil es bedeutete, dass sich irgendjemand um die Lage in der Stadt kümmerte, oder ein schlechtes, weil sich noch immer jemand um die Lage in der Stadt kümmern *musste*, konnte er nicht sagen. Vielleicht hatte er sich das Geräusch auch nur eingebildet, weil er unterbewusst erwartete, es zu hören. Jetzt war es jedenfalls weg. Er schaltete den Fernseher an, doch egal, auf welchen Sender er wechselte, es gab keinen Empfang. Stattdessen blickte er auf das schwarz-weiße Schneetreiben des Störbilds, das das Wohnzimmer in ein fahles, künstliches Licht tauchte. Fehlte nur noch, dass gleich ein Mädchen mit langen schwarzen Haaren vor dem Gesicht aus dem Fernseher stieg, dachte er.

Mit dieser Vorstellung vor Augen gab er es endgültig auf, wieder einzuschlafen, und ging in die Küche, wo er sich einen Kaffee machte. Sie hatten eines dieser vollautomatischen Geräte, bei denen man nur auf eine Taste drücken musste, und schon kam der Kaffee unten raus. Ein bisschen Luxus, den sie sich gegönnt und gemeinsam zu Weihnachten gekauft hatten.

Während die Maschine rödelte und den Kaffee in einem dünnen Strahl in die Tasse laufen ließ, schaute er aus dem Küchenfenster und sah fern am Horizont einen kleinen, flackernden Lichtschimmer. In dieser Richtung befanden sich ein Supermarkt, ein Gymnasium und eine Bäckerei. Ob es dort brannte? Sofort war er am Telefon, um die Feuerwehr zu informieren, doch die Leitung war tot. Eigentlich gab es ein Freizeichen, nun herrschte bloß unheimliche Stille.

Kein Fernsehempfang, das Telefonnetz war tot – wie es aussah, hatte die Polizei die Situation nicht unter Kontrolle gebracht. In Viggos Magengrube breitete sich ein ungutes Gefühl aus. Wenn er daran dachte, dass Magda vielleicht irgendwo da draußen war, wurde ihm ganz anders. Noch war er nicht bereit, an irgendetwas anderes zu glauben als daran, dass sie bei einer Kollegin untergekommen war und sich morgen melden würde, wenn alles wieder in geregelten Bahnen verlief. Doch was, wenn nicht? Was sollte er tun, wenn Alexandra in ein paar Stunden wach werden würde und Magda immer noch nicht zurück war? Sie könnten hierbleiben und warten, im Keller hatten sie noch ein paar Vorräte, und könnten sich ein paar nette Tage machen. Aber er wusste, dass es keine netten Tage werden würden. Sie würden sich Sorgen machen und am Ende vielleicht auch Vorwürfe, dass sie tatenlos herumsaßen.

Eine andere Option wäre, dass er sich morgen zu Fuß auf den Weg in die Stadt machen würde, falls der Bahnverkehr noch immer eingestellt war. Vielleicht war Magda ja noch im Laden und hatte sich dort mit ein paar Kollegen verschanzt. Aber er wollte Alexandra weder mitnehmen noch so lange allein im Haus lassen. Ihm war klar, dass auch sie sich sorgte, trotzdem wusste er sie lieber hier, in ihren sicheren vier Wänden, als in der Stadt, wo er keinen Schimmer hatte, was ihn erwarten würde. Es konnte sich alles beruhigt haben, es konnte aber auch alles noch viel schlimmer geworden sein.

Die Ungewissheit machte ihn wahnsinnig, trotzdem musste er irgendwann noch einmal weggedöst sein, denn er wurde wach, als ihn etwas an der Schulter anstupste. Es war Alexandra, die noch ihr Nachthemd anhatte, die Haare völlig zerzaust. Wahrscheinlich war sie selbst erst vor ein paar Minuten wach geworden.

»Irgendwas von Mum gehört?«

»Die Leitungen sind tot, und auch im Fernsehen wird nichts mehr übertragen, ich fürchte, wir sind auf uns allein gestellt«, antwortete Viggo.

»Sieht ganz so aus«, erwiderte sie. »Wie ist der Plan?«

»Erst mal, Fräulein, springst du unter die Dusche, und in der Zeit mache ich uns Frühstück.«

Viggo wollte diesem Samstagmorgen den größtmöglichen Anschein von Normalität verleihen, auch um sich selbst zu beruhigen. Während Alexandra oben im Badezimmer war, schob er daher ein paar Aufbackbrötchen in den Ofen und deckte den Tisch. Es gab Käse, Salami, gesalzene Butter, Fleischsalat und Marmelade. Außerdem fand er noch eine Flasche Orangensaft in der Vorratskammer – seine Tochter trank noch keinen Kaffee.

Beim Essen schwiegen sie, beide waren zu sehr in ihre Gedanken versunken. Trotzdem griffen sie ordentlich zu, auch wenn es ihnen an Appetit mangelte. Essen half beim Verdrängen von Problemen und war eine willkommene Ablenkung.

Als sie fertig waren, durchbrach Viggo irgendwann die Stille. »Ich habe nachgedacht, und da ist mir Antons alter Pick-up wieder eingefallen.« Anton war ihr Nachbar. Er wohnte direkt nebenan und war über die Jahre so etwas wie ein Opa für Alexandra geworden, die keine lebenden Großeltern mehr hatte. Anton war Rentner und seit vier Jahren verwitwet. Seine Frau war eines Morgens einfach nicht mehr aufgewacht, friedlich im Schlaf verstorben. Trotzdem war es eine schlimme Zeit für Anton gewesen, der in den vergangenen sechzig Jahren kaum von seiner Frau getrennt gewesen war. Es hätte Viggo nicht gewundert, ihn eines Tages aufgehängt auf seinem Dachboden vorzufinden.

Aber der alte Mann hatte neue Kraft geschöpft. Eines Tages, nachdem er wochenlang das Haus nicht verlassen hatte, war er in seinen rostigen Pick-up gestiegen und in das städtische Tierheim gefahren, wo er sich direkt in einen Mops namens Oskar verliebte. Oskar war übergewichtig, lag gern auf der Couch und fraß den ganzen Tag. Viggo vermutete, dass Anton sich beim Anblick von Oskar an sich selbst erinnert fühlte: Beide waren allein, hatten ordentlich Speck auf den Hüften und waren faul.

Aber Oskar hatte Anton aus seinem Loch wieder herausgeholfen. Zusammen machten sie jeden Tag drei Spaziergänge, egal, bei welchem Wetter, und Anton kam so endlich wieder unter Menschen.

»Ich werde rübergehen und ihn fragen, ob wir den Wagen ausleihen können. Dann fahren wir in die Stadt und holen deine Mutter.«

»Also kann ich mit?«, fragte Alexandra, und die Hoffnung war ihrer Stimme deutlich anzuhören.

Viggo nickte. Einen Fußmarsch von mehreren Stunden wollte er ihr nicht zumuten, aber mit dem Auto wären sie zügig am Ziel und zügig auch wieder verschwunden, sollte sich die Lage nicht gebessert haben.

»Aber erst wird der Tisch abgeräumt!«

Alexandra verdrehte die Augen. Auch das gehörte zur Samstagsroutine. Viggo deckte den Tisch und bereitete das Frühstück vor, Alexandra und Magda räumten hinterher die Küche wieder auf. Da Magda nicht da war, hatte seine Tochter zwar die doppelte Arbeit, aber in der Zwischenzeit konnte Viggo sich frisch machen.

Er ging die Treppe nach oben, duschte schnell und putzte sich im Anschluss die Zähne. Als er in den Spiegel sah, bemerkte er, dass er Dr. Manakov erschreckend ähnlich sah – bei ihm war es allerdings eine Folge von Anspannung und mangelndem Schlaf. Bei Dr. Manakov dagegen … Hoffentlich würden sie in der Stadt mehr erfahren.

Nachdem er Deo aufgetragen hatte, fühlte er sich dem Tag da draußen halbwegs gewachsen – wenn die Welt schon vor die Hunde ging, wollte er dabei zumindest gepflegt sein.

Dass diese halbe Stunde ein Luxus war, den er sich in den kommenden Wochen ganz schnell würde abgewöhnen müssen, wusste er zum jetzigen Zeitpunkt noch nicht.

Viggo stand auf Antons kleiner Veranda und betätigte die Klingel. Oskars Kläffen war zu hören, ein paar Schritte, dann öffnete ihm der dickbauchige Mann die Tür.

»Viggo, was für eine schöne Überraschung«, sagte Anton, und die beiden umarmten sich.

Anton war zu Weihnachten mit seinem voluminösen Bauch und dem langen weißen Bart ein gefragter Weihnachtsmann-Imitator in der Nachbarschaft. Auf seiner Nasenspitze saß eine Brille mit kleinen runden Gläsern.

»Sach mal, was ist denn los? Mein Fernseher funktioniert nicht mehr, und wenn ich es nicht besser wüsste, würde ich fast glauben, die Welt ist untergegangen. Alle Nachrichtensender sind tot, das Letzte war die Warnung, dass man sein Haus nicht verlassen solle.«

»Deswegen bin ich hier«, sagte Viggo und sah sich um. »Aber lass uns lieber reingehen.«

Sie gingen durch den Flur, der voller Bilder von bereits verstorbenen Familienmitgliedern von Anton hing. Kinder hatten er und seine Frau nie bekommen. Viggo wusste nicht, ob sie keine wollten oder ob es nicht geklappt hatte. Das war ein Thema, über das man lieber nicht sprach.

Als Viggo ins Wohnzimmer kam, hob Oskar kurz den Kopf, wedelte kaum sichtbar mit dem Schwanz und schlief direkt weiter. Er hatte sich wie ein Kringel auf der Couch zusammengerollt. Im Wohnzimmer selbst roch es leicht muffig, ein alter Röhrenfernseher stand auf einem weißen Spitzendeckchen auf einem massiven Eichentisch. An der Wand stand ein großes Regal voller Bücher über das frühe Mittelalter – Anton war vor seiner Pensionierung Professor für Geschichte gewesen und hatte an der Universität in der Hauptstadt gelehrt. Als er in Rente ging, entschieden seine Frau und er sich dafür, zurück in ihren Heimatort zu gehen. Die Großstadt war nicht für alte Leute gemacht, hatten sie immer gesagt.

»Setz dich doch, Viggo.« Anton deutete auf das alte Sofa. Aus einer Schublade hatte er eine Dose Kekse gezaubert und stellte sie auf den Tisch. »Noch etwas zu trinken? Der Kaffee ist mir leider ausgegangen, aber ich sollte noch Saft dahaben.«

»Danke, für mich nicht«, sagte Viggo. »Wir haben gerade erst gefrühstückt.«

Die beiden Männer ließen sich auf der Couchgarnitur nieder, wobei Oskar neben Anton lag und die Streicheleinheiten seines Herrchens genoss.

»Also, was ist da draußen los, Viggo? Du wirkst beunruhigt.«

Viggo bemerkte erst jetzt, dass er die ganze Zeit nervös mit den Händen an seiner Hose herumgezupft hatte. Ertappt faltete er sie im Schoß zusammen, atmete tief ein und erzählte Anton dann alles, was er seit dem gestrigen Nachmittag erlebt hatte. Anton hörte gebannt zu, während er sich einen Butterkeks nach dem anderen in den Mund schob.

Als Viggo fertig war, herrschte kurz Stille zwischen den beiden, dann sagte der alte Mann: »Du nimmst mich nicht auf den Arm, oder? Ich bin zwar alt, aber noch nicht senil.«

»Ich wünschte, es wäre so. Am besten lässt du Oskar erst mal nur in den Garten und verzichtest auf ausgedehnte Spaziergänge in der Nachbarschaft«, sagte Viggo.

»Ich glaube«, erwiderte Anton und kratzte den dicken Mops unterm Ohr, »dass er damit keine Probleme haben wird.«

»Hör zu, es gibt da etwas, um das ich dich bitten wollte.« Viggo überlegte kurz, wie er es am besten sagen sollte. »Magda ist gestern Abend nicht von der Arbeit nach Hause gekommen. Alexandra und ich machen uns Sorgen und würden sie gern suchen gehen. Aber da der öffentliche Verkehr lahmgelegt ist, müssen wir …« Viggo konnte den Satz nicht beenden, weil der alte Mann ihm ins Wort fiel.

»Natürlich könnt ihr mein Auto haben, gar keine Frage. Ich werde sowieso einen Teufel tun und einen Fuß vor die Tür setzen, wenn draußen irgendwelche Irren herumlaufen. Ich habe auf dem Dachboden noch einen alten Revolver liegen. Das Ding ist zwar antik, sollte aber noch funktionieren. Den werde ich herunterholen, auf den Tisch legen, und sobald irgendjemand oder irgendwas hier rein will, gibt's eine Kugel zur Begrüßung. Meine Vorratskammer ist so voll, damit kann ich problemlos noch mindestens zweimal überwintern.«

Viggo musste grinsen. Er mochte das pragmatische Denken seines Nachbarn – aber wenn man den Zweiten Weltkrieg miterlebt hatte, konnte einen wohl nichts mehr schockieren.

»Danke, Anton", sagte er erleichtert. Wir fahren gleich in die Stadt, und sobald wir wieder da sind, kommst du mit Oskar rüber zu uns. Unser Gästezimmer ist noch frei, und Alexandra würde sich bestimmt freuen. Sie kann etwas Ablenkung gebrauchen. Wir alle eigentlich.«

»So machen wir es, Viggo.« Anton stand auf, verschwand kurz im Hausflur und kam mit einem Autoschlüssel zurück. Der Schlüssel gehörte zu dem roten Pick-up, der in der Auffahrt stand.

»Wenn der erste Gang klemmt, musst du nur ein bisschen mehr Kraft aufwenden. Ist nicht mehr der Neuste, aber er hat mich nie im Stich gelassen.«

Viggo bedankte sich, nahm die Schlüssel entgegen und verabschiedete sich, aber nicht, ohne den alten Mann noch mal dran zu erinnern, dass er die Türen geschlossen halten solle.

Als Viggo zurückkam, sah Alexandra gerade gebannt dabei zu, wie ein Junge mit einer Narbe, ein Mädchen mit langen braunen Haaren und ein Rotschopf mit einem ungepflegten Riesen sprachen. Seine Tochter hatte sich zur DVD eine Tüte Chips aufgemacht und schien gar nicht zu bemerken, dass Viggo wieder da war.

Er ging in die Küche und nahm erneut den Telefonhörer ab, aber es herrschte wieder nur unheimliche Stille. Einen Radiosender bekam er auch nicht mehr rein, er probierte jede Frequenz aus. Sie waren wie von der Außenwelt abgeschnitten. In diesem Moment merkte Viggo, wie abhängig sie von der ganzen Elektronik waren. Umso wichtiger war es, dass sie schnell losfuhren, damit das bange Warten ein Ende fand. Solange sie alle drei zusammen waren, konnte ihm eine tote Telefonleitung keine Angst machen.

»Alexandra?«, rief er aus der Küche. »Wir fahren gleich!«

Zustimmendes Gemurmel kam aus dem Wohnzimmer, dann wurde der Fernseher ausgeschaltet, und seine Tochter tauchte im Türrahmen auf. »Sollen wir Mama was zu essen mitbringen oder so?«

Er überlegte kurz. Da Magda in einem Supermarkt arbeitete, würde das wohl kaum nötig sein. Aber Alexandra schien viel daran gelegen, sich irgendwie nützlich zu machen, und er verstand auch, warum. Die Aussicht, ihrer Mutter ein paar Brote zu machen und Wasser mitzubringen, bedeutete automatisch, dass sie sie bald finden würden und es ihr an nichts fehlte außer einem Schnittchen. Das war etwas, worauf sie sich freuen konnten.

»Eine gute Idee. Brötchen vom Frühstück sind noch übrig. Mach du doch schnell einen Happen für uns drei, und ich hole etwas Wasser für die Fahrt.«

Alexandra strahlte und machte sich an die Arbeit. Viggos nächster Gang führte ihn in den Keller. Er zog an einer Kordel, die oben am Treppenansatz von der Decke baumelte, und eine Glühbirne fing unten an zu leuchten. Er war ungern im Keller, der so niedrig war, dass er immer den Kopf einziehen musste. Die Luft war muffig und roch nach abgestandenem Wasser. Vorsichtig ging er die knarzenden Holzstufen hinab und hielt sich am Geländer fest – heute war ein denkbar schlechter Tag für einen Haushaltsunfall.

Unten angekommen, erstreckten sich links und rechts schmale Regale, die mit allerhand Krimskrams vollgestellt waren: Malerrollen, Farbe, Angeln und die dazugehörige Ausrüstung, Gummistiefel, Weihnachtsdeko, ein ausgemisteter Toaster, der eigentlich schon lange den letzten Gang zum Sperrmüll hätte nehmen sollen. Alles war von einer dicken Staubschicht bedeckt. Aber was er suchte, befand sich zum Glück direkt rechts neben der Treppe. Hier lagerten sie ihre Getränke. Viggo griff sich ein Sixpack in Plastik eingeschweißter Wasserflaschen. Er überlegte noch, drei herauszufriemeln, nahm aber dann die ganze Packung mit. Es erschien ihm einfach zu mühsam, und die Verpackung hatte einen praktischen Tragehenkel.

Wenn alles wie geplant verlief, würden sie einfach in die Stadt fahren, Magda finden und wären noch vor dem Mittagessen wieder zurück. Er zog an der Kordel, und das Licht erlosch.

Was Viggo in diesem Augenblick selbst noch nicht wusste: Nichts würde wie geplant verlaufen. Niemand war sich des Ausmaßes dessen, was im Krankenhaus passiert war, wirklich bewusst.

Er zog sich dicke Stiefel an, die er vor allem für die Gartenarbeit brauchte und auch mal im Winter trug, wenn viel Schnee lag. Sie waren sehr stabil und stützten das Fußgelenk, um Verletzungen vorzubeugen. Falls er noch einmal einen solchen Sprint wie am gestrigen Tag vom Krankenhausgelände hinlegen musste, wollte er nicht in seinen leichten Arbeitsschuhen umknicken. Über seinen Pullover zog er eine schwarze Lederjacke, mit der er sich immer ein bisschen wie Elvis Presley gefühlt hatte. Für Alexandra und Magda war die Jacke ein gefundenes Fressen, um dumme Sprüche zu machen, aber er mochte sie trotzdem. Er fühlte sich mit ihr irgendwie jünger und wilder, noch nicht wie ein Familienvater.

Alexandra zog ihre braunen, gefütterten Winterstiefel aus Kunstleder an und trug über einem dicken Strickpullover eine gelbe Übergangsjacke. Dieses Kleidungsstück hatte für Viggo nie Sinn ergeben: Entweder es war kalt, dann zog man eine Winterjacke an, oder es regnete, dann zog man natürlich eine Regenjacke an. Wenn es warm war, brauchte man gar keine. Das gelbe Teil seiner Tochter aber hielt weder warm noch trocken. Es war einfach nur sehr … gelb.

»Bereit?«, fragte er.

»Bereit«, antwortete sie.

Also öffnete Viggo die Haustür, und eine kalte Brise Morgenluft wehte ihnen entgegen. Unter anderen Umständen hätte sich Viggo über diesen Moment gefreut. Die Luft war klar, es war angenehm still draußen, und alles wirkte irgendwie friedlich. Aber er wusste, dass dieser Eindruck trügerisch war. An einem Samstagvormittag hätte es nicht so ruhig sein sollen. Mittlerweile waren nicht einmal mehr Sirenen zu hören. Kein gutes Zeichen.

Das Auto stand noch immer in Antons Einfahrt, und Viggo befürchtete schon, dass sie noch den Frost von der Windschutzscheibe kratzen mussten – das erwies sich aber als unbegründet. Die schwache Januarsonne hatte ausgereicht, um ihn zu schmelzen. Sie luden den Rucksack mit den Wasserflaschen und geschmierten Brötchen auf die Rückbank, und Alexandra kletterte auf den Beifahrersitz.

Viggo wollte Anton noch schnell Bescheid geben, dass sie jetzt losfuhren, und bat seine Tochter, schon mal die Heizung einzuschalten. Sie nickte, fummelte den Schlüssel ins Zündschloss und drehte dann am Temperaturregler. Mit einem Daumen nach oben signalisierte sie, dass warme Luft aus den Düsen kam.

Viggo ging um den Wagen herum und zur Haustür des Nachbarn. Er klingelte und hörte sofort das empörte, fast schon panische Bellen von Oskar, der wahrscheinlich von der Klingel aus dem Schlaf gerissen worden war. Dann passierte eine ganze Weile gar nichts. In Viggo wuchs ein unbehaglicher Gedanke, aber schließlich hörte er erst ein Poltern und dann das Klicken diverser Schlösser hinter der Tür. Anton öffnete. Er trug einen Bademantel, und sein Bart war zerzaust. Wahrscheinlich hatte er sich zu einem frühen Mittagsschläfchen hingelegt.

»Hallo, Viggo!«, sagte er noch deutlich verschlafen. »Springt der Wagen nicht an?«

»Mit dem Wagen ist alles in Ordnung. Ich wollte nur Bescheid sagen, dass wir jetzt losfahren. Du hast alles, was du brauchst?«

Anton nickte. »Mir wird schon nicht langweilig. Ich habe noch einen Stapel mit ungelesenen Büchern über den Rosenkrieg in England von 1455 bis 1485. Spannende Geschichte, da haben sich wirklich zwei Adelshäuser dreißig Jahre lang um den Anspruch auf die Königskrone bekämpft. Hat die männlichen Linien beider Familien komplett ausgelöscht. Kannst du dir das vorstellen?«

»Nein«, sagte Viggo. Das konnte er wirklich nicht, aber im Moment konnte er sich für so etwas auch nicht begeistern. Seine Gedanken drehten sich um Magda, nicht um den Rosenkrieg im England des 15. Jahrhunderts. »Wir sollten bald zurück sein. Willst du dann mit uns zu Mittag essen?«

»Na, aber gerne doch! Dann kannst du mir erzählen, was in der Stadt vor sich geht.«

Sie tauschten noch ein paar Floskeln aus, dann verabschiedeten sich die beiden Männer voneinander. Viggo setzte sich hinters Steuer und fuhr den Pick-up rückwärts aus der Einfahrt. Alexandra und er winkten dem Nachbarn zum Abschied, dann fuhren sie los.

Was Viggo nicht wusste: In dieser neuen Welt hatten Menschen wie Anton keine Chance, sie waren zu langsam und zu gebrechlich. Es war das letzte Mal, dass Viggo mit Anton sprechen sollte.

Sie fuhren zur großen Kreuzung und an der Tankstelle vorbei, dann ging es über die Hauptstraße Richtung Bahnhof. Viggo und Alexandra wollten sich erst selbst ein Bild von der Lage machen, vielleicht fuhr die Bahn ja wieder.

Der kleine Vorort war wie ausgestorben. Sie hörten weder Tiere noch Autos oder Menschen. Als ihnen auf der Landstraße zum Bahnhof ein Pkw entgegenkam, hätte Viggo das Lenkrad fast vor Schreck herumgerissen. Es war ein blauer VW-Bus, vorne saßen Mann und Frau und hinten zwei Kinder. Das Auto war vollgepackt bis unters Dach. Unter anderen Umständen hätte Viggo angenommen, dass die Insassen auf dem Weg in einen langen Urlaub waren. Doch nach den gestrigen Vorfällen befürchtete er nun das Schlimmste.

Zehn Minuten nachdem sie bei Anton vom Hof gerollt waren, lenkte Viggo den Pick-up auf den kleinen Parkplatz vor dem Bahnhof, auf dem einige Autos noch auf ihre Besitzer warteten. »Bahnhof« traf es eigentlich nicht ganz. Es war vielmehr ein einzelner Bahnsteig mit einem Fahrkartenautomaten, einem kleinen Wartehäuschen und einer Digitalanzeige, die darüber informierte, wann der nächste Zug eintreffen würde. Die Strecke verlief hier eingleisig, zu jeder vollen Stunde kam man in die Stadt, dreißig Minuten später folgte der Zug aus der Stadt aufs Land. Sie stiegen aus dem Auto. Es war immer noch frisch, obwohl die Sonne sich langsam hervorkämpfte. Trotzdem konnte Viggo noch seinen Atem sehen, der in feinen Wölkchen davonflog.

Schon aus der Ferne sahen sie, dass die Digitalanzeige keinerlei Infos für sie bereithielt. Wo eigentlich die orange leuchtenden Buchstaben waren, die Auskunft über Zielort, Verspätung und planmäßige Ankunft gaben, war nur gähnende Leere.

»Sieht schlecht aus«, bemerkte Viggo trocken.

»Vielleicht sollten wir sie mal fragen«, sagte Alexandra und zeigte auf eine junge Frau, die einsam in dem Wartehäuschen saß. »Sie sieht aus, als würde sie hier schon länger sitzen.«

Die junge Frau hatte einen Bobschnitt, trug einen schwarzen Mantel und darunter einen gebügelten Hosenanzug. Auf ihrem Schoß lag eine Aktentasche, die keinerlei Gebrauchsspuren zeigte und wahrscheinlich noch nicht lange im Einsatz war.

»Gute Idee«, antwortete Viggo. Die Frau hatte sie schon bemerkt und schaute aufmerksam in ihre Richtung.

»Guten Morgen«, grüßte Viggo. »Warten Sie hier schon lange?«

»Seit einer Stunde, verdammt!«, entgegnete sie genervt, und Viggo brauchte einen Moment, bis er verstand, dass ihre schlechte Laune nicht ihm galt. »Wenn der Zug nicht gleich kommt, komme ich zu spät zur Arbeit. An meinem ersten Tag!« Sie schnaubte. »Da studiert man fünf Jahre lang, um einen Kanzleijob zu bekommen, und dann fällt die verdammte Bahn einfach aus. Können Sie sich das vorstellen?«

»Haben Sie denn gar nicht mitbekommen, was los ist?«, fragte Alexandra.

»Na ja, so schlimm kann wohl kein Anschlag der Welt sein, dass er eine ganze Stadt so lange lahmlegt, oder?« Sie stand auf und lief nervös vor Viggo und Alexandra auf und ab. »Ich kann doch nicht an meinem ersten Tag bei der Arbeit fehlen, nur weil irgendein Irrer im Krankenhaus randaliert hat.« Sie hatte sich regelrecht in Rage geredet. »Unfassbar, so viel Pech kann auch nur wieder ich haben. Zu meiner Examensprüfung kam ich gerade noch auf den letzten Drücker, weil mein Bus im Stau stand.«

»Hören Sie«, unterbrach Viggo ihre Wutparade. »Wenn der öffentliche Nahverkehr noch immer außer Betrieb ist, könnte es in der Stadt chaotischer zugehen, als wir denken. Dafür hat Ihr Arbeitgeber doch sicher Verständnis.«

»Verständnis, ha!«, gab sie angefressen zurück. »Sie haben ja keine Ahnung!« Sie machte eine kurze Pause und atmete einmal tief durch. »Entschuldigen Sie, Sie können ja nichts dafür. Ich stehe bloß unter einem unglaublichen Druck. Ich brauche das Geld, um meine Schulden aus dem Studium zurückzuzahlen. Wenn der Zug nicht in fünf Minuten kommt, kann ich mir den Job wohl in die Haare schmieren.« Wie um ihren Worten Nachdruck zu verleihen, fuhr sie sich durch den akkuraten Haarschnitt und ließ sich frustriert wieder auf die Bank fallen.

Viggo hatte Mitleid mit ihr. Sie hatte nicht gesehen, wovon er gestern Zeuge geworden war. Sie konnte wahrscheinlich nicht verstehen, dass es gerade Wichtigeres gab als ihren Bürojob. »Was halten Sie davon«, schlug er deswegen vor, »wenn wir hier mit Ihnen warten. Wenn der Zug kommt: perfekt, wir müssen auch in die Stadt. Und wenn er nicht kommt, fahren Sie einfach bei uns mit. Unser Auto steht auf dem Parkplatz. Dann kommen Sie vielleicht zu spät, aber immerhin kommen Sie an.«

Ihre Augen leuchteten, und sie willigte begeistert ein. Viggo war zufrieden. Er und Alexandra konnten weitere fünf Minuten verschmerzen, und sie mussten die Frau nicht allein hier in der Kälte zurücklassen. Aber als der Zug nach zehn Minuten noch immer nicht da war, wurde er langsam ungeduldig.

Letztlich brach Alexandra das Schweigen. »Auto?«

Die anderen beiden nickten.

Alexandra machte es sich auf der Rückbank bequem, und Ljudmila, wie sie sich vorgestellt hatte, saß auf dem Beifahrersitz. Sie erzählte, dass sie in der Großstadt Jura studiert hatte und zurückgekommen war, um ihre verwitwete Mutter zu unterstützen. Dass sie einen Job als Juristin in einer der wenigen ortsansässigen Kanzleien bekommen hatte, war ein riesiges Glück – sie hatte schon damit gerechnet, irgendwo putzen gehen zu müssen.

»Was erzählt man sich?«, fragte Viggo irgendwann in ihren Monolog hinein, während er das Auto von der Landstraße auf die Autobahn steuerte.

Ljudmila verstand offenbar nicht. »Was meinen Sie?«

»Was haben Sie über das gehört, was in der Stadt passiert ist?«, konkretisierte er.

»Nun, in den Nachrichten meinten sie, dass es wohl einen Anschlag gab und man im Haus bleiben solle. Dann, am nächsten Morgen, hatten wir keinen Empfang mehr. Unsere Nachbarin, die immer alles mitbekommt, meinte, dass ihr Enkel beim Krankenhaus mehrere Typen gesehen hat, die Säbel geschwungen und *Allah ist groß* gerufen haben. Können Sie sich das vorstellen?«

Obwohl Viggo wusste, dass es sich um eine rhetorische Frage handelte, lag ihm die Antwort schon auf den Lippen, aber er schwieg. Die Realität, die er gesehen hatte, war noch weitaus weniger vorstellbar.

Sie fuhren von der Landstraße auf die Autobahn, als es gerade anfing zu nieseln. Viggo aktivierte den Scheibenwischer, der sofort pflichtbewusst seine Arbeit aufnahm und jeden Tropfen von der Windschutzscheibe wischte. Einem Automatismus folgend, suchten seine Finger den Knopf für das Radio, doch als statt schöner Melodien nur Rauschen ertönte, erinnerte er sich wieder daran, dass der Empfang tot war. Ein Schaudern überkam ihn, und im Rückspiegel konnte er sehen, dass auch Alexandra schlucken musste.

Die Autobahn vor ihnen war beunruhigend leer. Das änderte sich erst etwa siebzehn Kilometer vor der ersten Stadtabfahrt. Viggo ging instinktiv vom Gas, um das Unglück zu betrachten. Auf der Gegenfahrbahn hatte es einen Unfall gegeben, mehrere Autos, Transporter und sogar ein Bus waren beteiligt. Die Karosserien waren komplett ausgebrannt und lagen wie Kohlereste in einem Grill auf dem Asphalt. Von den Besitzern war keine Spur zu sehen.

Dahinter wartete eine nicht enden wollende Schlange aus Autos – alle verlassen, weit und breit war niemand zu sehen. Sie waren einfach stehen gelassen worden, offenbar hatten sich die Besitzer zu Fuß weiter auf den Weg gemacht. Alle aus der Stadt heraus. Viggo wusste, dass die Situation vollkommen außer Kontrolle sein musste, wenn die Menschen bereit waren, ihre geliebten Autos einfach abzustellen und weiterzulaufen.

»Glauben Sie immer noch, dass man in der Kanzlei auf Sie wartet?«, flüsterte er fassungslos.

Ljudmila antwortete nicht, sondern machte nur große Augen. Der Anblick hatte ihr die Sprache verschlagen. Sie hatte die Situation ganz offensichtlich komplett falsch eingeschätzt, und auch Viggo wurde schlagartig klar: Sie bewegten sich gerade auf eine verlassene Stadt zu. Sie waren auf der Suche nach seiner Frau, nach Alexandras Mutter – in einer verlassenen Stadt.

Sie alle glotzten Auto für Auto an und konnten nicht glauben, was für ein Exodus in so kurzer Zeit stattgefunden hatte. Viele Wagen waren voll beladen mit Hausrat, Bettdecken, Kleidung. Hier und da waren Waschmaschinen auf die Dächer geschnallt. Wofür auch immer man eine Waschmaschine brauchte, wenn man übereilt sein Heim verließ.

Wären sie von dem Anblick auf der anderen Straßenseite nicht so abgelenkt gewesen, hätte sicherlich einer von ihnen gemerkt, was direkt vor ihnen passierte. Mit langsamen, schlurfenden Schritten bewegte sich eine Gestalt aus dem Gebüsch auf die Straße zu, wankte direkt auf die Fahrbahn. Die Schultern hingen herab, der Kopf war gesenkt, und die Person wirkte merkwürdig teilnahmslos. Sie blieb mitten auf der Spur stehen und glotzte einfach nach vorn.

Viggo wollte irgendetwas Aufmunterndes sagen, riss den Blick von den verlassenen Autos los – und stieg mit voller Wucht auf die Bremse. »Scheiße!«, schrie er, als die Gestalt gegen die Windschutzscheibe klatschte und anschließend übers Dach rollte.

»Oh mein Gott, Sie haben jemanden überfahren!«, rief Ljudmila und schlug die Hände vors Gesicht.

Um das zu erkennen, hätte Viggo sie nun wirklich nicht gebraucht, denn der Blutfleck auf der zersplitterten Scheibe ließ wenig Raum für Interpretationen. Er hatte zu lang auf die Gegenfahrbahn geschaut, und der fehlende Verkehr hatte ihn unvorsichtig werden lassen.

Mit quietschenden Reifen kam er zum Stehen. Es stank nach verbranntem Gummi. Ein Blick in den Rückspiegel ließ einen leblosen Körper erahnen, es hätte aber auch ein Bündel Klamotten sein können.

»Sind alle in Ordnung?«, fragte Viggo, worauf er stummes Nicken von der Seite und der Rückbank erntete.

»Bleibt sitzen, ich sehe mir das an«, sagte er und stieg aus. Er hatte da so einen Verdacht, was sie überfahren hatten.

Das Ding am Boden bewegte sich nicht mehr. Erst stupste er den leblosen Körper mit dem Fuß an, als es dann keine Reaktion gab, ging er in die Hocke und drehte die Person auf den Rücken. Es war ein junger Mann, vielleicht Anfang zwanzig, mit einem Dreitagebart und lockigen Haaren. Die Stelle zwischen seinen Augen blutete heftig und war eingedrückt – es gab keinen Zweifel, mit welchem Körperteil er gegen die Scheibe geprallt war.

»Warum bist du nicht beiseitegegangen?«, murmelte Viggo und hob ein Augenlid des reglosen Mannes an, um zu überprüfen, ob die Person vielleicht nicht doch nur bewusstlos war. Das Weiß des Augapfels war einem schwammigen Grau gewichen, die Pupille sehr klein. Viggo wusste sofort, an was ihn das erinnerte: die Augen von Dr. Manakov.

Er hatte einen der Irren überfahren. Einen von der Seuche Infizierten, der Jagd auf sie gemacht hätte, hätten sie ihm Gelegenheit dazu gegeben. Es hatte sich weiter ausgebreitet. Das war alles, was er wissen musste.

»Und?«, fragte Alexandra, als er wieder ins Auto einstieg.

»Tot«, sagte Viggo und merkte dann, dass ihr das schon klar gewesen war und sie etwas anderes wissen wollte. »Ich denke, er war infiziert. Seine Augen sahen … « Er suchte nach den richtigen Worten. »… unmenschlich aus.«

Viggo legte den ersten Gang ein, ließ den Motor kommen und fuhr weiter Richtung Innenstadt. Den Blick nahm er für den Rest der Fahrt nicht mehr von der Straße.

Am Tag zuvor im Supermarkt

»Frau Nikolaij, die Maiskonserven füllen sich nicht von alleine auf. Das Regal ist bereits seit einer Stunde leer.«

»Jawohl, Herr Ibanov«, sagte Magda, um ihren Chef schnell abzuwimmeln. Wenn es im 21. Jahrhundert noch Sklavenhaltung gab, dann in diesem Supermarkt. Sie liebte ihren Job, sie liebte die Kunden, aber ihr Chef überwachte akribisch, dass niemand unnütz in der Gegend rumstand oder auch nur eine Minute zu früh Feierabend machte.

Sie räumte die letzten Tüten Backofenpommes in die Tiefkühltruhe und ging dann nach hinten ins Lager, wo die Paletten mit neuer Ware auf ihren Einsatz warteten. Hier roch es jeden Tag anders, weil jeden Tag andere Produkte geliefert wurden. Heute roch es hauptsächlich nach Basilikum, der fein säuberlich aufgereiht in kleinen Töpfen stand. Außerdem stapelten sich Wasserflaschen neben Kisten mit Äpfeln, Müslipackungen neben Senfgläsern und Chipstüten neben großen Kühlbehältern mit gefrorenem Lachs. Nach kurzem Suchen hatte sie den Dosenmais gefunden und klemmte sich eine Schachtel unter den Arm.

Zielstrebig ging sie in den Laden zurück und fing an, den leeren Regalabschnitt wieder aufzufüllen. Da gerade kaum Kunden im Laden waren, konnte sie sich damit etwas Zeit lassen – solange Herr Ibanov nicht auf sie aufmerksam wurde.

Gedanklich war sie bereits beim DVD-Abend mit ihrer kleinen Familie. Sie freute sich auf das Ritual, auch wenn sie mit Ghostbusters nicht viel anfangen konnte. Aber sie genoss das Entspannen vor dem Fernseher mit ihren Liebsten. Auf das, was passieren würde, sobald Alexandra im Bett war, freute sie sich am allermeisten.

Sie warf einen verstohlenen Blick auf ihre Armbanduhr: Kurz vor fünf, und das bedeutete, dass es noch viel zu lange dauern würde, bis sie endlich Feierabend hätte.

»Frau Nikolaij bitte an die Kasse, Frau Nikolaij bitte!«

Magda erkannte die Stimme sofort: Es war Katarina, die Kollegin, mit der sie gerade Schicht hatte. Die beiden verstanden sich blendend und hielten einander im Laden den Rücken frei. Es war wichtig, jemanden zu haben, auf den man sich verlassen konnte, wenn man doch mal früher von der Arbeit weg musste.

Magda faltete den Pappkarton, in dem die Maiskonserven angeliefert worden waren, brachte die Verpackung nach hinten ins Lager und ging dann zur Kasse. Dort saß Katarina, eine untersetzte Frau mit blonden Locken und einer großen Nase. »Was gibt es denn?«, wollte Magda wissen.

»Übernimmst du mal kurz? Mein Handy vibriert ständig in der Hosentasche, und ich würde gern nachschauen, was los ist. Nicht, dass irgendwas mit Danny passiert ist.«

Danny war ihr fünfjähriger Sohn, der gerade im Hort sein sollte. Irgendwas war immer mit Danny. Mal hatte er Fieber, mal hatte er sich den Kopf gestoßen oder die Hand an der Kaffeekanne verbrannt. So war das, wenn man kleine Kinder hatte.

»Klar, wenn Ibanov fragt, bist du auf Toilette.«

Katarina bedankte sich und verschwand in Richtung des Aufenthaltsraums für Mitarbeiter, während Magda an der alten Kassiermaschine Platz nahm. Kunden konnten hier lediglich in bar zahlen, denn ein Kartenlesegerät gab es nicht. In dieser Gegend war das aber nichts Ungewöhnliches. Die meisten Geschäfte waren inhabergeführte Familienbetriebe, und manchmal schien es Magda so, als hätte der digitale Wandel überall sonst auf der Welt Einzug gehalten – nur nicht bei ihnen. Ihre Internetverbindungen waren grauenhaft und instabil, die meisten Menschen misstrauten sogar noch den altmodischen Mobiltelefonen, und die Röhrenfernseher wurden bis zum bitteren Ende genutzt. Wenn man einen Fernseher auch an die Wand hängen konnte, was sollte man denn dann mit der massiven Kommode und dem Spitzendeckchen darunter anfangen? Das ergab für viele Leute hier einfach keinen Sinn.

Leute wie Frau Olinka, die gerade zielstrebig mit ihrer Gehhilfe auf die Kasse zusteuerte. Magda wusste, dass die alte Dame lieber in solch kleinen Supermärkten einkaufte als bei den großen Ketten mit all ihrem technischen Schnickschnack. Die Auswahl war zwar kleiner, dafür nahm man sich für seine Kundschaft aber noch Zeit. Und für Frau Olinka war es eine der wenigen Gelegenheiten, mit ihrer Umwelt ins Gespräch zu kommen. Ihr Mann war bereits vor siebzehn Jahren an einem Herzinfarkt verstorben, und die Kinder wohnten alle weit weg in der Großstadt. Das wusste jeder, der im Laden arbeitete, denn Frau Olinka ließ keine Gelegenheit verstreichen, um jedem davon zu erzählen.

»Guten Tag, Frau Olinka«, begrüßte Magda die Stammkundin.

»Guten Tag«, antwortete sie und packte in aller Seelenruhe ihren Einkauf auf den Abstellbereich neben der Kasse. Ein Laufband für die Ware gab es nicht.

Magda nahm jedes Produkt einzeln in die Hand und gab einen vierstelligen Code in die Registrierkasse ein, durch den das Gerät wusste, um welches Produkt es sich handelte und wie viel es kostete. Die Bananen musste sie abwiegen.

»Was macht der Rücken?« Mindestens jedes zweite Mal jammerte die alte Dame, dass ihr Rücken ihr zu schaffen machte.

»Es gab schon schlechtere Tage«, antwortete sie und nahm eine Flasche Doppelkorn aus ihrem kleinen Einkaufskorb.

Magda sah sie überrascht an, eigentlich kaufte sie nie Alkohol.

»Innegard, meine Schwägerin, hat sich für Sonntag angekündigt, und da habe ich lieber etwas im Haus.«

Das war nicht ganz richtig, denn Frau Olinka hatte kein Haus. Sie wohnte in einer kleinen Zweizimmerwohnung mit einem schmalen Balkon die Straße runter. Nichts Luxuriöses, aber allein kam man damit gut zurecht. Magda hatte ihr einmal nach Feierabend geholfen, die Einkäufe nach Hause zu tragen. Es wäre ein Fußmarsch von vielleicht drei Minuten gewesen, aber die betagte Frau brauchte doppelt so lange.

»Die bucklige Verwandtschaft«, lächelte Magda verständnisvoll, kassierte ab, nicht ohne ein kleines Trinkgeld zu bekommen, und wünschte der freundlichen Dame noch einen schönen Tag.

Aus dem Augenwinkel sah sie Katarina zurückkommen und war schon dabei aufzustehen, um ihrer Kollegin Platz zu machen, da erkannte sie, dass der anderen Frau alle Farbe aus dem Gesicht gewichen war. Irgendwas stimmte offensichtlich ganz und gar nicht.

»Was ist los?«, fragte Magda besorgt.

»Ich … Es war nicht wegen Danny«, stammelte sie. «Es war Joseph.« Joseph war Katarinas Mann, der bei der Polizei die eingehenden Notrufe entgegennahm. »Er sagte, dass es einen Notfall im Krankenhaus gibt. Irgendwer greift da Leute an, die ganze Polizei ist im Einsatz, und das Rathaus hat gerade eine Notstandsmeldung herausgegeben. Niemand soll mehr das Haus verlassen. Wir sollen hierbleiben, bis alles unter Kontrolle ist, meinte er. Es klang wirklich ernst. Er hat mich gebeten, dass wir den Laden sofort schließen und darauf warten, dass die Polizei kommt.«

Magda sog scharf die Luft ein. »Im Krankenhaus?« Ihre Gedanken waren sofort bei Viggo. Wie spät war es? Hatte er seine Schicht schon beendet? War er länger geblieben? Ging es ihm gut?

Katarina war sofort an ihrer Seite und nahm sie in den Arm. »Keine Angst, mein Engel, deinem Mann wird es gut gehen. Die Polizei ist vor Ort und kümmert sich um alles.«

Magda ließ sich zurück auf den Kassenstuhl fallen, dann kramte sie ihr Handy aus der Innentasche ihres blau-weiß gestreiften Kittels, der hier zur Arbeitskleidung gehörte. Mit zitternden Händen suchte sie so lange im Adressbuch, bis sie endlich beim Buchstaben V angekommen war. Sie wählte Viggos Nummer und hob das Telefon ans Ohr. Lange Zeit passierte nichts, dann bekam sie ein Besetztzeichen.

»Verdammt, ich komm nicht durch.«

»Es wird alles gut sein. Du bleibst einfach hier sitzen, ich schmeiß die letzten Kunden raus und kläre alles mit Herrn Ibanov, okay?«

Magda nickte kaum merklich, und Katarina zog wieder davon, um ihren Chef zu informieren. Magda fühlte sich, als hätte man ihr mit einem Vorschlaghammer gegen die Stirn geschlagen. Eben hatte sie sich noch auf den gemeinsamen Abend im Kreise ihrer Familie gefreut, nun gab die Polizei die Empfehlung raus, Haus oder Wohnung nicht mehr zu verlassen, weil irgendjemand verrücktspielte.

Sie atmete einmal tief durch. Es war Freitag. Das bedeutete, dass die Schicht ihres Mannes nur bis vier Uhr gegangen sein dürfte. Vielleicht hatte er schon vor dem Unfall Feierabend gemacht. Ganz bestimmt sogar. An ihren gemeinsamen Abenden war Viggo immer überpünktlich zu Hause, um alles vorzubereiten. Ein Gedanke, der sie sehr beruhigte. Sie versuchte es noch einmal auf Viggos Handy, dann auf dem Festnetz und letztlich bei Alexandra, jedoch ohne Erfolg.

Als wieder einige Kunden in den Laden kamen, konnte sie hören, wie Katarina mit ihnen sprach und sie höflich bat, sich nach Hause zu begeben. Die Aufregung bei der Kundschaft war groß, doch das beruhigte Magda. Niemand hatte bislang etwas von einem Unfall im Krankenhaus gehört, also konnte es so schlimm nicht sein. Das hier war immerhin eine Kleinstadt, das Krankenhaus nicht weit entfernt, und Neuigkeiten sprachen sich sehr schnell rum. Vor zwei Jahren hatte ein PKP-Mann für das Amt des Bürgermeisters kandidiert und darüber nicht mitbekommen, dass sich seine Frau längst einen anderen gesucht hatte. Wahrscheinlich wusste die halbe Stadt eher Bescheid als der gehörnte Ehemann, der keinen blassen Schimmer hatte.

Ihrer leisen Hoffnung zum Trotz beschlich sie jedoch schon nach kurzer Zeit das Gefühl, dass auffällig viele Sirenen in der Stadt zu hören waren – sie konnte allerdings nicht zuordnen, ob die jetzt zur Polizei, Feuerwehr oder zu einem Krankenwagen gehörten. Viggo hatte ihr mal erklärt, dass alle unterschiedlich klangen, man müsse nur auf die Tonhöhe und die Geschwindigkeit der Wiederholung achten. Sie hatte es versucht, dann aber aufgegeben und sich damit abgefunden, dass die Signale für sie alle gleich klangen.

Als Katarina endlich den letzten Kunden aus dem Laden komplementiert hatte – Herr Markow hatte ihr noch geschlagene fünf Minuten zu erklären versucht, dass er das Wochenende ohne Maggi-Würzer unmöglich überleben würde –, ließen die beiden Frauen das große Rollgitter vor der Ladenfront runter. Eigentlich war das die Aufgabe desjenigen, der als Letzter noch im Laden war. An diesem Abend aber blieben zwei Personen zurück – Herr Ibanov hatte sich eilig wegen einer »dringlichen Angelegenheit« verabschiedet, sobald er von den Neuigkeiten erfahren hatte. Magda wusste allerdings ganz genau, dass er nur das Weite gesucht hatte. Dieser Mann war ein erbärmlicher Feigling.

»Was Neues von Viggo gehört?«, wollte Katarina wissen, während sie sich in der kleinen Pantry-Küche ihres Aufenthaltsraums gerade Wasser für einen Ingwertee aufkochte.

Magda schüttelte den Kopf. »Ich komme nicht durch, ich glaube, das Netz ist tot oder völlig überlastet.«

Katarina warf einen Blick auf ihr Handy und musste ihrer Freundin zustimmen: Auch sie hatte kein Netz mehr.

Magda setzte sich seufzend. »Was meinst du, was im Krankenhaus passiert sein muss, damit dein Mann uns eine Nacht im Supermarkt zumutet?«

Das Wasser kochte, und Katarina nahm den Topf vom Herd, um die dampfende Flüssigkeit in einen weißen Becher zu gießen. Ein kleiner Teebeutel folgte. »Gute Frage, darüber habe ich mir auch schon den Kopf zerbrochen. Er weiß, dass wir es hier nicht unbedingt bequem haben«, sagte sie und deutete dabei auf die vier weißen Plastikstühle, den kleinen Holztisch und das Sofa, das sogar für eine Person zu schmal war. »Auf jeden Fall klang er sehr angespannt, als würde gerade die Hölle über die Polizei hereinbrechen. Weißt du, was ich meine? Es klang, als hätten die Nazis uns wieder den Krieg erklärt und mit unserer kleinen süßen Stadt angefangen. Das kann nicht bloß ein bewaffneter Irrer mit Überdosis sein. Vielleicht ein politischer Anschlag, irgendeine organisierte Zelle?«

Das war zwar denkbar, aber Magda konnte sich einfach nicht erklären, warum sich eine feindliche Regierung ausgerechnet ihre kleine, unbedeutende Stadt aussuchen sollte. »Nicht eher drei bis vier Jugendliche, die bis an die Zähne bewaffnet durch die Stadt laufen und Leute erschießen?«, mutmaßte sie daher.

Katarina setzte sich ihr gegenüber an den Tisch. Der Geruch von Ingwertee begleitete sie. »Möglich.« Sie zuckte mit den Schultern. »Es sind immer noch viel zu viele Waffen aus dem Zweiten Weltkrieg im Umlauf. Wir haben selbst noch eine Nazipistole auf dem Dachboden, die mein Großvater irgendeinem SS-Soldaten mit bloßen Händen entrissen haben soll, um ihn dann zu erschießen. Zumindest ist das die Geschichte, die meine Oma immer ganz stolz erzählt hat. Vielleicht ist Hitler ja doch in Argentinien untergetaucht und fängt hier nun mit seinen neuen Weltherrschaftsplänen an?« Sie legte Zeige- und Mittelfinger an ihre Oberlippe. »Weltherrschaft!«, parodierte sie und rollte dabei das R übertrieben stark.

Magda prustete los vor Lachen. Die Führer-Imitation ihrer Freundin war zwar denkbar schlecht, aber das Lachen tat trotzdem gut. Es ließ die Sorge um ihre eigene Familie etwas kleiner werden, wenn auch nicht verschwinden. Sie hielt sich an dem Gedanken fest, dass sie morgen früh den Laden aufschließen und nach Hause fahren würde, sobald Herr Ibanov wieder aufgetaucht war. Zu Hause würde sie auf Viggo treffen, der sicherlich schon lange vor dem Unfall oder dem Angriff nach Hause gefahren war, und alles wäre wieder in Ordnung. Die Polizei hätte bis dahin ihre Arbeit getan und alle Irren unschädlich gemacht.

»Na komm«, zwinkerte sie Katarina zu. »Lass uns schauen, dass wir eine Mütze Schlaf bekommen. Viel mehr können wir ja eh nicht tun.«

Zusammen räumten sie den Tisch beiseite und rückten zwei Stühle zurecht, sodass Magda immerhin die Beine hochlegen konnte, wenn auch nur im Sitzen. Katarina versuchte stattdessen, es sich irgendwie auf der viel zu kleinen Couch gemütlich zu machen. Magda hatte keinen Zweifel, dass sie am nächsten Morgen beide über heftige Nackenschmerzen klagen würden.

Doch bis zum Morgen kamen sie gar nicht erst. Gegen Mitternacht ging die Alarmanlage des Supermarkts los – eine schrille Sirene, die jeden in der Nachbarschaft wecken würde und natürlich auch die beiden Frauen aus ihren unruhigen Träumen riss.

»Was zum …?«, stammelte Magda, als sie begriff, dass das Heulen kein Teil eines Traums war. Ihre Augen öffneten sich langsam, und sie war noch nicht ganz im Hier und Jetzt angekommen.

Katarina hingegen war schon auf den Beinen. »Irgendjemand macht sich am Gitter der Eingangstür zu schaffen«, sagte sie und eilte in den Verkaufsraum.

Magda brauchte noch ein paar Sekunden, um sich zu sammeln, folgte ihrer Freundin dann aber, die bereits die Beleuchtung im Laden angeschaltet hatte, um potenziellen Einbrechern zu verstehen zu geben, dass das Geschäft nicht verlassen war. Lautes Stimmengewirr war zu hören, doch da sich Magdas Augen noch nicht an das grelle Licht aus den Neonröhren gewöhnt hatten, dauerte es einen Moment, bis sie die Situation überblicken konnte: Vor dem

Laden feuerte eine johlende Menge zwei maskierte Typen an, die versuchten, das Gitter mit einem Stemmeisen aus der Verankerung zu brechen.

»Ruf die Polizei!« Katarina deutete mit dem ausgestreckten Arm nach hinten. Die grölende Masse zeigte sich vom Licht vollkommen unbeeindruckt, und die beiden Anführer hatten nicht einmal innegehalten.

Magda rannte zum Telefon im Aufenthaltsraum zurück, nahm den Hörer ab und tippe mit zitternden Fingern den Notruf. Eine gefühlte Ewigkeit passierte nichts, dann war nur ein langes Piepen zu hören.

Die Leitung war tot.

Sie versuchte es noch ein zweites, ein drittes und viertes Mal. Doch die Leitung blieb stumm. Sie waren auf sich allein gestellt mit einem wütenden Mob vor der Tür, den nur ein robustes, aber doch nicht unverwüstliches Gitter von ihnen trennte.

Ihr wurde schwindelig, und der Telefonhörer entglitt ihren Händen. Sie wollte sich danach bücken, als sie plötzlich jemand an den Schultern packte.

Magda schrie auf und rammte dem Angreifer den Ellbogen in den Magen. Oder zumindest hoffte sie, dass es der Magen war, denn der Aufprall war weich gewesen. Ein ersticktes Geräusch war zu hören, aber es klang nicht unbedingt, wie sie es erwartet hatte. Es klang eher nach … Katarina!

»Oh mein Gott, geht es dir gut?« Magda kniete sich sofort neben ihre Freundin, die zu Boden gegangen war. »Es tut mir so leid!«

Die andere Frau winkte ab und schüttelte den Kopf. »Hätte dich wohl nicht so erschrecken sollen«, keuchte sie und hielt sich den Bauch. »Die Verrückten da draußen sind gleich durch. Konntest du jemanden erreichen?«

»Niemanden«, stammelte Magda. Sie war kaum in der Lage, einen vernünftigen Satz zu bilden. »Leitung ist tot. Keine Hilfe.«

Ihre Kollegin sah sie mit großen Augen an. »Verdammt! Ich hab nicht vor, hier drin für ein paar Backofenpommes draufzugehen! Komm, hilf mir hoch. Der Treffer hat ganz schön gesessen.«

Magda reichte ihr die Hand und zog sie nach oben. Es war ihr unsagbar peinlich, dass sie ihre Kollegin für einen der Plünderer gehalten hatte, doch die schien den Schlag gut wegzustecken. Sie klopfte sich bloß den Staub von der Hose und setzte eine entschlossene Miene auf.

»Wir verschwinden durch den Lieferanteneingang.«

Magda nickte nur stumm.

Sie holten ihre Sachen aus den Mitarbeiterspinden, zogen ihre dicken Mäntel gegen die Kälte an und eilten dann in den Lagerraum. Dort gab es ein Rolltor, das um diese Uhrzeit jedoch fest verschlossen war. Es hatte ein Zeitschloss und war im Boden verankert, wodurch sichergestellt war, dass es sich nicht außerhalb der Arbeitszeiten öffnen ließ. Wer hier reinkommen wollte, musste schon mit einem Sattelschlepper durch das Tor fahren.

Zwei Meter links von dem Tor gab es aber eine unscheinbare Tür, über der ein grünes Schild hing, auf dem ein Männchen fluchtartig den Raum verließ: ein Notausgang. Diese Tür musste sich immer von innen öffnen lassen – für den Fall der Fälle. Wenn sie die Türklinke nach unten drückten, würde das einen stillen Alarm auslösen, der die Polizei informierte, ohne dass mögliche Einbrecher gewarnt wurden. Für Magda und Katarina löste das gleich zwei Probleme: Sie würden der Meute bei ihrer Plünderung nicht im Weg stehen, und die Polizei würde trotz toter Leitungen alarmiert werden. Zumindest in der Theorie. Ob ein stiller Alarm wirklich funktionierte, wusste man immerhin erst, wenn auch wirklich jemand kam. So lange konnten die beiden Frauen allerdings nicht mehr warten.

Magda erreichte den Notausgang zuerst und drückte den Griff nach unten. Kälte schlug ihr entgegen, als sie die Tür öffnete, und ließ ihren Atem in kleinen Wölkchen kondensieren. Draußen herrschte pechschwarze Nacht. Die Luft roch seltsam, wie nach einem großen Osterfeuer. Aber noch etwas war anders.

Eigentlich hätte es um diese Uhrzeit in der Stadt still sein müssen. Vielleicht fuhr ab und zu ein Auto vorbei, doch ansonsten war es selbst am Wochenende ruhig. Die meisten waren zu Hause, saßen vor dem Fernseher oder waren bereits im Bett. So etwas wie ein Nachtleben oder eine Partymeile kannte diese Stadt nicht.

Heute Nacht war alles anders: Sirenen, Gebrüll, quietschende Reifen – eine Geräuschkulisse wie in einem Weltuntergangsfilm. Im Geschäft hatten sie davon nichts mitbekommen, aber jetzt ertönte es von allen Seiten. Wie angewurzelt blieben die beiden Frauen im Türrahmen stehen.

»Das war nicht einfach ein Notfall im Krankenhaus«, sagte Katarina beinahe tonlos. »Deswegen geht doch eine Stadt nicht plündern.«

Magda zog ihre Kapuze tiefer ins Gesicht gegen die Kälte und vergrub die Hände in den gefütterten Manteltaschen, nur um sie sofort wieder herauszuziehen. »Das habe ich ja ganz vergessen!« Sie hielt ihr Handy in der Hand und begann hektisch darauf herumzutippen. Das Display blieb schwarz. »Der Akku ist leer«, seufzte sie. Das Ladegerät war im Mitarbeiterraum, und dorthin würde sie jetzt sicher nicht mehr zurückgehen.

Katarina hielt ihr eigenes Telefon hoch. »Und meins kriegt kein Netz rein. Das bringt uns nicht weiter. Lass uns hier nicht rumstehen.« Sie fühlte sich in der dunklen Seitengasse sichtlich unwohl. Ihr Blick huschte ständig hin und her.

Magda konnte ihr Unbehagen gut verstehen. Wenn es in der Stadt drunter und drüber ging, war so ein Ort wohl der denkbar ungünstigste, um sich länger als nötig dort aufzuhalten. Sie konnten ausgeraubt und abgestochen werden, ohne dass es irgendjemand sehen oder hören würde. Daher nickte sie, und zusammen pirschten sich die beiden Frauen vorsichtig bis zum Ende der Gasse vor, von wo aus sie direkt auf den Vorplatz des Supermarkts blicken konnten.

Sie sahen, was sie befürchtet hatten: Die Meute hatte sich Zugang zum Geschäft verschafft und trug Lebensmittel und Getränke in großen Mengen heraus. Was herunterfiel, wurde liegen gelassen und achtlos zertrampelt.

»Unglaublich«, flüsterte Magda. »Als würden sie sich auf das Ende der Welt vorbereiten.«

Erst in ein paar Wochen, wenn sie sich an diesen Satz erinnern würde, sollte Magda verstehen, wie nah sie der Wahrheit damit bereits gekommen war.

»Hier muss es sein«, sagte Magda und deutete auf die grüne Holztür eines mehrstöckigen Wohngebäudes. Der Lack splitterte ab, und die graue Fassade war freundlich ausgedrückt renovierungsbedürftig, aber zumindest gab es eine Gegensprechanlage. Der Gedanke, ob auch Kunden des Supermarkts unter den Plünderern waren, hatte sie auf die Idee gebracht, mit Katarina hierherzukommen. Den kurzen Fußweg hatten sie in deutlich unter drei Minuten zurückgelegt, waren aber glücklicherweise von niemandem aufgehalten worden. Die Menschen waren offenbar zu beschäftigt damit, Geschäfte leer zu räumen oder sich in ihren Wohnungen zu verschanzen.

Nervös ging Magda mit dem Finger die Namen auf den Klingelschildern durch: Hebenev … Artjem … Mirov … Battec – langsam bekam sie es mit der Angst zu tun und befürchtete schon, sich im Haus geirrt zu haben, da fand sie endlich den richtigen Namen: Olinka.

»Hoffentlich reißen wir sie nicht aus dem Schlaf«, sagte Katarina, aber das war Magda gerade völlig egal. Die Geräusche um sie herum waren Anlass genug, auf Höflichkeiten keine Rücksicht mehr zu nehmen. Irgendwo wurde eine Scheibe eingeworfen, und die Alarmanlagen von zig parkenden Autos plärrten gleichzeitig. Wer hierbei noch schlafen konnte, war wahrscheinlich taub. Sie drückte auf die Klingel neben dem Namensschild, wartete kurz, drückte wieder, wartete und drückte.

Eine ganze Weile passierte nichts, dann erklang plötzlich die Stimme der alten Frau, die Magda vorhin noch an der Kasse bedient hatte, durch die Gegensprechanlage. Sie war verzerrt und kaum zu verstehen, weil das Teil wahrscheinlich aus der Vorkriegszeit stammte, aber es war ohne Zweifel Frau Olinka. Magda fiel ein Stein vom Herzen.

»Haben Sie mal auf die Uhr geguckt?!«

»Frau Olinka, bitte entschuldigen Sie die späte Störung«, fing Magda an und merkte dann, dass sie gar nicht so richtig wusste, was sie sagen sollte. Es wirkte alles so absurd, und sie wollte die alte Dame nicht verängstigen. Hinterher machte sie aus Angst die Tür nicht auf! »Katarina und Magda hier, aus dem Supermarkt. Im Laden wurde eingebrochen, und wir müssen irgendwo unterkommen. Wir hätten Sie nicht geweckt, wenn es nicht wirklich wichtig wäre.«

Eine gefühlte Ewigkeit herrschte Stille, und Magda fürchtete schon, dass Frau Olinka das Ganze für einen schlechten Klingelstreich hielt, doch dann ertönte endlich das Summen des Türöffners. Sie und Katarina zögerten keine Sekunde und drängten gleichzeitig in den Hausflur.

Zehn Minuten später saßen sie mit Kaffee und Keksen an einem großen runden Holztisch in der Küche der alten Frau. Die Kekse hatte Frau Olinka auf einem kleinen Teller angerichtet – selbst gemachte Butterkekse, wie sie nicht müde wurde zu betonen –, und obwohl es mitten in der Nacht war, bestand sie darauf, dass die beiden Frauen von dem Gebäck probierten.

Nachdem Magda erzählt hatte, was sich im Laden und wahrscheinlich in der ganzen Stadt zugetragen hatte, nahm sie einen kräftigen Schluck Kaffee aus der roten Tasse. Sie musste sich Mühe geben, den Mund nicht zu verziehen. Der Kaffee war äußerst stark, und eigentlich trank sie ihren immer mit einem Schuss Milch. Aber ihre Gastgeberin hatte weder Milch noch Zucker angeboten, und sie wollte nicht mehr zur Last fallen als nötig.

»Das erklärt auf jeden Fall den Krach da draußen und warum sie heute im Fernsehen nichts Vernünftiges zeigen«, sagte Frau Olinka. »Habe mich schon gefragt, was passiert ist. Eigentlich läuft um diese Uhrzeit immer die neue Folge ›Gefühle aus Salz‹. In sieben Jahren habe ich noch keine verpasst. Aber seit einigen Stunden empfängt meine alte Röhre gar nichts mehr. Dafür zahle ich doch keine Gebühren!« Sie schüttelte empört den Kopf. »Früher hätte es so etwas nicht gegeben. Da hat der Staat noch vernünftig durchgegriffen, wenn jemand über die Stränge geschlagen hat. Da hat die Jugend nicht den ganzen Tag im Park herumgelungert und sich betrunken. Heute wissen die doch vor lauter Freizeit gar nicht mehr, wohin mit sich. Hoffentlich wird die Polizei den Randalierern ordentlich auf die Finger klopfen. Ein paar Tage im Arbeitslager würde dem Gesocks sicherlich mal guttun.«

Katarina und Magda wechselten kurz einen Blick, beschlossen aber, ihre Gastgeberin nicht darüber aufzuklären, dass es so etwas wie Arbeitslager schon seit dem Zweiten Weltkrieg nicht mehr gab. Zum Glück. Stattdessen fragte Katarina: »Haben Sie etwas dagegen, wenn wir Ihr Telefon benutzen?«

»Nur zu, es steht drüben im Wohnzimmer.«

Die beiden Frauen bedankten sich und betraten den Nebenraum, der durch einen Wanddurchbruch mit der Küche verbunden wurde.

Das Wohnzimmer war, um es nett auszudrücken, rustikal eingerichtet. Ein kleiner Fernseher stand auf einem noch kleineren Tisch.

Auf dem TV-Gerät hatte Frau Olinka eine weiße Spitzendecke drapiert, auf der eine kleine Topfpflanze stand, die – darauf würde Magda wetten – bestimmt aus Plastik war. An der Wand hingen ein Kreuz und ein paar alte Bilder, die wahrscheinlich Familienangehörige zeigten. Die Ähnlichkeiten in den Gesichtern waren jedenfalls verblüffend.

An der linken Wand stand ein massives Regal voll mit Büchern, an der rechten eine Kommode, auf der ein altmodisches Drehscheibentelefon thronte. Die Holzdielen ächzten unter jeder Belastung, und in den Ecken rollten sich die Tapeten ab. Diese Wohnung war schon seit Ewigkeiten nicht mehr renoviert worden, aber ihre Bewohnerin schien sich wohlzufühlen.

Magda hob den Hörer des Telefons ab und wählte die Festnetznummer von zu Hause. Es war wahrscheinlich die einzige Nummer, die sie auswendig konnte. Ohne Akku wäre sie bei den meisten anderen völlig aufgeschmissen gewesen. Das Rattern der Drehscheibe klang verheißungsvoll, doch es folgte kein weiterer Ton aus dem Hörer. Auch hier war die Leitung tot. Seufzend legte sie wieder auf.

»Ob Frau Olinka wohl ein Ladekabel für mein Handy hat?«, fragte sie Katarina, konnte sich die Antwort aber schon denken. Nichts in dieser Wohnung sah so aus, als wäre es binnen der letzten zwanzig Jahre angeschafft worden.

»Selbst wenn«, antwortete Katarina. »Bei mir steht nur ›Suche Netz‹ auf dem Display.«

Die beiden Frauen sahen sich einen Moment lang schweigend an. Die Stille lastete schwer zwischen ihnen. Sie waren von der Außenwelt abgeschnitten, während außerhalb dieser Wohnung etwas vor sich ging, das sie nicht einmal im Ansatz erfassen konnten.

»Ich habe Angst, Katarina«, flüsterte Magda kaum hörbar. Sie dachte an Viggo, an ihre Tochter und all die braven Bürger, die plötzlich zu Plünderern geworden waren. Die Welt schien kopfzustehen, und sie war mittendrin, getrennt von ihren Lieben. Sie fühlte sich schrecklich verloren.

Katarina sah ihre Kollegin verständnisvoll an und klopfte ihr sanft auf die Schulter. »Morgen wird sich alles wieder beruhigt haben. Da bin ich sicher. Mein Joseph hat bestimmt alles im Griff.«

Bei den letzten Worten zitterte ihre Stimme so stark, dass Magda fürchtete, ihre Freundin würde in Tränen ausbrechen. Für sie musste die Lage ebenso schlimm sein wie für Magda. Als Polizist war ihr Mann unweigerlich in Gefahr, und ob es ihrem kleinen Sohn gut ging, wusste sie nicht. Ein unerträgliches Gefühl für jede Mutter. »Wir sollten Frau Olinka fragen, ob wir hier schlafen können«, schlug Magda vor, nur um irgendetwas zu sagen.

Katarina nickte, wohl erleichtert darüber, irgendeinen nächsten Schritt angehen zu können. Nichts war schlimmer als die Ungewissheit, was die nächsten Stunden bringen würden.

Frau Olinka kramte zwei alte Decken aus ihrem Schlafzimmerschrank hervor und verabschiedete sich dann in ihr eigenes Bett. Magda machte es sich auf der Couch bequem, während Katarina mit dem Sessel vorliebnahm. Das Schlafzeug war zwar muffig und roch nach Mottenkugeln, aber das war ein Opfer, zu dem sie beide gern bereit waren. Doch obwohl ihre Lage jetzt um einiges behaglicher war als noch vor einer Stunde, wurde ihr Schlaf immer wieder von den Sirenen gestört. Mal waren sie weit weg, mal klangen sie sehr nah, doch zu Magdas Erstaunen konnte man sich selbst an solchen Lärm irgendwann gewöhnen.

Einmal glaubte sie, eine Explosion gehört zu haben, war sich dann aber nicht sicher, ob sie nicht doch nur im Halbschlaf geträumt hatte, und beließ es daher bei dem Gedanken, dass sie sich das Geräusch nur eingebildet haben musste. Sie hatte zu viel Angst vor dem, was sie sehen könnte, wenn sie einen Blick aus dem Fenster warf.

Am nächsten Morgen war es gespenstisch ruhig. Keine Sirenen, keine Menschen und keine Autos auf den Straßen. Als Magda sich endlich traute, durch die stumpfen Scheiben nach draußen zu schauen, wirkte die Stadt verlassen. In der Ferne waren ein paar Rauchsäulen zu sehen, aber weder Magda noch Katarina, die sie hinzugerufen hatte, konnten ausmachen, was da brannte.

»Frühstück«, rief die Rentnerin aus der Küche und unterbrach so ihre bangen Betrachtungen.

Der Tisch war gedeckt mit Weißbrot, Marmeladen, Butter, Käse und Wurst. Dazu gab es für jede ein Frühstücksei und einen Früchtetee. Die Lebensmittel stammten alle aus dem in der vergangenen Nacht geplünderten Supermarkt. Der Gedanke versetzte Magda einen kleinen Stich. Wie es dort jetzt wohl aussah?

Mehr aus Höflichkeit denn aus Appetit griffen die Frauen zu und schmierten sich Brote. Der Schrecken der Nacht saß ihnen noch zu tief in den Knochen. Magda hatte ein flaues Gefühl im Magen, wenn sie an ihre Familie dachte, und dieses Gefühl ließ sich nicht durch ein paar Scheiben Weißbrot vertreiben.

»Wie ist dein Plan?«, wollte Katarina von ihrer Freundin zwischen zwei Schlucken Tee wissen.

Auf diese Frage gab es nur eine vernünftige Antwort. »Ich werde zum Bahnhof gehen und hoffen, dass die Züge fahren. Mittlerweile scheint es ja wieder ruhig geworden zu sein. Die Lage ist bestimmt unter Kontrolle.« Sie stocherte mit einem Plastiklöffel in ihrem Ei herum. »Der Supermarkt wird heute wahrscheinlich eh nicht öffnen. Und Viggo und Alexandra sind mit Sicherheit daheim und warten auf mich.«

»Ich kann dich zum Bahnhof begleiten, wenn du willst. Von da aus ist es nicht mehr weit bis zu mir nach Hause, und es ist kein großer Umweg«, sagte Katarina.

Magda war froh über das Angebot, auch wenn sie nicht davon ausging, dass es draußen noch gefährlich war. Die Plünderer waren anscheinend mit dem Anbruch des Tages verschwunden, und um Terroristen oder Amokläufer hatten sich sicherlich schon die Gesetzeshüter gekümmert. Trotzdem war es schön, nicht allein aufbrechen zu müssen.

»Oh, Sie wollen schon gehen?«, fragte Frau Olinka und schenkte fleißig Tee nach. »Wissen Sie, es ist nett, Gesellschaft zu haben, die nicht morgens schon so betrunken ist wie meine Schwägerin.«

»Wir müssen zu unseren Familien«, erklärte Katarina geduldig. »Die machen sich bestimmt schon große Sorgen um uns.«

Die alte Dame nickte. »Natürlich. Sie haben recht. Aber Sie nehmen noch ein paar Brote mit, ja? Für den Weg?«

Zum Bahnhof war es wirklich nur ein kurzer Spaziergang, wenn man allerdings so schlecht zu Fuß war wie Frau Olinka, sah die Welt wahrscheinlich anders aus. Widerspruch hätte sowieso nicht geholfen, denn die Rentnerin war bereits mit Feuereifer dabei, einen mittelgroßen Turm aus belegten Weißbroten zu bauen. Daher bedankten sich beide Frauen und halfen dabei, einen Familienvorrat an Stullen in milchiges Papier einzuwickeln.

»Sie wissen ja auch gar nicht, ob die Geschäfte aufhaben«, ergänzte Frau Olinka, als sie die Wegzehrung in zwei Plastiktüten verstaute.

Magda fragte sich unwillkürlich, ob die Rentnerin selbst noch genug Vorräte hatte, um über die Runden zu kommen, bis der Supermarkt wieder geöffnet hätte, doch ein Blick in den Kühlschrank beim Aufräumen des Frühstückstisches überzeugte sie, dass Frau Olinka noch eine ganze Weile versorgt sein würde.

An der Wohnungstür verabschiedeten sich die drei Frauen herzlich voneinander. Die Rentnerin nahm Magda und Katarina noch das Versprechen ab, sich zu melden, sobald sie beide sicher zu Hause angekommen waren – natürlich unter der Voraussetzung, dass das Telefonnetz dann wieder ging –, ehe sie sie in den viel zu ruhigen Morgen entließ.

Einen Augenblick später standen die beiden Freundinnen wieder auf dem Gehsteig vor dem verwitterten Gebäude, vor dem sie vergangene Nacht verzweifelt auf Einlass gehofft hatten. Sie mussten sich ihre Jacken bis zum Hals zuknöpfen, so kalt war es. Die Sonne musste sich erst noch durch den dichten Morgennebel arbeiten, der wie eine Suppe über der verlassenen Straße hing. Weit und breit war niemand zu sehen, und was noch viel unheimlicher war: niemand und nichts zu hören. Als hätte die gesamte Bevölkerung über Nacht ihre Sachen gepackt und wäre verschwunden.

»Wenn wir gut durchkommen und der Berufsverkehr nicht zu stark ist, sollten wir in einer halben Stunde am Bahnhof sein«, sagte Katarina, und Magda musste lachen.

»Berufsverkehr?« Sie zeigte auf die leeren Straßen. »Zum einen ist Samstag, und zum anderen ... Siehst du hier irgendwo ein Auto?«

Katarina zuckte mit den Schultern. »Gewohnheit, schätze ich.«

Sie machten sich auf den Weg und kamen auch an ihrem Arbeitsplatz vorbei, den sie vergangene Nacht so fluchtartig hatten verlassen müssen. Die Tür war aus den Angeln gerissen und lag zerstört vor dem Supermarkt. Der Gehweg war voller Scherben, und auf dem Boden im Geschäft lagen unzählige Lebensmittel, einfach sinnlos auf den Boden geworfen und zertrampelt. Der Laden glich einem Schlachtfeld, das Ausmaß der Zerstörung überraschte beide. Es war nicht nur geplündert worden, sondern die Meute hatte mutwillig alles kurz und klein geschlagen.

»Ich ...«, setzte Katarina an, aber ihr fehlten die Worte. Auch Magda schwieg betroffen beim Anblick des Trümmerfelds. Auch wenn sie vielleicht nicht den glamourösesten oder wichtigsten Job hatte, so bedeutete ihr dieser Laden doch sehr viel, und es stimmte sie wahnsinnig traurig, ihn so sehen zu müssen. Traurig darüber, wie rücksichtslos Menschen mit dem Besitz und beruflichen Lebenswerk anderer umgingen. Herr Ibanov hing an diesem Geschäft, das wusste sie. Er hatte damals einen Kredit aufnehmen und ihn über viele Jahre abzahlen müssen. Sein letzter Urlaub war auch schon viele Jahre her, und so etwas wie eine Krankmeldung kannte er nicht. Dieser unscheinbare Supermarkt in einer Nebenstraße war sein Lebenswerk – zerstört in kürzester Zeit von ein paar Idioten, die die Gelegenheit genutzt hatten, ein paar kostenlose Chipstüten und Coladosen zu ergattern.

Wütend schüttelte sie den Kopf. »Komm, Katarina, lass uns weitergehen. Wir können hier eh nicht viel machen, und sicherlich hat Herr Ibanov eine Versicherung, die für den Schaden aufkommen wird.«

Katarina nickte. »Hoffentlich können wir schnell wieder eröffnen.«

Sie liefen die Hauptstraße entlang. Die Fahrbahn war in beide Richtungen zweispurig und wurde durch einen Grünstreifen in der Mitte getrennt. Tagsüber schob sich hier eigentlich der ganze Verkehr von Norden nach Süden durch die Stadt, doch heute war noch immer alles gespenstisch leer. Hin und wieder fuhr ein Auto mit Höchstgeschwindigkeit vorbei, oder sie trafen auf ähnlich verwirrte Seelen wie sie selbst, die zurück zur Familie wollten, aber noch nicht wussten, wie sie das bewerkstelligen sollten. Ob Züge fuhren, war nicht klar, so viel konnten Magda und Katarina von den Passanten erfahren. Der Nahverkehr war gestern irgendwann eingestellt worden. Doch was darüber hinaus in der vergangenen Nacht passiert war, wusste niemand.

Sie waren noch zwei Straßenkreuzungen vom Bahnhof entfernt, da wurde aus dem kleinen Menschenstrom langsam ein reißender Fluss. Erst Dutzende, dann Hunderte Kinder, Frauen, Männer, Rentner, sogar ein junges Mädchen im Rollstuhl sahen sie. Niemand redete laut miteinander, hier und da wurde getuschelt, aber für eine so große Menschenmenge herrschte eine geradezu unnatürliche Stille. Die Blicke der Vorbeiziehenden waren überwiegend auf den Boden gerichtet, und Marta musste unweigerlich an Vieh denken, das auf dem Weg zum Schlachter durch enge Gatter getrieben wurde. Sie hatte keine Ahnung, wie nah sie der Wirklichkeit damit kam.

Einige Bürger hatten Rollkoffer oder große Reisetaschen dabei, wie man es sonst eigentlich nur am Flughafen sah. Sie waren schwer bepackt und schienen ihren halben Haushalt mit sich herumzuschleppen. In einem Kinderwagen sah Magda einen alten Röhrenfernseher, das Baby schlief seelenruhig im Arm des Vaters.

»Die Leute gehen nicht davon aus, dass sie so schnell zurück in ihre Wohnungen und Häuser kommen«, flüsterte sie Katarina zu. »Sie verhalten sich, als wären sie auf der Flucht vor Invasoren!«

Ein fürchterliches Gebrüll unterbrach sie. Magda blickte sich hektisch um und versuchte den Grund für den Lärm auszumachen, als ihr Blick an zwei Personen hängen blieb, die miteinander rangen. Um die beiden herum hatte sich eine Menschentraube gebildet wie bei einer Schulhofschlägerei, nur dass die anfeuernden Rufe und das Einschreiten eines Lehrers fehlten.

Marta und Katarina blieben stehen und sahen entgeistert hinüber. Ein klappriger alter Mann mit einem ergrauten Bart und Glatze rang mit einem jungen Mann in einem orangefarbenen Jogginganzug. Der Opa trug nicht mehr als ein weißes Feinripphemd und eine Jeans, seine Füße waren nackt, was bei der Kälte mehr als unvernünftig war. Und noch etwas war seltsam: Der Alte gewann die Oberhand und rang den Burschen, der nicht älter als vierundzwanzig sein konnte, langsam zu Boden. Dabei war der Jüngere ganz gewiss kein übergewichtiger Nerd, der den ganzen Tag vor seinem Computer verbrachte, um irgendwelche sinnlosen Spielchen zu spielen oder sich Videos anzuschauen, sondern ein durchaus sportlicher Knabe.

»Aufhören, hören Sie sofort auf!«

Katarinas Stimme riss Magda aus ihren Gedanken. Hätte ihre Freundin nicht eingegriffen, wäre Magda einfach weitergegangen, wenn sie ehrlich zu sich selbst war. Sie hatte genug eigene Sorgen und wollte einfach nur zu ihrer Familie zurück. Doch nun, da Katarina auf die beiden Streithähne zustürmte, konnte sie nicht anders, als ihr zu folgen.

»Die Polizei kommt!«, rief Katarina und fuchtelte wild mit den Armen. Das war natürlich gelogen, aber Magda hatte mal gelesen, dass man das in solchen Situationen behaupten sollte, damit die Aggressoren vom Opfer abließen und das Weite suchten. Sie war beeindruckt, dass ihrer Freundin so ein kluger Schachzug in einer solch hitzigen Lage eingefallen war.

Aber nichts geschah. Der alte Mann blickte nicht einmal auf. Stattdessen sah es so aus, als würde er seinen Kontrahenten zu umarmen und zu küssen versuchen – aber nicht auf die liebevolle Art. Es erinnerte Magda eher an einen Vampir, der irgendwie an die Hauptschlagader seiner Beute gelangen wollte, um ihr das Blut aus dem Körper zu saugen. »Was zum …?« Katarina war sichtlich erstaunt, dass ihre Rufe weder bei den Kämpfenden noch bei den Umstehenden irgendeine Reaktion hervorriefen. Wütend stapfte sie durch die Schaulustigen, bahnte sich ihren Weg bis ins Zentrum des Geschehens und packte den alten Mann unsanft bei der Schulter.

»Lassen Sie ihn sofort los, sonst …!«

Weiter kam sie nicht. Ohne auch nur aufzublicken, hatte der Opa sie mit einem Hieb zu Boden gestreckt. Er traf sie mit einer solch ungeheuren Wucht direkt auf die Brust, dass sie erst zurücktaumelte und dann der Länge nach hinfiel. Der Angriff hatte sie völlig unvorbereitet getroffen, hart wie ein Hammer einen Amboss.

Statt ihr zu helfen, stand die Menge immer noch wie hypnotisiert um sie herum und beobachtete schweigend das Geschehen. Niemand machte die geringsten Anstalten, sich einzumischen und das Problem zu seinem eigenen zu machen.

Magda starrte erst einen Moment lang fassungslos auf das Bild, das sich ihr bot, ehe sie sich mit einem Ruck aus ihrer Untätigkeit riss und ihrer Freundin zu Hilfe eilte. Katarina atmete schwer. Der Schlag musste ihr alle Luft aus der Lunge gepresst haben.

»Los, verschwinden wir von hier«, raunte Magda ihr zu, als sie ihr wieder auf die Beine half. »Die sind doch alle verrückt geworden!«

Katarina nickte und rappelte sich auf, doch dann wurden die Augen der verletzten Frau plötzlich groß und immer größer. Magda hatte nicht gewusst, dass ein Mensch überhaupt so große Augen machen konnte. Sie folgte dem Blick ihrer Kollegin, und beide taumelten erschrocken einige Schritte zurück. Keine Sekunde zu früh. Der Opa hatte endlich erreicht, worauf er die ganze Zeit aus war: Sein Gebiss vergrub sich in der Kehle des jungen Mannes und riss einen Brocken Fleisch heraus. Die Luftröhre lag frei, und die Hilfeschreie gingen in einem Gurgeln unter, Blut spritzte auf den Gehweg.

Das brach den Bann der Zuschauer.

Die Menschen stoben schreiend in alle Richtungen auseinander, Taschen und Koffer wurden achtlos liegen gelassen, Leute stolperten in der Panik über die Gepäckstücke. Den Alten interessierte all das nicht. Er machte sich über den jungen Mann her wie über ein Festmahl.

Auch Magda und Katarina packte der Herdentrieb, und sie liefen kopflos mit der Masse mit. Ihr eigentliches Ziel war komplett vergessen, der Bahnhof und die Züge konnten gern warten, wenn ein Kannibale auf den Straßen unterwegs war.

Vor einem geschlossenen Bäcker kamen sie keuchend zum Stehen, nachdem sie sich vergewissert hatten, dass kein verrückter Rentner hinter ihnen her war. Sie konnten beide nicht sagen, wie lange und wo lang sie gelaufen waren.

Magda rang nach Luft. »Was zum Henker ist da gerade passiert?«

»Ich weiß es nicht«, japste Katarina, die sich an die Hauswand gelehnt hatte und mit einer Hand die Stelle massierte, an der sie der Schlag des Mannes getroffen hatte. »Ich bin mir aber sicher, dass das mit der Situation in der Stadt zu tun hat. Würde mich nicht wundern, wenn der Irre aus dem Krankenhaus entkommen ist, nachdem er da schon für Chaos gesorgt hat. Der war gut in Form, würde mich nicht wundern, wenn er mir mit dem Schlag den Brustkorb geprellt hat. Fühlt sich an, als hätte mich ein verdammter Lastwagen getroffen.« Sie rutschte die Wand hinab und setzte sich auf den kalten Boden. »Gib mir noch einen kleinen Augenblick, mein Kreislauf verabschiedet sich sonst.«

»Nimm dir alle Zeit der Welt«, sagte Magda und sah sich um. Ihnen war niemand gefolgt, auch kein Terror-Opa. Sie versuchte zu rekapitulieren, wie sie gelaufen waren, konnte sich an die vergangenen Minuten aber nicht erinnern. In der Hektik waren sie der Masse einfach nachgelaufen, bis Katarina sie in die kleine Seitenstraße gezogen hatte. Diese war kaum breit genug für Gegenverkehr und bestand überwiegend aus alten Mietshäusern, abgesehen von dem Bäcker und einem Kiosk, der aber ebenfalls geschlossen war.

»Hast du einen Plan, wo wir hier sind?«

»Ehrlich gesagt nicht, aber ich würde vielleicht zur Hauptstraße zurückfinden«, sagte Katarina.

Der Gedanke, dorthin zurückzukehren, behagte Magda allerdings überhaupt nicht. Ihr Kopf weigerte sich noch standhaft, das soeben Gesehene einzuordnen oder auch nur zu glauben. Aber ihr Magen war schon eine ganze Ecke weiter. Übelkeit stieg in ihr auf, und Magda war sich nicht sicher, ob vom Sprint oder wegen der Bilder, die sich unauslöschlich in ihr Gedächtnis gebrannt hatten.

Katarina konnte ihrer Freundin die Sorgen wohl ansehen. »Keine Bange, wir müssen nicht dorthin zurück. Ich habe auch nicht vor, mir noch eine verpassen zu lassen.«

Magda nickte dankbar und setzte sich ebenfalls auf den kalten Boden, um wieder zu Atem zu kommen. Die beiden Frauen hatten sich keine fünf Minuten ausgeruht, da hörten sie etwas, das wie eine Gewehrsalve klang. Es hätten auch ein paar Böller gewesen sein können, aber dafür kamen die Knallgeräusche zu schnell und zu regelmäßig hintereinander. Der Lärm musste aus der Richtung kommen, wo die Prügelei stattgefunden hatte, und damit war für beide klar, dass sie auf keinen Fall auf diesem Weg zurück zum Bahnhof gehen konnten.

»Ich fand das Ganze ja schon von Anfang an irgendwie unheimlich, aber langsam habe ich wirklich Angst.«

Magda nickte. »Wir müssen vorsichtiger sein.«

Nachdem sich Katarina wieder erholt hatte, liefen sie in die entgegengesetzte Richtung, aus der sie die Schüsse gehört hatten. Die Stadt war klein genug, dass sie schon irgendwie zum Bahnhof finden würden, und keine von ihnen war heiß darauf herauszufinden, was der Grund für den Lärm gewesen war. Nachdem sie ein paar Kreuzungen überquert hatten, beschlossen sie, wieder in die Richtung zu laufen, in der der Bahnhof liegen musste. Selbst wenn nicht, würden sie früher oder später auf eine Straße treffen, die sie kannten, oder ein Gebäude finden, an dem sie sich orientieren konnten.

Auf ihrem Weg begegneten sie nun immer häufiger anderen Menschen. Vereinzelt fuhren Autos an ihnen vorbei, und die Einwohner trauten sich nach den Ereignissen der Stadt wieder zaghaft vor die Tür. Doch egal, mit wem sie sprachen, niemand wusste etwas Konkretes, weil weder Radio noch Fernsehen einen Ton von sich gaben. Die meisten Leute wollten zu ihren Familien aufs Land. Ein älterer Herr erklärte Magda und Katarina bereitwillig den Weg zum Bahnhof. »Wenn Sie Glück mit der Ampelphase haben, sind Sie in fünfzehn Minuten da. Würde mich aber wundern, wenn die Züge momentan fahren und der Bahnhof nicht abgesperrt ist. Wäre ja ein gefundenes Fressen für die Terroristen, so eine Menschenansammlung.«

Damit hatte er durchaus recht – wenn die Theorie mit den ominösen Terroristen denn stimmte. Trotzdem wollten sie ihr Glück versuchen, ihnen blieb ja auch nicht viel anderes übrig.

»Wenn ich zu Hause bin, werde ich mich in die Badewanne packen, ein paar Kerzen anzünden und Musik von Chris de Burgh anmachen. Das habe ich mir wirklich verdient«, sagte Katarina.

»Rosen- oder Lavendelduft?«

Katarina musste kurz überlegen. »Ich glaube, heute tendiere ich zu Lavendel, aber vielleicht bin ich da mal spontan, und wenn ich ehrlich bin, würde mir heißes Wasser schon völlig reichen. Dazu eine Tasse Tee, und ich bin für den Rest des Tages glücklich.«

»Mir würde es reichen, wenn die Züge fahren. Dann könnte ich auch auf die Annehmlichkeiten einer Badewanne oder einer schönen Tasse Tee verzichten.«

»Wenn das nicht der Fall ist, kommst du erst mal mit zu mir. Wir können versuchen, bei euch anzurufen, irgendwann müssen die Leitungen ja wieder funktionieren. Die wurden bestimmt nur deaktiviert, damit sich diese Terroristen – wenn es denn welche waren – nicht untereinander verständigen können.«

Das klang einleuchtend für Magda. Wer konnte schon wissen, welche Asse die Regierung im Ärmel hatte? Es würde sie nicht wundern, wenn ihre kleine Stadt im Notfall durch einen einfachen Knopfdruck von der Außenwelt abgeschnitten werden konnte. Natürlich war nicht auszuschließen, dass der Opa von vorhin ganz andere Probleme und mit den Ereignissen der Nacht gar nichts zu tun hatte. Vielleicht gab es keine koordinierte Aktion irgendwelcher Staatsfeinde. Aber für Magdas Geschmack wäre das ein bisschen viel Zufall auf einmal.

»Was ist, wenn irgendein Virus freigesetzt wurde, wegen dem der Alte so durchgedreht ist?«, dachte Magda laut nach.

Katarina grübelte kurz und schüttelte dann den Kopf. »Klingt für mich eher nach Hollywood, wenn du mich fragst. Außerdem, warum sollte jemand das gerade in so einer kleinen, beschaulichen Stadt wie unserer machen? So etwas machst du in der Großstadt, wo es so richtig wehtut. Weißt du, was ich meine?«

Magda gab ihr recht. Das ergab wenig Sinn. Das alles hier ergab furchtbar wenig Sinn.

Auf die Minute pünktlich erreichten sie nach fünfzehn Minuten den Bahnhofsvorplatz. Doch der Anblick, der sich ihnen bot, ließ sofort jede Hoffnung auf einen funktionierenden Nahverkehr verschwinden: Auf dem Vorplatz stand eine riesige Menschentraube, die wohl in den Bahnhof wollte, aber vom Militär daran gehindert wurde. Es mussten mehrere Hundert Menschen sein, die sich die Beine in den Bauch standen und sich laut beschwerten.

Vor den Eingängen hatte das Militär Gitter aufgebaut und Soldaten mit Maschinenpistolen dahinter positioniert. Eine Szene wie aus einem Hollywood-Katastrophenfilm. Panzerfahrzeuge standen alle paar Meter mit laufenden Motoren, und ein Lautsprecher wiederholte unablässig dieselbe Ansage: »Bitte gehen Sie nach Hause, hier draußen ist es nicht sicher. Wir werden den Bahnhof wieder eröffnen, sobald die Lage unter Kontrolle ist. Ich wiederhole: Bitte gehen Sie nach Hause und warten Sie ab, bis sich die Lage beruhigt hat.«

»Das können sie nicht machen!«, rief jemand in der Menge. »Wenn sie uns hier schon festhalten, haben wir zumindest das Recht zu erfahren, was los ist!«

Zustimmende Rufe folgten, die Stimmung war merklich angespannt. In den Gesichtern der Soldaten zeigte sich große Nervosität. Sie umklammerten ihre Waffen fest, blickten unruhig hin und her, als würden sie jederzeit mit einem Angriff aus der Menschenmenge rechnen.

Magda merkte sofort, dass diese Situation ein Pulverfass war. Auf der einen Seite standen aufgebrachte Zivilisten, die Angst hatten und einfach nur wegwollten, auf der anderen blutjunge Soldaten mit Maschinengewehren. Ein nervöser Finger am Abzug, und das alles konnte in einem Blutbad enden.

Wieder die Durchsage: »Bitte gehen Sie nach Hause, hier draußen ist es nicht sicher. Wir werden den Bahnhof wieder eröffnen, wenn die Lage unter Kontrolle ist. Ich wiederhole: Bitte gehen Sie nach Hause und warten Sie ab, bis sich die Lage beruhigt hat.«

»Einen Scheißdreck werde ich«, rief ein Mann, der in der ersten Reihe stand. Er fing an, an den Absperrgittern zu rütteln, die jedoch sehr stabil waren und nicht so leicht nachgaben. Allerdings steckte der Mann mit seinem Tatendrang Umstehende an und bekam schnell Unterstützung.

Die Soldaten nahmen ihre Gewehre in Anschlag, tauschten besorgte Blicke aus und waren mit der Situation komplett überfordert. In ihrer Ausbildung hatten sie wahrscheinlich zwar gelernt, wie man eine Waffe benutzt und damit auf Feinde schießt. Doch niemand bereitete einen darauf vor, dass diese Feinde auch die eigenen Landsleute sein konnten. Unbewaffnete Bürger, die nicht mehr wollten, als aus einer Stadt zu verschwinden, in der irgendetwas sehr Beängstigendes vorgefallen war.

Die Lunte des Pulverfasses brannte, die Detonation war nur noch eine Frage der Zeit.

Als die Gitter bedrohlich wankten, stieg ein Uniformierter auf das Dach eines der Panzerwagen. Er war kein einfacher Soldat, das ließen die vielen Orden und Abzeichen an seiner Jacke sofort erkennen. Unter seiner Schirmmütze waren kurze graue Stoppeln zu erkennen, auf der spitzen Nase saß eine Sonnenbrille, und das markante Kinn wurde von einem gepflegten Dreitagebart umspielt. Für jeden war sofort ersichtlich, dass er der Leitwolf des bis eben führerlosen Rudels war.

In einer Hand hielt er ein Megafon. Er wartete kurz, bis die aufgebrachte Menge sein Erscheinen wahrgenommen hatte und vorerst von den Barrikaden abließ. Erwartungsvoll wandten die Menschen sich ihm zu, Erleichterung machte sich breit, dass man nun doch endlich zu ihnen sprechen wollte, statt sie noch länger mit einer Tonbandansage abzuspeisen.

Dann hob er das Megafon an seinen Mund: »Bitte hören Sie mir zu! Ich habe Verständnis für Ihren Unmut. In Ihrer Situation würde ich wahrscheinlich ähnlich reagieren.« Er hatte die väterliche Stimme eines Märchenerzählers, die einem sofort Sicherheit und Geborgenheit suggerierte. »Glauben Sie mir, wir arbeiten schnellstmöglich an einer Lösung. Mein Name ist Ismael Sigorakov, Offizier der Armee, und wir sind zu Ihrem Schutz hier. Wenn Sie mit uns kooperieren, verspreche ich Ihnen, dass wir Sie alle aus der Stadt bringen werden.«

Mittlerweile rüttelte niemand mehr an der Absperrung, die Masse hing dem Offizier wie hypnotisiert an den Lippen. Es herrschte, abgesehen von der Ansprache von Sigorakov, eine fast schon unheimliche Stille auf dem Vorplatz.

»Da es hier draußen nicht sicher ist und nicht jeder bei Bekannten oder Freunden unterkommen kann«, fuhr er mit seiner beruhigenden Stimme fort, »werden wir Sie mit Bussen aus der Stadt bringen. Diese Busse fahren Sie zu einer Sporthalle, die wir zu einer Notunterkunft umfunktioniert haben. Dort erhalten Sie Verpflegung und können sich ausruhen, bis die Situation wieder unter Kontrolle ist. Ich empfehle Ihnen ausdrücklich, dieses Angebot anzunehmen. Die Gefahr in der Stadt ist noch nicht gebannt, und es ist nicht auszuschließen, dass sie sich auch auf das Umland ausbreitet.«

Die letzten Worte lösten ein besorgtes Gemurmel und Getuschel aus. Der Bann war gebrochen.

»Was zum Teufel ist hier denn los, verdammt?«

Der Offizier zögerte kurz, dann sagte er: »Dazu kann ich Ihnen zum aktuellen Zeitpunkt keine Auskunft geben.«

Wieder ging ein Raunen durch die Menge.

»Wir gehen davon aus, dass es sich um eine Art Tollwut handelt, die allerdings keine Tiere, sondern Menschen befällt. Alles, was ich mit Sicherheit sagen kann, ist, dass es allen anderslautenden Gerüchten zum Trotz kein Attentat und keinen Amoklauf gab.«

Stille. Mit einer Krankheit schien niemand gerechnet zu haben. Die Nachricht traf die Menschen unerwartet wie ein greller Blitz an einem wolkenfreien Tag.

»Ich bitte Sie, jetzt Ruhe zu bewahren. Die Busse werden in ungefähr dreißig Minuten hier sein und Sie in die Notunterkunft bringen. Sollten Ihnen Personen auffallen, die sich auffällig oder untypisch verhalten und bewegen, melden Sie dies bitte unverzüglich bei einem meiner Männer. Vielen Dank!«

Also doch ein Virus. Magda musste an den Opa denken, der den jungen Mann vorhin auf offener Straße angegriffen und Katarina niedergeschlagen hatte. Hatte er in einer Art Fieberwahn gehandelt?

Während sie noch grübelte, meldete sich ihre Freundin zu Wort. »Ich werde nicht mitkommen. Ich will nach Hause und nach meinem Jungen und meinem Mann sehen. Ich kann die beiden nicht einfach hier zurücklassen.«

Magda wollte widersprechen und Katarina überzeugen, mit ihr die Stadt zu verlassen, wusste aber, dass das zwecklos war. Sie selbst würde genauso handeln, wenn Viggo und Alexandra in der Nähe wären – nie im Leben wäre sie auf die Idee gekommen, in einen dieser Busse zu steigen.

»Meinst du nicht, sie könnten bereits in so einer Notunterkunft sein?«, versuchte sie es dennoch.

»Durchaus möglich«, antwortete Katarina. »Aber dann werden sie sicherlich eine Nachricht zu Hause hinterlassen haben, und ich nehme einen späteren Bus.«

Magda verstand und nahm ihre Freundin fest in den Arm. Sie hatten seit dem letzten Abend einiges zusammen durchgestanden, und das hatte sie noch ein bisschen enger zusammengeschweißt.

»Wenn das hier vorbei ist, sollten wir mal zusammen was trinken gehen«, schlug Katarina aufgesetzt fröhlich vor, um die gedrückte Stimmung etwas aufzulockern.

Magda nickte. »Das wäre schön. Pass auf dich auf und versprich mir, dass wir uns wiedersehen!«

Katarina versprach es ihr. Sie verabschiedeten sich mit einer weiteren Umarmung, und Magda schaute ihrer Freundin nach, die sich mit zielstrebigen Schritten von der Versammlung auf dem Bahnhofsvorplatz entfernte.

Nun war sie allein in diesem Chaos, auch wenn sie unter Menschen war. Alles, was sie hatte, war die Hoffnung, irgendwie aus der Stadt zu kommen und sich dann von der Notunterkunft aus nach Hause durchzuschlagen. Vielleicht konnte sie auf dem Land für ein paar Euro einen Bauern bezahlen, der sie nach Hause fuhr …

Katarina würde ihr Versprechen nicht halten können. Weder sie noch die Armee ahnten zu diesem Zeitpunkt, wie schnell sich das Virus in der Stadt ausbreiten und was das für die verbliebene Bevölkerung bedeuten würde. Katarina sollte diesen Tag nicht überleben.

Es dauerte länger als die vom Offizier angekündigten dreißig Minuten, bis die Busse eintrafen, aber sie kamen. Es waren ausrangierte Schulbusse mit knallroter Lackierung, die für eine besonders gute Sichtbarkeit im Straßenverkehr sorgen sollte. Fünf Busse, genug, um alle, die es wollten, aus der Stadt zu bringen.

Magda stieg ein und setzte sich auf einen Platz im hinteren Drittel des Busses. Die Sitze waren ungemütliche blaue Plastikschalen, und in die Rückenlehne vor ihr hatte jemand, höchstwahrscheinlich ein pubertierender Heranwachsender, mit einem Messer anzügliche Wörter geritzt.

Sie stellte sich vor, wie es als Jugendlicher wohl sein musste, jeden Morgen mit einem dieser völlig überfüllten und ungemütlichen Busse viele Kilometer in eine Schule zu fahren, und war dann froh, dass diese Fahrt für sie eine absolute Ausnahme darstellte.

»Bitte anschnallen«, krächzte eine Stimme durch die Lautsprecheranlage.

Magda sah sich irritiert um, bemerkte aber, dass es gar keine Sicherheitsgurte gab. Ein Spaß, den sich der Busfahrer erlaubt hatte. Wer war denn in der aktuellen Lage bitte noch zu Späßen aufgelegt? Dann sprang der Motor an, ein Gang wurde eingelegt, und ein Bus nach dem anderen rollte langsam vom Bahnhofsvorplatz – begleitet von zwei Panzerfahrzeugen der Armee an der Spitze und am Ende der Kolonne.

Es ging los. Wohin, das wusste Magda nicht.

Am selben Morgen

Kurz nachdem sie das Ortsschild passiert hatten, brachte Viggo den Wagen zum Stehen. Er schwieg kurz, weil er nicht wusste, wie er sein Unbehagen in Worte fassen sollte. Aber er musste etwas sagen, er musste aussprechen, was sie wahrscheinlich alle dachten. »Wenn wir umdrehen wollen, sollten wir das jetzt tun.«

Sorgen machte ihm nicht etwa das, was er sah, sondern vielmehr das, was er *nicht* sah: Da waren keine Menschen, keine Autos, die durch die Straßen fuhren, kein Leben – wie man es hätte erwarten sollen.

Stattdessen nichts als Stille und Leere. Die Bewohner schienen ihr Heil in der Flucht gesucht zu haben wie Tiere vor einem herannahenden Tsunami. Die Szenerie war absolut gespenstisch.

»Ich werde nicht umdrehen, bevor wir zumindest im Supermarkt vorbeigeschaut haben«, sagte Alexandra mit all der Überzeugung, die ein fünfzehnjähriges Mädchen aufbringen konnte.

Viggo hatte mit dieser Antwort gerechnet und nickte, dann sah er Ljudmila an. »Damit ist die Option, dass wir umdrehen, leider gestrichen. Aber wenn Sie lieber nicht mitkommen, sondern aussteigen wollen, ist das jetzt Ihre Gelegenheit.«

»Einen Teufel werde ich tun und da rausgehen!« Sie klang angespannt, wandte den Blick nicht vom Fenster ab. »Wie es aussieht, brauche ich gar nicht erst im Büro auftauchen. Aber das Auto werde ich jetzt bestimmt auch nicht mehr verlassen.«

»Also kommen Sie mit?«

»Scheint, als hätte ich keine Wahl«, erwiderte sie resigniert und ließ sich tiefer in den Sitz sinken.

»Eine Sache noch«, sagte Viggo. »Verriegelt eure Türen. Nur zu unserer Sicherheit.«

Sie fuhren im zweiten Gang und nicht schneller als dreißig Stundenkilometer, weil Viggo kein unnötiges Risiko eingehen wollte. Die Ampeln in der ganzen Stadt waren ausgefallen, und er konnte sich gut vorstellen, dass die verlassenen Straßen den einen oder anderen Idioten zum Rasen einladen würden. Da war Vorsicht geboten. Je näher sie dem Stadtkern kamen, desto beklemmender wurde die Situation.

Hin und wieder glaubte er, in den Seitenstraßen die Schemen von Menschen zu sehen. Es waren nur flüchtige Eindrücke, und seine Augen konnten ihm auch einen Streich spielen, aber eigentlich wollte er die Wahrheit nach dem Vorfall auf der Autobahn auch gar nicht kennen. Die Schemen schienen einfach dazustehen wie einsame und abgestorbene Bäume, völlig regungslos.

Gelegentlich musste Viggo Autos ausweichen, die quer und verlassen wie angespülte Schiffswracks auf der Straße herumstanden. Seine größte Sorge war, dass sie an eine Stelle kommen würden, wo die Weiterfahrt nicht mehr möglich war und sie das Auto verlassen mussten. Er hatte keinen Zweifel, dass diese Stadt noch mehr Leben in sich trug, als sie gerade offenbarte. Aber er war sich auch sicher, dass es eine andere Art von Leben war, als sie es kannten.

Dann sah er etwas auf dem Kantstein liegen. Die knallige Farbe hatte ihn aufmerksam werden lassen. Auf den ersten Blick sah es aus wie ein achtlos weggeworfenes Bündel Klamotten, auf den zweiten aber erkannte er, wie falsch er damit lag. »Macht die Augen zu!«

Seine Tochter tat natürlich das genaue Gegenteil. Er hörte, wie sie scharf die Luft einsog, als sie verstand, was sie nicht hätte sehen sollen. Auf dem Boden lag die zerfetzte Leiche eines Mannes in orangefarbenem Jogginganzug. Mehrere Brocken Fleisch waren aus seinem Körper gerissen, die Lunge lag frei, und um den Toten herum hatte sich eine große Lache aus getrocknetem Blut gebildet. Eine Szene wie aus einem Krimi, bloß war das hier die Realität.

Auch Ljudmila hatte den Mann erspäht. »Haben wir etwa Wölfe in der Stadt?«, flüsterte sie entsetzt.

»Das waren keine Wölfe«, antwortete Viggo trocken. Er wusste, dass das, was für diese Wunden verantwortlich war, viel mehr von einem Raubtier hatte als ein paar versprengte Wölfe aus der Prärie.

Alexandra hatte es komplett die Sprache verschlagen. Jegliche Farbe war aus ihrem Gesicht gewichen, und sie starrte fest geradeaus, während das Auto weiter durch die verlassenen Straßen rollte.

Sie fuhren weg vom Stadtkern in Richtung des Supermarkts, wo sie hofften, Magda zu finden – oder zumindest irgendwelche Hinweise auf ihren Verbleib. Viggo wusste, dass Alexandra niemals aufgeben würde, ehe sie nicht alles versucht hatten. Er selbst hielt den Ausflug mittlerweile für einen großen Fehler, hatte die Gefahr unterschätzt, hatte erwartet, dass die Polizei die Situation schon wieder unter Kontrolle bekommen und es aktuell lediglich nur noch ein Verkehrschaos geben würde.

Aber das Gegenteil war eingetroffen. Nach allem, was er in den letzten vierundzwanzig Stunden hatte mit ansehen müssen, saß ihm die Angst, wen oder was sie im Supermarkt antreffen würden, beharrlich im Nacken.

Als sie sich dem Laden näherten, sahen sie bereits das Chaos. Die Scheiben waren zerstört, die Gitter herausgebrochen und das Geschäft geplündert worden. Auf dem Gehweg lagen Dosen, gammelndes Obst und Klopapierrollen achtlos verstreut. Ein Anblick, der nach der Fahrt durch die Stadt eigentlich keinen der Insassen noch groß hätte überraschen sollen. Aber Viggo spürte, wie der kleine Funken Hoffnung, der verblieben war, nun endgültig zu erlöschen drohte.

Er überprüfte im Rückspiegel, dass sich niemand dem Auto näherte, und machte Anstalten, den Wagen zu verlassen. »Ich werde kurz reingehen, nachsehen, und dann verschwinden wir wieder, okay?«

»Kommt gar nicht infrage«, sagte Alexandra sofort, während sich Ljudmila in betretenes Schweigen hüllte. »Ich komme mit.«

»Sei nicht albern, Liebes. Ich habe keine Ahnung, was uns da drinnen erwartet, und um nachzuschauen, brauche ich deine Hilfe nicht«, erwiderte Viggo.

Alexandra blieb stur. »Wenn da drinnen etwas sein sollte, ist es besser, wenn du nicht allein bist. Außerdem bezweifle ich, dass du eine Notiz oder irgendwas in der Art überhaupt finden würdest, so oft, wie du die Fernbedienung suchst, obwohl sie direkt vor deiner Nase liegt.«

Damit hatte sie die Diskussion gewonnen. Das Argument war zwar nicht besonders gut, aber Viggo konnte an der Stimme seiner Tochter hören, dass sie unter keinen Umständen klein beigeben würde. Das hatte sie von ihrer Mutter.

Er seufzte. »Lassen Sie den Motor an, und seien Sie abfahrbereit«, sagte er an Ljudmila gewandt und fühlte sich dabei, als würden sie gleich eine Bank überfallen.

Die junge Frau nickte, und Viggo und Alexandra stiegen aus. Ein rußiger Geruch lag in der Luft, wie nach einem Lagerfeuer, wenn der Rauch in den Klamotten hing. Irgendwo in der Nähe muss es gebrannt haben. Außerdem war es auch hier viel zu still. Als hätte jedes Lebewesen das Weite gesucht oder sich wie Ungeziefer in die Keller zurückgezogen – aus Angst vor dem, was die Stadt heimgesucht hatte. Viggo fühlte sich hilflos. Hinter jeder Ecke konnten Gefahren lauern, und er hatte nicht mal einen Stock, um sich und seine Tochter zu verteidigen.

»Bleib dicht bei mir«, wies er Alexandra an. «Wenn es Ärger gibt, will ich keine Heldentaten sehen, sondern deinen Hintern in diesem Auto, verstanden?«

Alexandra nickte. Natürlich, dachte Viggo, was hätte sie in dieser Situation auch sonst tun sollen. Ihre Augen waren groß vor Sorge, und trotzdem schien sie fest entschlossen, nicht umzukehren, bevor sie sicher sein konnten, dass sich Magda nicht irgendwo im Lager versteckt hatte.

Vorsichtig bewegten sie sich auf den geplünderten Supermarkt zu, immer darauf bedacht, nicht auf die Scherben und verstreute Lebensmittel zu treten. Bei der gespenstischen Stille würde man es bestimmt in der halben Stadt hören, wenn sie hier gegen eine Dose Ravioli traten.

Viggo warf einen Blick durch die eingeschlagene Ladenscheibe, bevor sie eintraten. Der vordere Bereich war noch durch das eindringende Tageslicht erhellt, die hinteren Lebensmittelregale verschwanden allerdings im Dunkeln, und er konnte nur schwer ausmachen, wie es dort aussah.

»Okay, mir nach, aber achte auf deine Füße«, sagte er und schlich in den Supermarkt.

Drinnen bot sich ein ähnlicher Anblick wie auf dem Gehweg: Die Regale waren geplündert, und was man nicht hatte tragen können, lag verteilt auf dem Boden. Eines der Regale war umgeworfen, mittlerweile aufgetaute Backofenpommes lagen im Eingangsbereich, und ein Glas Senf war vor der Kasse auf den Boden gefallen und hatte dort einen großen gelben Fleck hinterlassen.

Das Bild der Verwüstung ließ einen Gedanken in Viggo aufkeimen, den er am liebsten sofort wieder verdrängt hätte. Was, wenn Magda etwas zugestoßen war? Wer zu so einem Chaos fähig war, der schreckte doch auch nicht davor zurück, jemanden totzuschlagen, der ihm dabei im Wege stand! Er hatte zwar nicht wirklich damit gerechnet, seine Frau noch im Laden zu finden, aber doch nur, weil er davon ausgegangen war, dass sie sich aus dem Staub gemacht hatte, sobald es brenzlig wurde. Hoffentlich war sie nicht so töricht gewesen, sich mit den Plünderern anzulegen …

Vorsichtig wanderten sie durch die Regalreihen, stets darauf bedacht, nicht in Scherben zu treten oder unnötigen Lärm zu verursachen. An einer Stelle roch es penetrant nach einer Mischung aus

Gurken und Wurstwasser, eine Reihe weiter war eine Flasche Essig zerbrochen, und der beißende Geruch breitete sich langsam aus. Nicht mehr lange, dachte Viggo, und die Lebensmittel würden anfangen zu verschimmeln und für einen noch unerträglicheren Gestank sorgen.

Nachdem sie den Einkaufsbereich gründlich abgesucht hatten, blieben nur noch Aufenthaltsraum und Lager übrig. Viggo kannte sich im Supermarkt einigermaßen aus, hin und wieder hatte er Magda von der Arbeit abgeholt, um sie anschließend in ein Restaurant oder einen neuen Kinofilm auszuführen. Dann hatte er oft im Aufenthaltsraum auf sie gewartet, bis sie den Laden für den kommenden Morgen vorbereitet hatte.

»Tu mir einen Gefallen und warte hier, Liebes«, sagte er zu Alexandra, die sofort Anstalten machte zu protestieren, dann aber wohl merkte, unter welcher Anspannung ihr Vater stand, und ihren Widerspruch aufgab. Viggo wollte unter allen Umständen vermeiden, dass seine Tochter etwas sah, das sie nicht würde begreifen können. Er hatte selbst Angst vor dem, was er zu sehen bekommen könnte. Wenn er die Leiche seiner Frau dort drinnen finden würde, wusste er nicht, ob er noch weitermachen konnte. Trotzdem brauchte er Gewissheit.

Langsam pirschte er sich zum Aufenthaltsraum vor. Zunächst horchte er an der Tür, doch im verschlossenen Raum dahinter war alles ruhig. Nicht einmal das Summen der Neonröhren war heute zu hören, das sich sonst wie selbstverständlich in das Klangbild des kleinen Supermarkts einfügte. Er wartete noch einige Sekunden mit dem Ohr an dem kalten Metall, dann öffnete er langsam die Tür und schob vorsichtig den Kopf durch den Spalt, als rechnete er damit, dass ein hungriger Löwe angriffsbereit auf ihn warten könnte. Nachdem er sich vergewissert hatte, dass dies nicht der Fall war – und der Raum auch ansonsten leer wirkte –, öffnete er die Tür ganz und trat ein.

Zwei Tassen Tee auf dem Tisch, eine Couch und Stühle – nichts Ungewöhnliches und vor allem: keine Leiche. Er atmete erleichtert aus.

»Du kannst kommen«, rief er, und sofort stand Alexandra im Raum.

»Zwei Tassen Tee?«, fragte sie.

Viggo nickte. »Sie war nicht allein, das ist gut.«

»Und dass wir sie hier nicht gefunden haben, bedeutet wohl, dass sie rechtzeitig die Biege gemacht haben.«

»Gut geschlussfolgert, Watson«, sagte Viggo.

Über dem Tisch, auf dem die Teetassen standen, hing eine Korktafel, an der allerlei bunte Zettel hingen. Viggo ging hinüber, um sich das Gebilde genauer anzusehen – natürlich nicht ohne Hintergedanken.

Sein Blick schweifte herum: Die Telefonnummern von Handwerkern in Notfällen, das Suchblatt eines Ganovenduos, das in der Stadt schon Kioske und Tankstellen ausgeraubt hatte, ein Zeitungsausschnitt über den Supermarkt, und endlich fand er, was er gesucht hatte: den Dienstplan.

Seine Finger wanderten die Zeilen und Spalten entlang, bis er fündig wurde. Kurz las er angespannt, dann hellte sich seine Miene auf: »Deine Mutter hatte Dienst mit Katarina!«, rief er aus, jede Vorsicht ignorierend.

Das waren endlich mal positive Neuigkeiten. Katarina war eine gute Freundin von Magda, und die Wahrscheinlichkeit war hoch, dass sie zu ihr geflüchtet waren. Viggo wusste zwar nicht genau, wo sie wohnte, aber Magda hatte mal von einer Bar erzählt, die in derselben Straße lag, in der Katarina wohnte. Die beiden Frauen waren dort einmal nach Feierabend hingegangen, und Viggo wusste noch, dass sie sich zu Fuß auf den Weg gemacht hatten. Die Kneipe konnte also nicht weit entfernt sein. Er kam bloß nicht mehr auf den Namen. Zur goldenen Kröte? Zum großen Kranich? Es war irgendein Tier, und der Name klang nach einer Taverne wie aus Mittelerde, deswegen war ihm die Geschichte auch im Gedächtnis geblieben. Das war ein kleiner Hoffnungsschimmer, auch wenn sie damit noch lange nicht am Ziel waren. Aber den ganzen Tag durch die Stadt zu fahren, bis sie durch Zufall diese eine Kneipe fanden, war keine Option. Sie mussten effizienter vorgehen …

Viggo massierte sich die Schläfen, als könnte ihm das irgendwie beim Nachdenken helfen.

Alexandra starrte ihn nur verwirrt an, wahrscheinlich konnte sie seinen Gedanken nicht ganz folgen. »Und das bringt uns jetzt genau … was?«, fragte sie.

Viggo ging nicht darauf ein. Ihm war eine Idee gekommen. »Beim Bahnhof auf dem Vorplatz«, murmelte er. »Da gibt es einen kleinen Laden mit Stadtplänen und Touristenführern. Vielleicht ist die Taverne da vermerkt – oft gibt es ja Tipps fürs Weggehen.«

»Wovon zum Teufel redest du?«

Viggo schüttelte den Kopf, als wäre er gerade erst wieder im Hier und Jetzt angekommen. »Entschuldige, ich habe laut gedacht. Deine Mutter ist bestimmt bei Katarina, und die wohnt in einer Straße, in der es eine Bar gibt. Ich komme grad nur nicht auf den Namen, aber den könnten wir in einem Reiseführer finden«, erklärte er.

Alexandras Miene hellte sich auf. »Na, worauf warten wir dann noch? Los, zurück zum Auto!«

Viggo hatte zusammen mit Alexandra zur Sicherheit auch noch das Lager überprüft, aber auch dort keine weiteren Spuren von Magda oder Katarina gefunden. Dafür waren sie über einen Werkzeugschrank gestolpert, der zumindest einen Hammer bereithielt, den Viggo im Notfall als Waffe benutzen konnte. Er steckte ihn sich in den Gürtel, damit er immer griffbereit war, und verließ dann mit seiner Tochter den Laden. Zu seiner großen Erleichterung war

Ljudmila nicht mit dem Auto durchgebrannt. Er hatte es kurz in Betracht gezogen, aber was hatte er schon für eine Wahl? Wenn er sie mit in den Laden genommen hätte, wäre der Wagen für jeden Dieb ein gefundenes Fressen gewesen. Daher hatte er der jungen Frau wohl oder übel vertrauen müssen.

Sie fuhren die Strecke zurück, die sie zum Supermarkt gekommen waren, bogen dann aber von der vertrauten Route ab, als ein Schild mit einem Pfeil und der Aufschrift »Bahnhof 0,5 km« nach Osten zeigte. Die Straßen blieben wie ausgestorben, aber Viggo wurde das Gefühl nicht los, dass hinter den zugezogenen Gardinen und verbarrikadierten Fenstern noch Leben war, das nun misstrauisch und argwöhnisch auf sie herabblickte.

Plötzlich nahm er eine Bewegung im Augenwinkel wahr und stieg sofort auf die Bremse. Alle Insassen des Wagens wurden in ihren Gurten nach vorne geschleudert und hätten Bekanntschaft mit der Windschutzscheibe gemacht, wären sie nicht angeschnallt gewesen. Eine Frau war aus einem Hauseingang getorkelt und rannte jetzt auf die Straße. Direkt vor ihren quietschenden Reifen kam sie zum Stehen. Das braune Haar hing ihr tief ins Gesicht, eine Hand hielt sie schwach in die Luft, mit der anderen umfasste sie ihren Bauch. Als Viggo genauer hinsah, erkannte er einen dunklen Fleck, der sich auf ihrem blauen Kleid ausbreitete.

Instinktiv schnellte seine Hand zur Hupe, doch dann fiel ihm ein, dass sie sich auch gleich eine Zielscheibe auf die Stirn malen und eine Sirene auf den Kopf hätten setzen können, wenn sie so einen Lärm verursachten. Er ließ die Hand wieder sinken. Die Frau vor ihnen krümmte sich und schien starke Schmerzen zu haben.

»Verdammt«, flüsterte Viggo. Er hatte jetzt keinen Kopf für so was.

Eine gefühlte Ewigkeit starrte die Frau das Auto an, und die Insassen starrten zurück. Schließlich wanderten Viggos Finger zur Handkurbel, und langsam senkte sich das Fenster. Als es zur Hälfte unten war, steckte er den Kopf raus und fragte: »Können wir irgendwie helfen?«

Es war nicht mehr als eine Floskel. Er wusste, dass sie ihr nicht würden helfen können. Wenn der dunkle Fleck ihr eigenes Blut war, hatte sie schon verloren.

»Krankenhaus ... schnell!«, sagte sie kaum hörbar.

»Ich bin mir sicher, dass Sie da momentan nicht hinwollen«, antwortete Viggo, der die Bilder seines letzten Arbeitstags nur zu gut in Erinnerung hatte.

»Angeschossen«, krächzte sie noch und sank dann auf die Knie, wobei sie sich mit beiden Händen abstützen musste und eine klaffende Wunde im Bauchbereich preisgab.

Viggo wusste – Krankheit hin oder her –, dass hier jede Hilfe zu spät kam. So ein Schuss war tödlich. Wäre die Wunde kleiner gewesen, hätte es Hoffnung gegeben – unter normalen Umständen, mit einem vorhandenen Rettungsdienst und einem funktionierenden Krankenhaus. Aber Viggo konnte sogar auf die Entfernung innere Organe und das Weiß ihrer Rippen erkennen.

»Wir können leider nichts ...«, setzte er gerade an, als er hörte, wie die Autotür neben ihm aufging und sich wieder schloss. Sein Kopf ruckte zum Beifahrersitz herum, doch der war leer. Alexandra war ausgestiegen und lief zu der verletzten Frau.

»Bleib hier, verdammt!«, rief er, aber seine Tochter hörte oder gehorchte nicht.

Viggo fummelte wild an seinem Gurt herum, drückte auf den Knopf und folgte dem Mädchen. Doch bevor er sie erreichen konnte, war sie schon bei der Sterbenden und hatte deren Kopf in ihren Schoß gebettet.

»Bist du wahnsinnig?«, fuhr er seine Tochter an, als er sie erreicht hatte. »Das war keines der Monster!«, sprach er das Offensichtliche aus. »Das war jemand, der noch in der Lage war, eine Waffe zu bedienen. Und er wird hier noch irgendwo sein!«

Es war eine Schande. Sie mussten sich also nicht nur vor den Infizierten, sondern auch vor ihresgleichen in Acht nehmen, und Alexandra lief der Gefahr einfach blindlings in die Arme! Mit großen Augen sah sie zu ihm hoch, Entsetzen und Unverständnis standen ihr so überdeutlich ins Gesicht geschrieben, dass es Viggo schier das Herz zerriss.

»Wir müssen ihr doch helfen«, flüsterte sie ängstlich, während das Blut der fremden Frau auf ihre Hose tropfte.

Viggo blickte sich hektisch um, konnte aber zum Glück niemanden entdecken – abgesehen von einem herumstreunenden Hund, der in sicherem Abstand die Straße überquerte und sie keines Blickes würdigte. Die Frau hatte mittlerweile ihre Augen geschlossen. Viggo ließ sich neben ihr nieder und ertastete den Puls an ihren Handgelenken, der schwach und kaum noch spürbar war.

»Sie wird die nächste Stunde nicht überleben«, sagte er zu Alexandra. »Es tut mir leid, Schatz. Wir können nichts für sie tun. Nicht unter diesen Umständen.«

»Aber wir können sie doch nicht einfach hier liegen lassen! Wir sind doch keine Monster!« Alexandras Stimme zitterte, Tränen sammelten sich in ihren Augen.

Damit hatte sie leider recht, musste Viggo zugeben. Er war nicht bereit, mehrere Tausend Jahre Zivilisation innerhalb von wenigen Stunden über Bord zu werfen, nur weil eine Krankheit die Stadt befiel. Aber sie hatten auch keine Zeit, die Sterbende ins Auto zu laden, zum Friedhof zu fahren und ein Grab für sie auszuheben. Außerdem war die Frau ja noch nicht einmal tot!

»Warte hier, und wenn was ist oder du jemanden siehst – ganz egal, ob er dir ans Leder will oder nicht –, dann rufst du.«

Alexandra nickte, dann gab Viggo ihr den Hammer, den er aus dem Supermarkt mitgenommen hatte. »Nur zur Sicherheit.«

Er lief zu einem heruntergekommenen Haus, das dem Klingelschild nach einige Familien beherbergte. Es war baufällig, der Putz bröckelte von den Wänden, und die Fenster im Erdgeschoss waren alle eingeschlagen. Er rüttelte am Türknauf, musste aber schnell einsehen, dass die Tür fest verschlossen war. Dann mussten eben die eingeschlagenen Fenster herhalten.

Hätte ihm vor einer Woche jemand gesagt, dass er sich über eingeschlagene Fenster Zugang zu einem Gebäude verschaffen würde, um einer sterbenden Frau so etwas wie ein würdiges Sterbebett zu ermöglichen, hätte er ihn für verrückt erklärt. Nun zog er sich aber am Fenstersims hoch, stets darauf bedacht, sich nicht an den Scherben zu schneiden. Mit einem beherzten Sprung landete er in dem, was wohl bis vor Kurzem mal ein Wohnzimmer gewesen war. Die Reste des zerbrochenen Fensters knirschten unter der Ledersohle seiner Schuhe.

Vor ihm stand ein Fliesentisch zwischen einer kleinen grünen Couch und einem alten Röhrenfernseher. Ein mächtiges, schweres Ding. Solche Teile hatte er schon lange nicht mehr gesehen. An der Wand über der Couch hingen Portraits und Familienfotos von Menschen, die Viggo nicht kannte. Eine Frau und ein Mann, der einen Anzug trug, mit drei Kindern, zwei Mädchen und ein Junge. Eines der Mädchen war noch ein Baby, der Junge war wohl gerade den Windeln entwachsen. Das Foto war schon stark vergilbt.

Als ihm die hölzerne Kommode auffiel, die direkt neben der Tür zum Flur stand, sah er, dass schon jemand vor ihm hier gewesen war. Derjenige war vermutlich auch für die eingeschlagenen Fenster verantwortlich, denn die Schubladen waren herausgerissen und der Inhalt achtlos auf den Boden geworfen. Viggo ging hinüber und hob einige der Zettel auf: Quittungen für eine Waschmaschine und ein Telefon, Postkarten aus Italien und Deutschland, eine Stempelkarte von einem Friseur und der Werbeflyer einer Pizzeria, die ab einem Mindestbestellwert von acht Euro lieferte. Der Einbrecher war vermutlich auf der Suche nach Schmuck und anderen Wertgegenständen gewesen, dachte Viggo.

Die Tür zum Flur war nur angelehnt, und Viggo schob sie langsam mit einem Finger auf, was ein fürchterliches Quietschen zur Folge hatte. Wenn noch jemand hier war, dann wusste derjenige spätestens jetzt, dass er nicht allein war.

Er spähte durch den Spalt und konnte eine Garderobe und einen kleinen Schuhschrank sehen, die grüne Farbe der Tapete war schon völlig verblichen. Da er niemanden überraschen und dadurch zu unüberlegten Handlungen verleiten wollte, rief er: »Ist hier jemand? Ich will Ihnen nichts tun!«

Ihm war bewusst, dass ein solches Lippenbekenntnis in Zeiten wie diesen nichts wert war, aber er fühlte sich wohler bei dem Gedanken, nicht völlig unangemeldet durch eine fremde Wohnung zu wandern und privates Eigentum zu durchschnüffeln – egal, ob derjenige hier noch lebte oder nicht, oder besser gesagt: ob diese Person überhaupt noch lebte.

Gegenüber dem Wohnzimmer ging es direkt in die Küche, wo sich ihm ein ähnliches Bild bot: Alle Schubladen und Schränke waren aufgerissen, der Inhalt lag auf dem Boden. Die Fliesen waren übersät mit Messern, Gabeln und zerbrochenem Geschirr. Der Kühlschrank stand offen und summte leise, aber zuverlässig vor sich hin. Viggo warf einen Blick hinein, fand aber nur eine offene Packung Milch, die schon verdächtig roch, und eine offene Packung Gourmet-Salami »von glücklichen Schweinen«, wie der Aufdruck versprach. Er ließ beides links liegen und widmete sich dem Schlafzimmer in der Hoffnung, dass sie die Frau dort zurücklassen könnten, damit sie wenigstens nicht auf offener Straße sterben musste.

Seine Hoffnung wurde schnell zunichtegemacht. Das Zimmer war ein Schlachtfeld – nicht bloß wegen der aufgerissenen Schubladen und des zerstörten Geschirrs. Das Kopfende des Bettes war komplett mit verkrustetem Blut bedeckt – die Wand dahinter war rot, das Kissen von der roten Farbe getränkt. Darauf lag ein Kopf oder vielmehr das, was von ihm übrig war. Die linke Gesichtshälfte war weggeschossen, Haare und Hautfetzen verteilten sich im kompletten Raum.

Viggo ging hinüber, auch wenn ihm der Anblick alles andere als leichtfiel. Der Tote hatte einen gestreiften Pyjama an, die Bettdecke war auf den Boden gefallen und sein Hemd leicht über den gewölbten Bauch gerutscht. Er schätzte ihn auf mindestens siebzig, auf jeden Fall alt genug, um sein Vater zu sein. Viggo zog das Hemd wieder runter und bedeckte den Toten dann mit der Decke. Es war kein Begräbnis, aber alles an Respekt und Würde, was Viggo in diesem Moment geben konnte.

Er sah sich um, konnte aber keine Waffe finden, mit der sich der Alte das Hirn hätte selbst wegpusten können. Also hat der Einbrecher nicht nur nach Wertgegenständen gesucht, sondern den armen Kauz auch noch im Schlaf erschossen, dachte Viggo. Hätte er gewusst, welche Entbehrlichkeiten das Leben in den kommenden Monaten für ihn bereithalten würde, hätte er am Schicksal des alten Mannes wahrscheinlich weniger Anteil genommen. In diesem Augenblick hatte er aber noch Mitleid für ihn übrig.

»Ruhe in Frieden«, flüsterte er, ehe er das Zimmer verließ und die Tür hinter sich zuzog. Hier würde er die sterbende Frau nicht zurücklassen.

Er machte sich gerade an der verschlossenen Wohnungstür zu schaffen, als er eine Stimme vernahm. Erst dachte er, er hätte sie sich nur eingebildet, aber dann konnte er es ganz deutlich hören: » … lasst die Schlampe sterben.«

Seine Nackenhaare stellten sich auf. Die Stimme kam von der Straße, auf der seine Tochter gerade mit einer tödlich verwundeten Frau auf dem Asphalt saß.

Er atmete langsam ein und aus, um nicht sofort in Panik zu verfallen, und schlich zurück zu den eingeschlagenen Fenstern, vor denen er in die Hocke ging. Vorsichtig lugte er über die Fensterbank und erspähte eine vertraute Situation: Alexandra saß mit der Sterbenden im Schoß mitten auf der Straße, Ljudmila war immer noch im Auto, das ein paar Meter entfernt von ihm parkte. Aber etwas war anders. Im Augenwinkel konnte er einen Mann sehen, das Gesicht im Schatten verborgen. Er stand im Hauseingang desselben Gebäudes, in dem sich Viggo gerade selbst befand.

Der Kerl trug einen langen schwarzen Ledermantel, was Viggo an die Matrix-Filme erinnerte, die er so gern sah. Allerdings hatte der Typ nicht so schönes volles Haar wie Neo, sondern nur eine schlecht rasierte Glatze. Was Viggo aber ernsthafte Sorgen bereitete, war das, was der Mann in den Händen hielt: eine kleine Axt, wie man sie zum Spalten von Holzscheiten benutzte.

»Lasst die Hure in Ruhe, sie hat es nicht anders verdient. Wollte mir keinen blasen.«

Alexandra schaute wie ein Reh im Scheinwerferlicht, Ljudmila machte keine Anstalten, das Auto zu verlassen.

»Aber vielleicht könnt ihr ihr ja zeigen, wie das geht.«

Viggo hatte genug gehört. Seine Hand wanderte zum Gürtel, griff jedoch ins Leere. Er hatte den Hammer bei seiner Tochter gelassen, die dem Typen aber auf jeden Fall unterlegen war.

In seinem Kopf überschlugen sich die Gedanken, dann eilte er zurück in die Küche, immer noch vorsichtig, aber die Angst in seinem Nacken peitschte ihn vorwärts. Sein Blick wanderte durch das Wirrwarr aus Geschirr und Besteck, bis er etwas hatte, das reichen musste: ein Messer, die Klinge ein bisschen kürzer als seine Hand, mit einem hölzernen Griff. Viggo wog es in der Hand und wünschte sich eine Schrotflinte, mit der er diesen Abschaum aus dem Leben befördern könnte. Für den Augenblick aber musste das Messer reichen.

Er schlich wieder zurück ins Wohnzimmer und sah über den Fenstersims. Der Typ war aus dem Hauseingang getreten und hatte Viggo den Rücken zugewandt, was ihm vielleicht helfen würde.

»Also, wer von euch will anfangen?«

Viggo konnte es nicht sehen, aber das hässliche Grinsen auf der Fratze des Kerls hatte er dennoch klar vor Augen. Es triefte nur so aus seiner höhnischen Stimme.

Alexandra zog die Frau noch etwas näher an sich, als würde ihr die Verwundete irgendeine Art von Schutz bieten. Ljudmila schien in Schockstarre verfallen zu sein.

»Ich glaube«, sagte der Kerl und tat, als würde er überlegen, »ich fange mit dir an.« Der Axtkopf zeigte auf Alexandra.

Viggo hatte genug gesehen und gehört. Als sich das Arschloch langsam auf seine Tochter zubewegte, kletterte er über den Fenstersims und ließ sich auf den Boden gleiten. Wäre der Typ ein bisschen aufmerksamer gewesen, hätte er Viggo eigentlich hören müssen. Aber er schien in Gedanken schon so sehr bei dem zu sein, was die sterbende Frau ihm verwehrt hatte, dass er nicht mehr viel von seiner Umgebung mitbekam.

Viggo umfasste den Holzgriff des kleinen Messers noch ein bisschen fester mit der rechten Hand und schlich dann vorsichtig auf den Mann zu. Alexandra und Ljudmila mussten ihn schon gesehen haben, ließen sich zu seiner großen Erleichterung aber nichts anmerken. Ihre Aufmerksamkeit galt immer noch dem Typen, und Viggo konnte erkennen, wie seine Tochter den Hammer mit beiden Händen umschloss. Sie wollte sich nicht kampflos fügen.

Viggo war keine zwei Meter mehr entfernt, da eskalierte die Situation. Plötzlich wirbelte der Kerl im Ledermantel herum, und Viggo konnte nur mit einer beherzten Rolle zur Seite der tödlichen Axt ausweichen, die sonst seinen Kopf gespalten hätte.

»Habe ich mich also nicht verhört«, sagte er, und da war dieses hässliche Grinsen, das Viggo bis eben nur vor seinem geistigen Auge gesehen hatte.

»Was hast du damit denn vor?«, fragte er beim Anblick von Viggos Waffe. »Gemüse schneiden?« Er lachte.

»Lass uns einfach gehen, und das Ganze hier ist nie passiert. Wir werden weiterfahren und den ganzen Vorfall vergessen, einverstanden?«

Der Mann mit der Axt kratzte sich gespielt nachdenklich am Kopf. »Ich glaube nicht. Irgendwie springt dabei für mich gar nichts raus. Aber ich lasse mich gern auf einen Handel ein.«

»Was willst du?«

»Ich sehe nicht ein, warum du gleich mit zwei Frauen unterwegs sein sollst. Du brauchst doch nur eine. Lass mir eine von den beiden Hübschen hier, und ihr könnt weiterfahren.«

Das bisschen Hoffnung, doch noch kampflos aus der Situation zu kommen, löste sich in Luft auf.

»Das ist keine Option.«

»Nicht so stur, alter Mann«, erwiderte der Kerl mit einem gönnerhaften Lächeln auf den Lippen. »Sieh es doch mal so: Entweder kommen zwei von euch lebend hier raus oder gar keiner. Ist doch eigentlich ein guter Deal für euch. Zwei können gehen, eine darf mir noch eine Zeit lang Gesellschaft leisten. Und wenn sie nicht so widerspenstig ist wie diese Schlampe da ...« Er zeigte auf die Sterbende. »... dann wird sie auch noch ein paar schöne Tage haben. Versprochen!« Wieder dieses Grinsen.

»Ich befürchte, dann müssen wir die Situation leider auf die unschöne Art klären«, antwortete Viggo und versuchte dabei seine Stimme so fest wie möglich klingen zu lassen.

»Deine Entscheidung.« Der Glatzkopf zuckte mit den Schultern, und für den Bruchteil einer Sekunde sah es so aus, als wollte er sich wieder Alexandra zuwenden, doch dann wirbelte plötzlich seine Axt durch die Luft.

Der Kerl griff mit einem Tempo an, das Viggo nicht hatte kommen sehen, und er hatte alle Mühe, den Schlägen auszuweichen. Er konnte bloß zurückspringen, und es war nur eine Frage der Zeit, bis er mit dem Rücken zur Wand stehen würde.

Er selbst hatte noch keinen einzigen Schlag ausführen können, seine Waffe war einfach zu kurz, und jeder Versuch hätte ihn in Reichweite des Axtblatts gebracht. Selbst wenn ein Treffer ihn nicht sofort umbringen würde, für eine hässliche Fleischwunde würde er dennoch sorgen, die ohne medizinische Versorgung ein Todesurteil auf Zeit bedeuten konnte.

Zwei unbeholfene Ausweichschritte später spürte Viggo die Wand tatsächlich im Rücken. Der Glatzkopf stellte seinen Angriff ein. »Sitzt in der Falle wie eine kleine Maus, was?«, fragte er vergnügt. »Werde es schnell machen. Nicht unbedingt schmerzlos, aber zumindest schnell.« Wieder grinste er und entblößte dabei Zähne, die eher an verfaulte Baumstümpfe erinnerten.

Viggo hielt das Messer vor seiner Brust, zum Äußersten bereit. Wenn er den Typen zumindest irgendwie verletzen könnte, hätte er vielleicht genug Zeit gewonnen, um Alexandra und Ljudmila zur Flucht zu verhelfen.

Gerade als der Glatzkopf mit der Axt zum tödlichen Schlag ausholte, erschien Alexandra in seinem Rücken. Weder Viggo noch sein Widersacher hatten im Gefecht auch nur einen Gedanken an sie verschwendet, was sich nun rächen sollte. Ihre Hand hatte sie hoch in die Luft erhoben, und ein kleiner Gegenstand blitzte auf. Es war der Hammer, den Viggo ihr gegeben hatte. Mit einem dumpfen Klatschen traf das Metall auf den Hinterkopf. Alexandra hatte nicht genug Kraft, um den Kerl bewusstlos zu schlagen, aber es reichte, um ihn zum Taumeln zu bringen. Mehr brauchte Viggo nicht. Er warf sich mit seinem ganzen Gewicht gegen den Widersacher, der daraufhin zu Boden ging. Die Axt landete auf dem Asphalt, und Viggo saß auf der Brust seines Gegners. Sie rangen miteinander, der Glatzkopf mit bloßen Händen, Viggo das kleine Messer fest umklammernd.

Der Glatzkopf hatte Viggo an beiden Handgelenken gepackt und versuchte ihn wieder von sich zu stoßen, allerdings war Viggo kein Fliegengewicht und nicht so leicht abzuwerfen. Es war wie beim Rodeoreiten, bloß war das kein harmloser Spaß, sondern es ging um Leben und Tod.

Plötzlich ließ die Glatze Viggos linkes Handgelenk los und verpasste ihm einen Haken gegen die Schläfe. Der Schlag traf ihn völlig unvorbereitet, und Viggo glitt von ihm runter, fiel auf den Rücken.

Wie im Rausch machte sich sein Gegner über ihn her, hatte dabei aber eine Kleinigkeit vergessen: das Messer in Viggos rechter Hand. Die Klinge hatte er, wenn auch schwer benommen, schützend vor sich gehalten.

Als sich sein Gegner auf ihn stürzte, konnte er die Gefahr zwar kommen sehen, ihr aber nicht mehr ausweichen. Im letzten Moment zog Viggo die Klinge nach oben und stieß sie dem Scheusal bis zur Hälfte in den rechten Augapfel. Sein Gegner ließ sofort von ihm ab und brach brüllend zusammen. Er krümmte sich, der Griff des Messers zuckte bei jeder Bewegung seines Gesichts.

»Was … was hast du getan?«, schrie er ungläubig. »Mein Auge! Mein verficktes Auge!«

Viggo rappelte sich auf und schenkte ihm keine weitere Beachtung mehr. Stattdessen eilte er zu seiner Tochter, die mit starr geweitetem Blick auf den Mann schaute, der sich am Boden wand. Den Hammer hatte sie fallen gelassen. Viggo bückte sich, um ihn aufzuheben und wieder in seinem Gürtel zu verstauen. Das Entsetzen im Gesicht seiner Tochter traf ihn härter als der vorherige Schlag seines Gegners. Sie hätte so etwas niemals mit ansehen, niemals in eine solche Situation geraten sollen. Die Welt war offiziell verrückt geworden.

»Komm, Liebes, verschwinden wir von hier«, sagte er und berührte sie sanft an der Schulter, um sie zum Gehen zu bewegen. »Wer weiß, wen oder was er mit seinem Gebrüll anlockt.«

Alexandra zitterte am ganzen Körper, folgte aber der Aufforderung ihres Vaters wie in Trance. Als sie beim Auto angekommen waren, warf sie noch einen letzten Blick auf die sterbende Frau auf dem Asphalt.

»Dafür haben wir keine Zeit mehr«, flüsterte Viggo, und in seiner Stimme schwang ehrliches Bedauern mit. Es war nur ein kleiner Trost, dass die Verletzte noch immer bewusstlos war und in der ihr noch verbleibenden Zeit zumindest nicht leiden würde.

Ljudmila sah ihnen aus dem Innern des Wagens entgegen, rührte sich aber nicht. Erst als Viggo demonstrativ am Türgriff zog, verstand sie, dass die Türen noch verriegelt waren, und hangelte sich umständlich vom Rücksitz aus nach vorn, um die Fahrertür zu öffnen. Viggo stieg ein und öffnete von seiner Seite aus die Beifahrertür, damit auch Alexandra auf ihren Sitz klettern konnte. Jeder Schritt und jeder Atemzug wurde von den schmerzerfüllten Schreien ihres Angreifers begleitet. Viggo überlegte noch, ob er den Typen von seinem Leiden erlösen sollte, beschloss dann aber, dass er so viel Gnade nicht verdient hatte.

Langsam ließ er den Wagen an der Frau vorbeirollen, für die es keine Hilfe, kein Begräbnis und auch keine Ruhestätte mehr geben würde. Sie ließen das alles hinter sich, ohne noch einmal in den Rückspiegel zu blicken.

Auf dem Weg zum Bahnhof wechselten sie kein Wort. Jeder musste das Erlebte verarbeiten und machte sich seine eigenen Gedanken. Viggo wusste, dass sie nur knapp einer Katastrophe entkommen waren. Einer Katastrophe, die kein Happy End für sie vorgesehen hatte. Nur dem beherzten Eingreifen seiner Tochter hatte er es zu verdanken, dass er jetzt wieder hinter dem Steuer des Wagens saß. Ansonsten hätte er als zerhackter Haufen Fleisch auf der Straße geendet.

Ihm machte es Angst, wie schnell die Menschen zu verrohen schienen. Es war gerade einmal ein Tag vergangen, seit alles zusammengebrochen war, und schon fielen sie wie Tiere übereinander her. Aber die Polizei war weit und breit nicht zu sehen. Wenn die Ordnung irgendwann wiederhergestellt worden wäre, würde es unmöglich sein, die ganzen Verbrechen aufzuklären. Wer sollte schon herausfinden, wer den alten Opa in seinem Bett oder die Frau auf der Straße erschossen hatte?

Falls die Ordnung irgendwann wiederhergestellt würde, dachte Viggo. Vielleicht würde es sie nie wieder geben.

Er ging allein in das Touristengeschäft auf dem verlassenen Bahnhofsplatz und wurde schnell fündig. Die Stadtführer standen ordentlich aufgereiht in einem Regal neben der Kasse, umgeben von Tassen, Schlüsselanhängern, Kissen und T-Shirts der »Chris Ultras«, einer Fan-Vereinigung rund um einen lokalen Fußballstar, der es bis in die Nationalmannschaft geschafft hatte.

Er nahm eines der Büchlein in die Hand und las den Untertitel »Ihr Begleiter durch die Stadt – Museen, Kultur & Nachtleben«. Das Buch war im Schnittchen Verlag erschienen, und all seine Hoffnungen ruhten darauf, dass er hierin fündig würde. Wenn die Kneipe nicht in diesem Buch stand, würde er zusehen, dass er mit Alexandra aus dieser verdammten Stadt kam und sich zu Hause verschanzen. Ohne einen Anhaltspunkt, wo sich Magda aufhielt, wäre es die sprichwörtliche Suche nach der Nadel im Heuhaufen.

Er öffnete das Inhaltsverzeichnis und fand schnell die Kategorie »Nachtleben«. Sein Finger fuhr über die Einträge: Andis Absintharena … Edelbräu … Funpark … Kulteck … langsam wurde Viggo ungeduldig … Sammys Suffbande … und dann machte sein Herz einen Sprung. Taverne zur stolzen Kröte!

Was für ein eigenartiger Name, dachte Viggo. Aber er war auf jeden Fall ungewöhnlich genug, um irgendwie hängen zu bleiben, und er war sich sicher, dass es die Taverne war, die sie suchten. Über wie viele »Tavernen« sollte dieser Ort schon verfügen? Es war zwar keine goldene Kröte, aber mit einer stolzen kam er auch zurecht.

Er las die Adresse und entspannte sich, die Straße war keine zehn Autominuten entfernt. Mit dem Büchlein in der Hand eilte er zurück zum Auto.

»Ich habe die Adresse, ich habe die Adresse!«, rief er euphorisch.

Alexandra sah ihn nicht an, sondern starrte durch die Windschutzscheibe auf das Bahnhofsgebäude. »Siehst du das?«, fragte sie. »Die haben hier diese Gitter vor dem Bahnhof aufgebaut, damit die Leute nicht reinkönnen.«

Viggo drehte sich verdutzt um. Er hatte nicht groß auf die Umgebung geachtet, sondern war lediglich sichergegangen, dass sie allein waren. Aber Alexandra hatte recht, rund um den Bahnhof waren Gitter aufgebaut, wie er sie vor allem von Konzerten kannte.

»Nun, zumindest wissen wir jetzt, warum Magda nicht nach Hause gekommen ist – und die Wahrscheinlichkeit, dass sie bei Katarina ist, ist umso größer.« Viggo wusste nicht, ob es klug war, seiner Tochter solche Hoffnungen zu machen, aber ihm selbst half es, diesen Gedanken laut auszusprechen. Dadurch fühlte es sich ein bisschen realistischer an.

Ljudmila räusperte sich hinter ihnen. Sie hatte seit dem Vorfall auf der Straße geschwiegen, allgemein hatte sie nicht mehr viel gesagt, seit sie in der Stadt angekommen waren. »Ich würde ungern länger als nötig hierbleiben. Können wir?«

Viggo nickte. Sie hatte recht, sie sollten machen, dass sie weiterkamen.

Auf dem Weg zur Taverne stießen sie zum ersten Mal auf eine kleine Ansammlung der Infizierten. Sie standen orientierungslos auf der Straße herum. Auf den ersten Blick war ihre Krankheit nicht einmal ersichtlich. Man sah den Tod aber in ihren Augen. Die Augäpfel wirkten, als hätte man sie gegen Golfbälle ausgetauscht, jede Menschlichkeit war aus ihnen gewichen. Die Schultern der Untoten hingen schlaff herunter, der Oberkörper war leicht vornübergebeugt. Lethargisch verharrten sie auf der Stelle, als warteten sie auf einen Startschuss oder einen Befehl. Doch ihre Regungslosigkeit täuschte. Sie funktionierten ähnlich wie Selbstschussanlagen: Gab es einen Reiz in der Umgebung, schossen ihre toten Körper los. Nahmen sie etwas wahr, das möglicherweise eine Mahlzeit sein konnte, wurden aus den starren Leibern gefährliche Raubtiere, die keine Gnade und kein Mitgefühl kannten.

Für die Insassen im Auto waren sie jedoch keine Gefahr. Viggo konnte ihnen ohne Probleme ausweichen, und schon bald sahen sie die Meute nur noch im Rückspiegel, die erneut jedes Interesse verloren hatte.

»Denen will ich lieber nicht im Dunkeln begegnen«, flüsterte Alexandra. Es war das Erste, was sie von sich gab, seit sie wieder losgefahren waren.

Viggo warf ihr einen kurzen Seitenblick zu. Sie war ziemlich blass um die Nase. »Denen will man auch nicht am helllichten Tage begegnen. Sie scheinen nicht besonders klug zu sein, aber wenn die einen erwischen, zieht man schnell den Kürzeren.« Er hatte das Bild von Dr. Manakov noch überdeutlich vor Augen, erinnerte sich genau daran, wie sie sich mit übermenschlicher Kraft gegen die Feuerwehrmänner zur Wehr gesetzt hatte. »Lass es am besten gar nicht erst dazu kommen.«

Viggo setzte den Blinker – für wen, wusste er selbst nicht genau, es musste die Gewohnheit sein – und bog in die Straße ein, die der Reiseführer genannt hatte. Hier reihten sich vielleicht dreißig Gebäude zu beiden Seiten aneinander, die meisten Fenster waren mit Gardinen verdunkelt, und von außen ließ sich nicht erkennen, ob im Inneren noch jemand wohnte. Es waren große,graue Wohngebäude, erbaut kurz nach dem Krieg. Ein trostloser Anblick für jemanden, der auf dem Land lebte und dort ein eigenes Haus besaß.

Ungefähr in der Mitte der eintönig bebauten Straße gab es jedoch eine deutliche Unterbrechung der Architektur. Ein kleines Fachwerkhaus mit Reetdach hockte zwischen den Betonklötzen.

Die dicken gelben Fenster ließen lediglich erahnen, wie es drinnen wohl aussehen mochte. Das war die »Taverne zur stolzen Kröte«, und Viggo verstand den Namen jetzt sehr viel besser. Das Häuschen saß wirklich wie eine dicke Kröte zwischen den Wohnhäusern und blickte sie wie aus bernsteinfarbenen Augen an.

Er parkte das Auto direkt vor der Kneipe, zog die Handbremse an, vergewisserte sich, dass kein schlurfendes Monster in der Nähe war, und stieg aus. Über dem Eingang zur Gaststätte hing ein großes Schild, auf dem mit mittelalterlichen Lettern der Name des Lokals geschrieben stand. Daneben saß eine dicke Kröte, die ihr Antlitz anmutig nach oben reckte. Viggo wusste nicht, ob das Wappentier vom Besitzer wirklich ernst gemeint oder nur ein Witz war. Aber er konnte sich gut vorstellen, dass viele Touristen hier endeten, weil der Name sie neugierig machte.

»Wie geht es weiter?«, wollte Alexandra wissen, die mittlerweile an seiner Seite stand, den Rucksack, den sie von zu Hause mitgenommen hatten, auf dem Rücken.

Das war eine gute Frage. Sie hatten zwar die Kneipe gefunden, aber was nun? Als Viggo so darüber nachdachte, fiel ihm eigentlich nur eine Lösung ein. »Wir werden wohl die Klingelschilder nach dem richtigen Namen absuchen müssen. Irgendwo müsste Rakinov stehen.«

Viggo kannte den Namen vom Dienstplan, der im Aufenthaltsraum des Supermarkts gehangen hatte. Zum Glück hatte er ihn sich gemerkt, denn Magda sprach immer nur von Katarina, ihren Nachnamen hatte sie nie benutzt. »Okay, ich frage Ljudmila, ob sie helfen möchte.« Alexandra ging zurück zum Auto und sprach mit der jungen Frau, die bislang nicht ein Mal den Wagen verlassen hatte. Doch die großen Teenager-Augen überzeugten sie offensichtlich, denn sie stieg aus. Viggo konnte ihr ansehen, dass es ihr überhaupt nicht behagte, das vermeintlich sichere Fahrzeug zu verlassen.

»Hat jeder etwas, mit dem er sich im Notfall verteidigen kann?«, fragte er.

Die beiden Frauen standen mit leeren Händen da.

»Das ist nicht gut«, murmelte Viggo. Wenn sie sich aufteilten, um schneller zu sein, konnte er mit seinem Hammer allein nicht viel ausrichten. Hätte er doch die Axt mitgenommen, die der miese Typ vorhin hatte fallen lassen! Aber so geistesgegenwärtig war er nicht gewesen.

»Wartet einen Moment«, sagte er und schwang sich auf die Ladefläche des Pick-ups. Wenn der Wagen so oft Mucken machte, wie Anton es gesagt hatte, dann sollte sich doch irgendetwas finden lassen, was sie gebrauchen konnten. Und tatsächlich! An der Außenwand der Fahrerkabine war ein Werkzeugkoffer angebracht, der in einem besseren Zustand zu sein schien als das Auto selbst. »Jackpot!«

Viggo durchsuchte den Metallkasten und wurde schnell fündig. Zufrieden sprang er von der Ladefläche. »Okay, heute im Angebot: Schraubenzieher oder Schere – greifen Sie zu, solange es noch frisch ist!«

Alexandra ließ die Schultern hängen. Selbst ein Blinder hätte gesehen, dass sie kein zur Waffe umfunktioniertes Werkzeug mehr in der Hand haben wollte – wahrscheinlich nie wieder. Seufzend entschied sie sich für den Schraubenzieher, Ljudmila gab sich mit der Schere zufrieden.

»Ich gehe nicht davon aus, dass wir sie brauchen werden«, sagte Viggo, und seine großen Hände drückten aufmunternd Alexandras Schulter. »Aber sicher ist sicher.«

Sie teilten sich auf. Viggo übernahm die linke Seite, Alexandra und Ljudmila die rechte. Er musste schnell einsehen, dass sein Plan ziemlich naiv war. Viele der Klingelschilder waren verblichen oder fehlten komplett. Ihre Erfolgschancen schwanden von Haus zu Haus, aber noch wollte er die Hoffnung nicht aufgeben.

Ljudmila und Alexandra, die an den entgegengesetzten Enden angefangen hatten, waren mittlerweile fertig, allerdings erfolglos geblieben. Sie kamen auf die andere Seite und halfen Viggo, der gerade mal die Hälfte der Türen abgeklappert hatte. Wie durch ein Wunder blieben sie die gesamte Zeit über von unangenehmen Überraschungen in Form von Untoten oder um sich schießenden Einwohnern verschont.

Es waren nicht mehr als vier Gebäude übrig, in Gedanken plante Viggo schon, wie sie am schnellsten aus der Stadt verschwinden konnten, als seine Tochter rief: »Ich glaube, ich hab was!«

Viggo und Ljudmila eilten zu ihr hinüber. Ihr Finger zeigte auf einen Namen, der langsam zu verblassen drohte: »Raki…«, der Rest des Aufklebers war abgerissen. Irgendein Jugendlicher vermutlich, der vor lauter Langeweile nichts Besseres zu tun hatte, als die Klingelschilder anderer Leute zu beschädigen.

Aber das hier war ein Ansatz, den sie weiterverfolgen mussten. Viggo war nicht bereit, jetzt, so kurz vor dem Ziel, umzukehren. Dieser Name konnte unzählige Endungen haben – aber solange die Möglichkeit bestand, dass er Rakinov lautete, musste er dem nachgehen.

Er rüttelte am Türknauf und konnte es kaum glauben, als er sich tatsächlich drehen ließ. Endlich hatte auch er mal Glück: Die Tür war offen.

»Okay, bleibt hinter mir. Wenn wir eines dieser Monster sehen, machen wir auf der Stelle kehrt.«

Die beiden Frauen nickten und umklammerten ihre improvisierten Waffen, als sich die Tür mit einem lauten Quietschen öffnete. Dahinter kam ein Hausflur mit Dielenboden zum Vorschein. Die Wände mussten vor Kurzem erst gestrichen worden sein, zumindest sah das Blau noch sehr frisch und nicht verblichen aus. Eine hölzerne Treppe ging nach oben, und eine Tür führte in den Hinterhof.

Viggo kontrollierte die Namensschilder neben den beiden Wohnungstüren, die links und rechts vom Flur im Erdgeschoss abgingen, wurde aber nicht fündig. Dafür fiel ihm auf, dass beide Türen nur angelehnt waren. Ein Umstand, der ihm überhaupt nicht zusagte. Er führte seinen Zeigefinger vor die Lippe, um Ljudmila und Alexandra zu verstehen zu geben, dass sie leise sein mussten. Dann deutete er mit dem Kopf zur Treppe.

Langsam stiegen die drei hinauf, die Holzbretter knirschten verräterisch unter ihren Sohlen. Auch im ersten und zweiten Stockwerk wohnte niemand mit dem Namen Rakinov, die Wohnungstüren waren aber auch hier allesamt bloß angelehnt. Im dritten Stock angekommen, las Viggo es endlich schwarz auf weiß: Rakinov. Sein Herz macht einen Hüpfer vor Freude, stolperte dann und setzte beinahe aus, als er erkannte, dass auch diese Tür nur angelehnt war. Es gab wenig Zweifel, was das zu bedeuten hatte. Der schlimmste Fall, dass seine Frau nicht hier sein würde, wurde plötzlich zum besten Fall. Wenn sie hier war, hätte sie kaum die Tür offen gelassen. Es sei denn …

»Bleibt dicht zusammen, irgendwas stimmt hier nicht.« Viggo schob vorsichtig die Tür auf.

Der Wohnungsflur war ordentlich. An der Garderobe hingen Jacken, die Schuhe waren fein säuberlich aufgereiht. Es gab keine Verwüstung, keine Unordnung, keine Anzeichen für einen Einbruch.

»Hallo, ist hier jemand?«, rief Viggo in den Flur. »Hier ist Viggo, wir suchen Magda!«

Sie warteten kurz, eine Reaktion blieb aber aus. Viggos Herz verkrampfte sich. All die Hoffnung fiel in sich zusammen wie ein Kartenhaus im Wind, als die Gewissheit über ihn hereinbrach. Er ließ die Schultern hängen, machte einen Schritt zur Seite, damit die anderen beiden eintreten konnten, und ließ die Tür hinter ihnen ins Schloss fallen.

»Okay, schauen wir uns trotzdem mal um, vielleicht finden wir irgendeinen Hinweis, wo sie hin sind«, sagte Viggo.

»Meint ihr nicht, es wäre langsam mal an der Zeit, den Tatsachen ins Auge zu sehen und diesen verfluchten Ort zu verlassen?«, fragte Ljudmila.

Viggo und Alexandra schauten sie entgeistert an. Nüchtern betrachtet hatte sie wahrscheinlich recht, dachte Viggo. Aber er wollte nicht aufgeben. Noch nicht. »Nein. Wir werden uns erst umsehen!«, zischte er, und es war klar, dass er keine Widerrede duldete.

Die Wohnung war groß und modern eingerichtet. Die heruntergekommene Fassade ließ das nicht vermuten, aber Katarina und ihr Mann hatten ein gemütliches Heim für ihre kleine Familie eingerichtet. Die Wände waren weiß gestrichen, viele Gemälde und auf Leinwand gedruckte Fotografien verliehen den Räumen Farbe. Lediglich der alte Dielenboden erinnerte daran, dass das Gebäude schon viele Jahre auf dem Buckel hatte und von der Verwaltung nicht gepflegt wurde.

Ihr erster Weg führte in die Küche, wo nichts auf einen überhasteten Aufbruch oder Plünderung schließen ließ. Der Kühlschrank war bis zum Rand gefüllt, und der Inhalt reichte auf jeden Fall für ein ausuferndes Festmahl.

Im Wohnzimmer suchte Viggo nach einer Notiz, einem Zettel oder einer Info – vergebens. Das letzte bisschen Hoffnung erstarb. Es war naiv gewesen zu glauben, dass sie Magda hier würden finden können. Vermutlich war sie irgendwo auf dem Weg zwischen dem Supermarkt und Katarinas Wohnung angegriffen worden. Zwei Frauen, allein unterwegs, während die Welt im Chaos versinkt … Viggo kniff die Augen zusammen, um die Gedanken zu verscheuchen, die über ihn hereinzubrechen drohten.

»Das Kinderzimmer ist auch leer«, sagte Alexandra tonlos, als sie das Wohnzimmer betrat.

Viggo nickte, sagte aber nichts.

»Also ...«, fing Alexandra an, stockte dann aber.

Er verstand sofort, dass ihr etwas auf dem Herzen lag. »Ja, Liebes?«

»Wir haben noch nicht im Schlafzimmer nachgeschaut. Die Tür ist als einzige verschlossen, und ich ...« Sie rang ganz offensichtlich um die richtigen Worte. »... habe nur einen Schraubenzieher, um mich zu verteidigen. Ich dachte, vielleicht sollten wir das gemeinsam machen. Nur für den Fall, dass irgendwas hinter der Tür ist.«

»Sehr aufmerksam von dir«, sagte Viggo. Er bewunderte seine Tochter dafür, dass sie versuchte, sich ihre Angst nicht anmerken zu lassen. Er selbst hatte Angst. Große sogar. Davor, was sie im Schlafzimmer finden würden, oder – noch schlimmer – vor dem, was sie nicht finden würden.

Gemeinsam gingen sie zur Tür am Ende des Flures. Auch Ljudmila hatte sich ihnen wieder angeschlossen. Viggo legte ein Ohr an das Holz, horchte angespannt und sagte dann: »Nichts.«

Die Mienen von Ljudmila und Alexandra hellten sich etwas auf.

»Dann wollen wir mal nachsehen.« Viggo drehte sich noch einmal zu ihnen um und deutete auf die behelfsmäßigen Waffen in ihren Händen. »Haltet euch bereit!«

Als er die Türklinke nach unten drückte, stellten sich ihm unverzüglich die Nackenhaare auf. Es war wie ein sechster Sinn, der ihn davor warnte, dass etwas nicht in Ordnung war. Seine Beine wollten sich davonmachen. Der Drang, einfach wegzulaufen, war so stark, dass es ihm fast unmöglich erschien, ihm nicht nachzugeben. Doch sein Hirn übernahm bald wieder die Kontrolle und widersetzte sich den Signalen seines Instinkts.

Langsam schwang die Tür auf ,und sie schauten in die toten Augen von Katarina.

Sie stand drei Meter von der Tür entfernt, ihre Haare glänzten fettig, als hätte man sie mit Öl eingerieben. Ihre Haut war aschfahl, der einzig farbliche Kontrast waren die dicken Augenringe in ihrem Gesicht. An ihrem Hals hatte sie eine offene Fleischwunde, ein Teil ihrer Kehle baumelte an Fetzen hinab.

Niemand sagte etwas – dann fing Ljudmila laut an zu schreien. Katarina, die nicht mehr Katarina war, erwachte aus ihrer unnatürlichen Starre und bewegte sich mit überraschender Geschwindigkeit auf die Eindringlinge zu. Viggo konnte die Tür nicht mehr rechtzeitig zuziehen, Katarina hatte schon einen Arm hindurchgesteckt, der nun eingequetscht wurde.

»Haut ab!«, rief Viggo, während das Ungeheuer mit aller Kraft versuchte, sich durch den schmalen Spalt zu pressen.

Ljudmila hatte gar nicht erst auf die Aufforderung gewartet. Sie war bereits im Hausflur verschwunden. Alexandra hingegen sprang ihrem Vater sofort zu Hilfe. Gemeinsam zogen sie an der Klinke.

»Achtung, ich lass gleich los!«, zischte Viggo. Er wusste, dass sie dieses Spiel nicht ewig treiben konnten. Deswegen musste er es beenden.

Keine Sekunde später ließ er die Klinke los und griff mit seiner rechten Hand an den Gürtel, wo sein Hammer hing. Alexandra musste ihre ganze Kraft aufwenden, und trotzdem schob sich der lebende Körper der toten Katarina Stück für Stück durch die Öffnung. Ihrem Arm folgte die Schulter, dann die obere Hälfte des Kopfes.

Viggo hob seinen Hammer in die Luft und ließ ihn gleich darauf auf die Stirn von Katarina sausen. Der Aufprall sorgte für ein schmatzendes Geräusch, und Viggo spürte, wie er den Schädelknochen knackte. Aber das hinderte Katarina nicht daran weiterzumachen.

Viggo schlug erneut zu, und diesmal sank der Hammer sichtbar in der Stirn ein und hinterließ eine tiefe, klaffende Wunde, in der weißliche Gehirnmasse schimmerte. Katarina taumelte, und für einen kurzen Augenblick glaubte Viggo, so etwas wie Dankbarkeit in ihren Augen zu sehen. Ein Hirngespinst, nicht mehr als die romantische Hoffnung, dass in diesem Körper immer noch ein Mensch steckte – bloß gut weggesperrt wie Gefangene eines Hochsicherheitsgefängnisses. Dann sackte ihr Körper in sich zusammen, und die gerade noch grabschenden Finger gaben endlich Ruhe.

Viggo fluchte, sein Atem ging schwer. Innerhalb weniger Stunden waren sie dem Tod zweimal nur knapp von der Schippe gesprungen.

»Wir müssen hier weg, raus aus dieser Stadt«, keuchte er. »Magda ist nicht hier, sonst hätten wir sie gefunden. Vielleicht ist sie zu Hause.«

In Viggos Magen rumorte es. Er hatte in seinem Job zwar schon viele hässliche Verletzungen gesehen, aber sie selbst einem Menschen beizubringen – und das bereits zum wiederholten Mal –, hätte er sich in seinen schlimmsten Albträumen nicht ausgemalt. Auch Alexandra sah mitgenommen aus. Sie starrte auf den reglosen Arm, der noch immer in der Tür klemmte, die Klinke hielt sie fest umklammert, als würde sie befürchten, dass Katarina doch noch einmal zu sich kommen könnte. Viggo löste ihre Finger vorsichtig von dem Griff, drehte sie dann zu sich und nahm seine Tochter in die Arme, die hemmungslos zu weinen begann. Kein Wunder, das alles hier war für einen erwachsenen Menschen schon schwer zu ertragen, doch im Gegensatz zu dem fremden Typen auf der Straße hatte Alexandra gerade mit ansehen müssen, wie ihr Vater eine gute Freundin ihrer eigenen Mutter erschlagen hatte. Einen Menschen, den sie beide kannten, der einen Namen hatte, ein Leben, eine Vergangenheit. Doch nichts von alldem war jetzt noch von Bedeutung.

»Ist gut, wir werden sie schon finden«, flüsterte er, während er ihr mit der Hand über den Kopf fuhr.

Alexandra schluchzte. »Wenn sie noch lebt«, presste sie hervor.

Viggo sagte nichts. Er hätte ihr erzählen können, dass noch nichts verloren war, dass sie weder Magdas Leiche noch eine untote Magda gefunden hatten. Vielleicht hatte sie doch einen Weg aus der Stadt gefunden, war von einer flüchtenden Familie im geräumigen Van mitgenommen worden, saß längst zu Hause und machte sich schreckliche Sorgen. Alles möglich. Aber er wollte seiner Tochter keine falschen Hoffnungen machen. Er glaubte zwar fest daran, dass sie Magda finden würden, doch selbst sein unerschütterlicher Optimismus schwand von Minute zu Minute. Davon musste Alexandra allerdings nichts wissen. Es lag ganz allein in seiner Verantwortung, dass er und seine Tochter lebend aus dieser Situation herauskommen würden – und diese Verantwortung hatte er bisher bedenklich schleifen lassen. Natürlich hätte er alles getan und sich jeder Gefahr ausgesetzt, um seine Frau zu finden, doch er durfte dabei nicht weiterhin das Leben seines Kindes aufs Spiel setzen. Das musste jetzt ein Ende haben.

Als hätte das Schicksal nur auf diesen Entschluss gewartet, hörten sie einen Schrei aus dem Treppenhaus. Es war Ljudmila.

Schritte eilten die Treppe hoch, und keine Sekunde später stolperte ihre Begleiterin wieder in den Wohnungsflur. Sie zitterte am ganzen Leib und zeigte mit wilden Gesten hinter sich. »Noch mehr. Kommen … Treppe hoch!«, stammelte sie.

Viggo reagierte geistesgegenwärtig, sprintete zur Wohnungstür und schloss sie. Keinen Herzschlag zu früh, denn im nächsten Augenblick prallten die Infizierten gegen die Tür wie Vögel gegen ein Fenster. Das Holz ächzte gefährlich unter der Last der vielen Körper, die sich von der anderen Seite mit aller Kraft dagegenstemmten.

»Schnell, packt mit an!«, rief Viggo und schob den Schuhschrank vor die Tür.

Gemeinsam mit Alexandra schnappte er sich alles an Plunder und hievte so viele Möbel in den Flur, wie er nur tragen konnte, um den Eingang zu blockieren. Der Ansturm ließ zwar nicht nach, aber vorerst waren sie sicher. Sie saßen allerdings auch in der Falle, denn es war nur eine Frage der Zeit, bis das Material mürbe werden und nachgeben würde. Dann versperrten nur noch ein paar Möbel der mörderischen Meute den Weg.

Ljudmila hatte ihnen nicht geholfen. Sie stand noch immer wimmernd im Flur, hatte sich keinen Zentimeter gerührt. Viggo stürmte auf sie zu und packte sie bei den Schultern. »Wie viele?«, fragte er und schüttelte sie. »Wie viele von denen stehen vor unserer Tür?«

Aber Ljudmila antwortete nicht. Ihre nassen Augen starrten ins Leere, und Viggo erkannte, dass sie gerade an einem anderen Ort war und sie nicht auf ihre Hilfe zählen konnten.

Sie brachten sie ins Wohnzimmer, das bis auf die Couch fast leer war. Sie hatte nicht durch die Tür gepasst und war deshalb kein Teil der improvisierten Barrikade geworden. Ljudmila ließ sich widerstandslos dirigieren und plumpste letztlich wie ein nasser Sack auf das Sofa.

»Das war's mit uns, oder?«, wollte Alexandra wissen.

Viggo sah sie ernst an und entschied, dass seine Tochter die Wahrheit verdient hatte. »Zumindest fällt mir gerade nicht ein, wie wir hier wieder rauskommen«, sagte er. »Hast du vielleicht eine Idee?«

Alexandra schüttelte den Kopf. »Solange sie nicht reinkommen und wir nicht rausgehen, sind wir aber immerhin sicher.«

»Den Pragmatismus musst du von deiner Mutter haben«, sagte Viggo, ehe er wirklich darüber nachdenken konnte, was er da von sich gab. Er verstand es durch das traurige Lächeln, das bei Magdas Erwähnung über Alexandras Gesicht huschte. Sie zuckte nur mit den Schultern und drehte ihm den Rücken zu, um auf die Barrikade zu deuten.

»Ob sie vielleicht irgendwann die Lust verlieren?«, überlegte Alexandra laut.

»Möglich«, erwiderte Viggo. »Aber wir sollten trotzdem Vorkehrungen treffen.«

Sie räumten alles, was der Kühlschrank hergab, ins Wohnzimmer. Es wäre zwar praktischer gewesen, das ganze Teil samt Inhalt rüberzutragen, doch es handelte sich um ein Einbaugerät, das trotz Ruckeln und Ziehen nicht aus seinem Schrank wollte. Zusammen mit den Broten und den Wasserflaschen aus dem Rucksack hatten sie aber gute Voraussetzungen, eine Zeit lang durchzuhalten, bis die Viecher da draußen aufgeben würden oder einfach vergessen hatten, was sie hinter der Tür überhaupt wollten. Als letzten Akt schoben sie eines der massiven Bücherregale vor die Wohnzimmertür.

»Wenn sie es durch die Tür und über die erste Barriere schaffen, verlieren sie vielleicht bei der zweiten das Interesse«, kommentierte Viggo, als er die getane Arbeit betrachtete. »Und wenn sie das Interesse nicht verlieren: Mit unseren Vorräten sollten wir ein paar Tage auskommen, und wenn jemand auf die Toilette muss, können wir das Regal wieder abrücken. Solange sie noch nicht in der Wohnung sind, versteht sich.«

»Und was machen wir, wenn uns die Vorräte ausgehen?«, wollte Alexandra wissen.

»Bis dahin habe ich hoffentlich eine Idee«, sagte Viggo.

Er musste an Szenen aus Comics denken, in denen Gefängnisausbrecher Bettlaken zusammenknoteten, um zu entkommen. Allerdings verwarf er den Gedanken sofort wieder – das würde doch in der Realität nie und nimmer funktionieren. Einfach springen konnten sie auch nicht, dazu waren sie zu weit oben. Der Aufprall würde sie wahrscheinlich nicht töten, ihnen aber mindestens ein paar Knochenbrüche bescheren, was einem Todesurteil auf Raten gleichkam.

Viggo drehte sich zum Fenster. Vom Schlafzimmer nebenan ging ein Balkon ab, der in Richtung des Innenhofs zeigte. Sie konnten versuchen, sich von Balkon zu Balkon zu hangeln. Ein schwieriges Unterfangen, aber auf den Versuch würde er es ankommen lassen, sollten die Viecher wirklich vor dem Wohnzimmer stehen. Bis dahin aber wollte er kein unnötiges Risiko eingehen. Vielleicht verschwanden sie ja auch von allein.

»Und womit soll ich mir die Zeit vertreiben?« Alexandra hatte sich im Schneidersitz auf den Boden gesetzt.

Viggo sah erst seine Tochter, dann das Bücherregal an. Sie verstand den Wink mit dem Zaunpfahl, zuckte mit den Schultern, schnappte sich den erstbesten Roman und begann zu lesen.

Bis zum Einbruch der Dämmerung hatte Ljudmila sich langsam wieder beruhigt, aber noch kein Wort gesprochen. Ganz im Gegensatz zu den Infizierten vor der Wohnung: Die veranstalteten nach wie vor einen Krach, der immer mehr von ihresgleichen anlocken musste. Ihr Gekreische würde Viggo sicherlich bis in seine Träume verfolgen, und er wusste nicht, wie er heute Nacht ein Auge zumachen sollte.

Alexandra hatte sich in einen Liebesroman vertieft, Viggo selbst hatte seine Nase tief in eine Horrorgeschichte von Stephen King gesteckt, konnte aber keinen Absatz zu Ende lesen. Seine Gedanken waren immer noch bei dem Typen, dem er das Messer ins Auge gerammt hatte.

Viggo war niemand, der seine Konflikte mit Gewalt löste. Selbst in der Schule war er jeder Schlägerei aus dem Weg gegangen und hatte sich lieber als »Weichei« hänseln lassen, als sich mit jemandem zu prügeln. Für ihn war Gewalt ein Eingeständnis von Schwäche. Wer seine Probleme auf diese Weise lösen musste, konnte nicht im Recht sein.

Und nun hatte er jemandem eine Klinge ins Auge gerammt.

Natürlich hatte er einen guten Grund dafür: die Unversehrtheit seiner Tochter und sein eigenes Leben. Und er wusste, dass es keine andere Lösung gegeben hatte. Auch ein Mahatma Gandhi oder Martin Luther King wäre da mit Worten allein nicht weitergekommen. Trotzdem empfand er Ekel bei dem Gedanken, was er getan hatte. Er hatte einen anderen Menschen dem Tod überlassen.

Notwehr, musste er sich immer wieder sagen. Es war Notwehr, und das würde ihm auch jeder Richter so bescheinigen, betete er fast schon mantraartig vor sich hin. Er hoffte, dass die Erschöpfung ihn irgendwann von den quälenden Gedanken erlösen und er einschlafen würde. Aber darauf hoffte er vergebens. Die Stimmen in seinem Kopf wollten nicht nachgeben und die Stimmen der Untoten vor der Wohnung nicht aufgeben. Immerhin war Alexandra irgendwann über dem Buch eingeschlafen, und auch Ljudmilas Kopf war auf ihre Brust gesunken.

Viggo ging zum Fenster und blickte hinaus in die Dunkelheit. Die Straßenlaternen funktionierten nicht mehr, und es gab keine neuen Brände in der Ferne, die für einen zuckenden Lichtpunkt in der Schwärze gesorgt hätten. Dank der Finsternis hatte man aber einen wunderbaren Blick auf den Sternenhimmel über der Stadt. Die Sterne leuchteten so klar, wie man es sonst nur draußen in der Natur erlebte, wenn keine Lichtquellen den Himmel verunreinigten. Schnell entdeckte er den Großen Wagen und anschließend den Nordstern, der hell am Himmelszelt stand. Kapitäne hatten ihn zum Navigieren auf offener See genutzt – natürlich bevor es Satelliten und Radar gab. Nun, dachte Viggo, könnte es gut sein, dass der Himmelskörper zu altem Ruhm gelangen würde. Zumindest wenn man nicht über einen Kompass verfügte.

Viggo hätte die Ruhe beinahe genießen können. Es gab keine Sirenen mehr, keine Explosionen, keine Schreie – es hätte ihm geradezu friedlich vorkommen können, wäre da nicht das Gekreische und Gestöhne der Untoten vor der Tür gewesen. Auch wenn es schon Stunden anhielt, konnte er es doch noch immer nicht ausblenden.

Er drehte sich um, lehnte sich an die Fensterbank und sah Alexandra an, die tief und fest schlief. Wie lange sie hier wohl festsitzen würden, wenn nicht noch ein Wunder geschah? Ein Wunder in Kevlar-Rüstung, bewaffnet mit einer Kettensäge, die sich durch die Infizierten gräbt. Das würde ihm gut gefallen. Aber ohne so einen Retter würden sie sehr viel Glück brauchen, um hier irgendwie wieder rauszukommen.

Die Chancen, ohne einen Knochenbruch über den Balkon zu entwischen, standen äußerst schlecht. Viggo war nie gut in Mathe gewesen, sonst hätte er die Wahrscheinlichkeit vielleicht ausrechnen können, mit der sie sich ein Bein brechen würden, aber er beließ es bei dem Gedanken.

»Wir leben wohl noch«, murmelte Alexandra und rieb sich den Schlaf aus den Augen. Die ersten Sonnenstrahlen bahnten sich ihren Weg in das leer geräumte Wohnzimmer.

»Gerade so«, erwiderte Viggo trocken. Er hatte die Nacht in unruhigem Halbschlaf neben Ljudmila auf der Couch verbracht. »Die Biester haben aber immer noch nicht aufgegeben.«

Vom Hausflur aus dröhnten die zermürbenden Geräusche zu ihnen. Ljudmila rührte sich jetzt ebenfalls, massierte die verspannten Schultern mit der rechten Hand. Die Enttäuschung über ihren unveränderten Zustand stand ihr ins Gesicht geschrieben.

»Wir können hier drin zwar problemlos ein paar Tage ausharren«, sagte Viggo und zeigte auf den Lebensmittelvorrat, »aber ich glaube nicht, dass unsere Barrikade noch so lange halten wird. Und ich möchte es ehrlich gesagt auch nicht herausfinden.«

Alexandra nickte. »Also brauchen wir einen Plan.«

»Genau«, sagte Viggo. »Und etwas zu essen.«

Sie sammelten sich aus den Vorräten ein dürftiges Frühstück zusammen. Es gab kalten Instant-Kaffee und Wasser, ein paar Schnittchen und Äpfel, die schon langsam weich wurden. Kein Gourmetessen, aber besser als eine Lagebesprechung auf leeren Magen allemal.

Als das recht karge Frühstück beendet war, hatten sie ihre wenigen Optionen durchgesprochen. Sie konnten einfach warten, sie konnten über den Balkon zu flüchten versuchen, oder sie konnten kämpfen. Alle drei Möglichkeiten erschienen Viggo wie der sichere Untergang. Er ging in den Flur, um sich ein Bild von ihrer aktuellen Lage zu machen. Die Untoten vor der Tür drängten unerlässlich dagegen, als wüssten sie, dass die drei da drinnen wie Mäuse in einer Falle saßen. Zum Glück waren sie ziemlich dumme Kammerjäger, die den Öffnungsmechanismus für die Falle vergessen hatten – das ließ sich aber mit etwas roher Gewalt und Zeit beheben.

Und ihr Ehrgeiz zeigte langsam Wirkung. Der Türrahmen bekam erste Risse, das Holz splitterte hier und dort, und oben bog sich die Tür bedrohlich in die Wohnung hinein. Bald würde das Material der Dauerbelastung nachgeben und zerbrechen, daran bestand kein Zweifel mehr. Und die Möbel, die sie davorgeworfen hatten, waren nicht mehr als ein nerviger Hindernislauf für die Viecher.

Viggo war wenig motiviert, den Abstieg über den Balkon zu wagen. Das Risiko, dass etwas schiefging, war einfach zu groß. Warten kam beim Anblick der Tür auch nicht infrage. Viel mehr als ein paar Stunden blieben ihnen nicht mehr. Die letzte Option wäre es zu kämpfen – aber da standen ihre Chancen noch weitaus schlechter.

Er ging zurück ins Wohnzimmer und verkündete seine Entscheidung: »Wir müssen es über den Balkon versuchen, die Tür wird nicht mehr lange standhalten.«

Viggo hatte es nicht für möglich gehalten, aber Ljudmila wurde noch ein kleines bisschen bleicher im Gesicht – zumindest bildete er sich das ein.

»Und wie sollen wir das bewerkstelligen? Haben wir eine Bergsteigerausrüstung?«, fragte Alexandra.

Viggo ärgerte der Sarkasmus seiner Tochter. Er hatte aktuell keine Nerven für solche Sticheleien, schluckte seinen Ärger aber runter und antwortete: »Nein, wir werden wohl kreativ sein müssen.«

Die nächste Stunde verbrachten sie damit, die Wohnung auf den Kopf zu stellen. Alexandra fing an, Bettlaken miteinander zu verknoten und sie einem Belastungstest zu unterziehen, indem sie und Ljudmila an beiden Enden zogen. Sie waren noch nicht ganz zufrieden, weshalb sie eifrig weitertüftelten.

Und im Gegensatz zu Viggo hatten sie zumindest eine konkrete Idee. Der wühlte sich gerade durch die Abstellkammer in der Hoffnung auf ein Abschleppseil oder irgendwas Vergleichbares, das man sich um die Hüfte knoten konnte, um sich dann von Balkon zu Balkon zu hangeln. Der Plan war zwar nicht, sich die komplette Strecke nach unten einfach abzuseilen. Aber wenn er da runterkletterte, wollte er zumindest ein Sicherheitsnetz haben. Wieso jemand allerdings Seile in einer Mietswohnung aufbewahren sollte, konnte er sich auch nicht beantworten. Das war idiotisch. Seine ganze Suche war idiotisch!

Einweggläser, ein Staubsauger, ein Wischmop, Putzmittel, Weihnachtsdeko – alles, bloß kein Seil. Dafür viele Meter Geschenkband in allen erdenklichen Farben, na herzlichen Dank auch! Gerade als Viggo sich darüber ärgerte und überlegte, wo man wohl noch suchen könnte, hörte er die Tür bedrohlich ächzen. Offensichtlich angespornt von ihrem Erfolg, wurden die Schreie der Infizierten wieder lauter, und der Druck auf die Tür erhöhte sich nochmals. Viggo wusste, dass die Zeit für Pläne vorbei war. Sie mussten nun mit dem auskommen, was sie hatten.

Er rannte zurück ins Wohnzimmer, wo Ljudmila und Alexandra die Bettlaken neu verknotet hatten und stolz auf ihr Ergebnis schauten. Es waren vier hellblaue Laken, lang genug, um gerade so zwei Stockwerke zu überbrücken.

»Besser als nichts«, kommentierte Viggo. «Und keine Sekunde zu früh, die Biester sind gleich durch.«

Gemeinsam eilten sie ins Schlafzimmer, in dem sie Katarina vorgefunden hatten. Natürlich lag sie auch jetzt noch da und starrte mit blicklosen Augen ins Nichts, niemand hatte daran gedacht, sie vielleicht ein wenig würdevoller zu positionieren.

So weit war es schon gekommen, dachte Viggo. Von einem Tag auf den anderen wurden solche Dinge belanglos. Auf der anderen Seite mussten sie sich ihre Menschlichkeit allerdings auch für die aufheben, die noch etwas mit ihr anfangen konnten: Menschen nämlich. Das Ding auf dem Fußboden war kein Mensch mehr, und wenn sie nicht selbst als Monster enden wollten, mussten sie sich beeilen.

Viggo stieg über den Leichnam hinweg und rüttelte an der Balkontür. Nichts. Sie musste verschlossen sein, was mit einem kleinen Jungen im Haushalt auch durchaus Sinn ergab. Panisch sah er sich nach einem Schlüssel um, während das Krachen hinter ihnen immer lauter wurde, durchwühlte die Nachtschränke und Schubladen. Er wollte schon nach etwas suchen, mit dem er die Scheibe einschlagen konnte, da spürte er einen kalten Luftzug. Alexandra stand in der offenen Balkontür.

»Du hast den Türgriff nur in die falsche Richtung gedreht.«

Große Erleichterung machte sich breit, und sie traten hinaus auf den Balkon. Es war ein frischer, aber schöner Morgen. Die Sonne kämpfte sich langsam über den Horizont, und ein leichter Wind spielte mit ihren Haaren. Viggo atmete tief ein – dann hörte er ein lautes Krachen hinter sich und schloss geistesgegenwärtig die Balkontür.

»Schnell, sie haben die Tür aufbekommen«, sagte er.

»Ich will als Erstes.« Seit Stunden hatte Ljudmila nichts mehr gesagt, und ausgerechnet jetzt meldete sie sich zu Wort.

Viggo und Alexandra sahen sie überrascht an. Viggo war sich nicht sicher, ob Ljudmila sie nicht wieder im Stich lassen würde, wie vorhin bei Katarina, doch letztlich kam es darauf jetzt auch nicht mehr an. Der Lärm in der Wohnung wurde immer lauter. Er konnte hören, wie die Infizierten über die Barrikade kletterten oder sie mit ihrem Pulk aus Körpern einfach beiseiteschoben.

»Wie du willst«, sagte Viggo. Runter mussten sie schließlich alle, und er wollte jetzt keinen Streit anfangen, wer als Erstes durfte. Sie hatten keine Zeit mehr, um zu diskutieren.

Ljudmila band sich das eine Ende der Bettlakenkonstruktion um die Hüfte, das andere Ende befestigten sie am Metallgitter des Balkons. Es hatte bereits etwas Rost angesetzt und war nicht unbedingt vertrauenerweckend, aber es war ja nicht so, als hätten sie eine Wahl.

Viggo kontrollierte noch mal jeden Knoten und gab dann grünes Licht. Vorsichtig schwang Ljudmila ein Bein über die Brüstung und sah dann nach unten. Wenn sie abrutschte, würde sie gute zehn Meter in die Tiefe stürzen.

»Versuch dich an den Metallstreben nach unten zu hangeln«, sagte Viggo. »Wenn du den ersten Balkon erreicht hast, löst du den Knoten, und ich lass Alexandra runter. Balkon für Balkon, wenn wir eine Etage tiefer sind, haben wir schon viel gewonnen. Ich glaube nicht, dass die Viecher gute Kletterer sind.«

Die Balkone waren mit langen Metallsäulen verbunden, die der ganzen Konstruktion wohl etwas mehr Halt geben sollten. Mit etwas Geschick würden sie wie an einer Feuerwehrstange von Balkon zu Balkon rutschen können.

Ljudmila zog auch das andere Bein nach und stand jetzt mit dem Rücken zum Innenhof.

»Viel Glück«, sagte Alexandra, dann machte sich Ljudmila an den Abstieg.

Viggo und Alexandra behielten sie die ganze Zeit im Auge. Ljudmila ließ sich vorsichtig am Balkongeländer hinab und hatte jetzt eine der dicken Metallsäulen mit Armen und Beinen umklammert. Es waren vielleicht noch dreißig Zentimeter, bis sie das Geländer des Balkons eine Etage tiefer mit den Fußspitzen berühren würde. Aber es waren gefährliche dreißig Zentimeter.

Sie ließ Arme und Beine locker und fing langsam an zu rutschen. Im Nachhinein würde Viggo oft an diesen Moment zurückdenken. Erst ging ihm alles viel zu langsam, doch dann passierte es: Ljudmilas linker Fuß suchte nach Halt auf dem abgerundeten Geländer, fand ihn, Erleichterung machte sich auf ihrem Gesicht breit, nur um kurz darauf von blankem Entsetzen davongefegt zu werden. Ihr Fuß rutschte auf dem noch vom Morgentau glatten Geländer ab, sie verlor das Gleichgewicht.

Wie ein nasser Sack kippte sie nach hinten, ihre Hände ruderten in der Luft, konnten aber keinen Halt finden. Das Bettlaken wurde auf Spannung gezogen, hielt kurz, doch dann löste sich der Knoten zwischen dem zweiten und dritten Laken.

Viggo und Alexandra schrien, Ljudmila war still. Das einzige Geräusch von ihr war das plumpe Aufklatschen, als sie nach einigen Metern auf dem asphaltieren Boden zwischen Mülltonnen aufkam. Sie regte sich nicht mehr. Ihr rechtes Bein war mehrfach verdreht.

Später würde Viggo sagen, dass Ljudmila großes Glück im Unglück hatte. Sie war zuerst mit dem Hinterkopf aufgekommen, was sie davor bewahrte, zurückzukehren als etwas … anderes. In diesem Augenblick dachte Viggo aber nur: »Zum Glück waren es nicht wir.« Ein Gedanke, für den er sich schämte. Aber er war ehrlich. Es ging nur darum, wie er und seine Tochter sicher von diesem Balkon herunterkommen konnten.

Hinter ihm wurde der Tumult lauter. Er drehte sich um und konnte durch die gläserne Balkontür sehen, dass die Horde nun im Schlafzimmer stand. Als die lebenden Toten in einer großen Welle gegen die Scheibe brandeten, machte sein Herz einen Satz. »Zum Glück haben sie vergessen, wie man Türgriffe benutzt«, dachte Viggo, während die Leiber sich gegenseitig an das Glas drückten. Lange würde es nicht standhalten.

Er fuhr herum. »Wir haben keine Zeit, wir müssen es ohne Bettlaken versuchen.«

Alexandra antwortete nicht. Sie starrte nur nach unten, auf den Haufen, der von der Frau übrig war, die sie die letzten Stunden begleitet hatte.

»Ich gehe vor und helfe dir dann«, sagte Viggo.

Er schwang ein Bein über das Geländer. Säße ihnen der Tod nicht so im Nacken, hätte er vielleicht gezögert, aber so machte er sich gleich an den Abstieg. Er ließ sich an den Streben des Geländers hinab und umklammerte dann einen der großen Metallpfähle. Ähnlich wie Ljudmila ließ er sich wie ein Feuerwehrmann ein kleines Stück hinabrutschen, bis sein Fuß Halt auf dem Geländer fand.

Da er gesehen hatte, was passierte, wenn man zu leichtsinnig war, rutschte er noch ein gutes Stück weiter an der Säule hinab, bis beide Füße festen Halt auf dem taufeuchten Geländer hatten. Mit einem beherzten Sprung schaffte er es auf den Balkon.

»Okay, komm jetzt nach!«, rief er nach oben und beugte sich dabei weit vor, damit Alexandra ihn sehen konnte.

Sie hatte ihm wohl sehr genau dabei zugesehen, wie er die Kletterpartie bewerkstelligt hatte, allerdings fiel es ihr wesentlich schwerer, weil sie kleiner und schwächer war. Viggo hatte ein gutes Stück Strecke einfach mit seiner Körpergröße wettmachen können.

Gerade als sie komplett über das Geländer geklettert war und mit dem Abstieg begonnen hatte, hörten sie Glas splittern. Es war die Balkontür. Alexandras Augen wurden groß.

»Schneller!«, brüllte Viggo und streckte ihr seine Hände entgegen, um sie zu packen, sobald sie in Reichweite kam. Sie konnten deutlich hören, wie sich der Balkon füllte, und nur einen Augenblick später fielen die ersten Körper an ihnen vorbei. In ihrer Gier nach einer Mahlzeit hatten sie sich zu weit über das Geländer gelehnt oder wurden von Nachrückenden einfach darübergedrängt.

Alexandra, die jetzt zwischen den Balkonen der dritten und zweiten Etage hing, fing wieder an zu schreien, als sie merkte, wie die Infizierten einfach neben ihr herabfielen. Es glich einem Wunder, dass keiner der Infizierten sie im Flug zu packen bekam oder sie streifte, sodass sie mit herabgerissen worden wäre. Sie rührte sich allerdings auch nicht, Viggo sah nur, wie ihre Arme heftig unter der ungewohnten Anstrengung zu zittern begannen.

»Weiter!«, spornte Viggo seine Tochter an, um sie aus der Lethargie zu reißen. »Kümmere dich nicht um sie! Du musst weiterklettern!«

Alexandra kam wieder zu sich und beruhigte sich so weit, dass sie sich weiter herabgleiten lassen konnte, hatte aber Probleme, einen Halt auf dem Geländer zu finden. Viggo umklammerte ihre Oberschenkel und zog sie Stück für Stück auf den Balkon. Alexandra weinte dicke Tränen, als sie in seine Arme fiel, aber sie waren in Sicherheit – zumindest für einen kurzen Augenblick.

Viggo wusste, dass sie keine Zeit hatten, weiter an den Balkonen herunterzuklettern, während sich die Zombies von da oben wie Selbstmordpiloten auf einen Flugzeugträger stürzten. Irgendwann würde sie einer erwischen und mit herunterreißen. Außerdem musste der Lärm andere Ungeheuer anlocken.

Er nahm einen der Blumenkübel, der noch unbepflanzt ein trostloses Leben auf dem Balkon fristete, und schlug damit die Glasscheibe der Tür ein. Er griff durch das Loch in der Scheibe, fummelte kurz, fluchte und biss sich auf die Lippe, erwischte dann aber den Türgriff.

»Bleib dicht hinter mir«, sagte Viggo.

Alexandra nickte.

Dann öffnete er die Tür, und sie liefen los. Die Wohnung hatte den gleichen Schnitt wie Katarinas, was die Orientierung einfacher machte. Sie schauten nicht nach links oder rechts, sondern nur auf die angelehnte Wohnungstür.

Viggo stieß sie auf und rannte dann gleich das Treppenhaus runter, versicherte sich aber, dass Alexandra immer noch hinter ihr war. Von oben konnten sie Schreie und Grunzen hören, offensichtlich hatte es nicht die ganze Meute in die Wohnung geschafft. Viggo fluchte, als er merkte, dass sie die Treppe viel zu laut hinunterpolterten und sich über ihnen etwas in Bewegung setzte. Sie hatten ihre Verfolger zwar ausgetrickst, aber noch nicht abgeschüttelt.

Als wäre der Teufel persönlich hinter ihnen her, rannten sie das Treppenhaus hinab, gefolgt vom Heulen der Zombies. Viggo nahm nur jede zweite Stufe, und die Lücke zwischen Alexandra und ihm wurde immer größer. Als er unten angekommen war, schien die Rettung in greifbarer Nähe. Er suchte nach dem Autoschlüssel und fand ihn in seiner linken Hosentasche.

Als auch Alexandra unten ankam, gab er ihr das Zeichen, nicht stehen zu bleiben, und drückte ihr wie einem Staffelläufer den Schlüssel in die Hand.

»Lauf vor und steig ein!«

Er wollte ihr den Rücken freihalten, sollten die Viecher sie einholen. Und als sie gerade durch die Haustür auf die Straße liefen, warf Viggo noch mal einen Blick über die Schulter und konnte eine Flutwelle aus Leibern sehen, die durch den Flur walzte.

»Schneller!«, spornte er seine Tochter an.

Das Auto stand vielleicht dreißig Meter vom Hauseingang entfernt, doch heute kamen Viggo diese dreißig Meter wie eine Marathonstrecke vor. Er hatte das Gefühl, den toten Atem seiner Verfolger im Nacken spüren zu können. Fest umklammerte er seinen kleinen Hammer, auch wenn er jetzt eigentlich eine Kettensäge hätte brauchen können.

Alexandra war beim Wagen angekommen und friemelte mit zittrigen Fingern am Schloss herum. Viggo hastete auf sie zu wie ein Hundert-Meter-Läufer auf die Ziellinie. Letzte Reserven, von denen er nicht gewusst hatte, dass er sie besaß.

Endlich gelang es Alexandra, die Fahrertür zu öffnen, und sie sprang ins Innere. Viggo war direkt hinter ihr, zog die Tür hinter sich zu. Das Knallen der Tür und der Aufprall der Zombies passierten zeitgleich, die Geräusche waren kaum voneinander zu unterscheiden. Die Masse an Körpern brachte das Auto in eine gefährliche Schieflage, brach sich aber gleich wie eine Welle, die sich ihren Weg bahnte.

Viggo verriegelte die Tür von innen. Sie waren in Sicherheit, saßen aber schon wieder in der Falle.

Völlig verkrampft kauerten sie in ihren Sitzen und konnten nichts anderes sehen als leblose Gesichter und Hände, die sich gegen die Fensterscheibe pressten. Keinen Himmel, keine Häuser – nur Untote, denen man einen Leckerbissen vor die Nase hielt, den sie unbedingt haben wollten.

Viggo hatte versucht, einfach davonzufahren, aber schon nach wenigen Metern hatten sich die überfahrenen Körper so in den Reifen verkeilt, dass sie keinen Halt mehr auf dem Asphalt fanden und durchdrehten.

»Scheiße!«, schrie Viggo und schlug gegen das Lenkrad.

»Du blutest«, sagte Alexandra.

»Was?«

»Du blutest«, wiederholte sie. »Da an der Hand.«

Sie hatte recht. Quer über seinen linken Handrücken zog sich ein feiner Schnitt. Vor lauter Adrenalin hatte er den Schmerz gar nicht gespürt.

»Muss passiert sein, als ich die Balkontür eingeschlagen habe«, vermutete Viggo. Er wickelte ein Stück Stoff, das er von seinem Unterhemd abriss, um die Wunde. Das musste vorerst reichen.

»Wir kommen nicht raus und die nicht rein«, fasste er anschließend zusammen. »Irgendwelche Ideen?«

Alexandra schüttelte den Kopf. »Wir können wohl nur abwarten. Da raus gehe ich auf keinen Fall.«

Einen besseren Plan hatte Viggo auch nicht parat. »Ist alles in Ordnung, Liebes?«, fragte er vorsichtig und streckte den unverletzten Arm aus, um ihn seiner Tochter auf die Schulter zu legen.

Alexandra sah zu ihm herüber, schluckte, nickte dann aber. Sie sah mitgenommen aus, tiefe Schatten lagen unter ihren Augen, die Haare waren zerzaust. Aber wen wunderte das? Wahrscheinlich bot er keinen besseren Anblick.

Er betätigte noch einmal das Gaspedal, doch die Reifen drehten wieder nur durch. Ihr Auto stand auf einem Berg aus Leichen, und die Traube der restlichen Untoten würde nur weitere Infizierte anlocken, die auch einen Teil der Beute abhaben wollten.

Viggo nahm den Fuß vom Gas. Es hatte keinen Sinn, hier weiter unnötig Benzin zu vergeuden. Stattdessen kramte er eine Kassette aus dem Handschuhfach und schob sie in den Schlitz. Es waren alte Klassiker von Elvis, den Eagles und einer Band, deren Namen er vergessen hatte, deren Song er aber auswendig kannte. Die Musik half ein bisschen, den Krach der Zombies auszublenden und der Realität zu entkommen.

Auch wenn es kein sicherer Käfig war, ließ der Stress, der seit dem Betreten von Katarinas Wohnung ihr ständiger Begleiter gewesen war, langsam nach. Viggo konnte langsam begreifen, was passiert war. Es tat ihm leid um Ljudmila. Er hatte die Frau nicht wirklich gemocht, hatte sie sich doch aus jedem Problem rausgehalten und immer bloß an ihre eigene Sicherheit gedacht. Doch so ein Ende hatte sie trotzdem nicht verdient. Jetzt lag sie im Hinterhof eines heruntergekommenen Wohnkomplexes und verweste in der Sonne. Krähen würden sich an ihren Überresten gütlich tun oder – noch viel schlimmer – die Infizierten, sobald sie sie gefunden hatten.

Viggo schielte auf den Beifahrersitz zu Alexandra, die tatsächlich weggedöst war. Eine beachtliche Leistung, wenn man mal die Kulisse um sie herum berücksichtigte. Für den Augenblick waren sie aber sicher, deshalb schloss auch Viggo die Augen. Einen kurzen Moment abschalten und durchatmen, bevor er sich den Kopf darüber zerbrechen konnte, wie es weitergehen sollte. Ob es überhaupt irgendwie noch weitergehen würde.

Seine Gedanken schweiften zu seiner Frau. Er dachte an vergangene Urlaube, gemeinsame Abende auf der Couch. Abende wie der, der ursprünglich für den verhängnisvollen Tag geplant war, an dem das Leben aller hier in der Stadt komplett auf den Kopf gestellt worden war.

Wo Magda jetzt wohl war?

Viggo konnte nur hoffen, dass sie es irgendwie aus der Stadt geschafft hatte. Dieser Ausflug war ein großer Fehler gewesen. Er war viel zu naiv an die ganze Sache herangegangen, und er hätte Alexandra niemals mitnehmen dürfen. Aber wer hätte auch damit rechnen können, dass es so schnell bergab geht? Dass die Situation überhaupt so komplett außer Kontrolle geraten konnte, kam ihm völlig absurd vor. Sein ganzes Leben lang hatte es eine Polizei gegeben, die für Recht und Ordnung sorgte. Nun war von der weit und breit nichts mehr zu sehen.

Während Viggo über solche Dinge brütete, dämmerte er langsam weg und fiel in einen leichten Schlaf. In seinen Träumen wurde er von Infizierten heimgesucht, die Alexandra entführten. Er versuchte sie zu verfolgen, trat aber nur auf der Stelle. Dann verfolgte ihn der Verbrecher, den er auf der Straße überwältigt hatte. Das Messer steckte noch im Auge und zuckte bei jeder Bewegung hin und her. Irgendwie gelang es Viggo, ihn abzuwimmeln. Er lief einen langen Flur hinab, von dem links und rechts Zimmer abgingen. Er war im Krankenhaus, wo alles angefangen hatte, kauerte sich hinter ein Patientenbett und hoffte, dass der Irre ihn nicht fand.

Plötzlich hörte er Knallgeräusche. Schnell hintereinander, als hätte jemand mehrere Böller gezündet. Er brauchte einen Moment, bis er realisierte, dass die Knallgeräusche kein Teil des Traums waren. Er schrak hoch und sah, dass auch Alexandra wieder aufgewacht war.

»Was ist …?«, wollte er fragen, erkannte dann aber selbst, was passierte.

Die Infizierten fielen wie die Fliegen. Blut und Gehirnmasse spritzten umher und nahmen den Autoinsassen die Sicht auf das Geschehen. Nach kurzer Zeit mussten sie sich völlig auf ihr Gehör verlassen.

Die Salven hielten an, dann splitterte Glas, Alexandra schrie. Das waren keine Böller. Irgendjemand schoss auf die Belagerer und hatte dabei eine der Autoscheiben erwischt.

»Duck dich!«, rief er und schützte seinen Kopf mit den Armen. Alexandra tat es ihm gleich. Vornübergebeugt harrten sie aus, während um sie herum die Kugeln flogen. Wie durch ein Wunder traf keine weitere den Wagen, wahrscheinlich hatte sich die Horde vom Lärm aufgescheucht abgewandt. Irgendjemand da draußen rettete ihnen gerade das Leben. Viggo hoffte nur, dass sie keinen hohen Preis dafür würden zahlen müssen.

Nach wenigen Augenblicken, die Viggo wie Stunden vorkamen, wurden die Schüsse seltener, dann verhallten sie ganz. Im Pick-up breitete sich eine gespenstische Stille aus, in der nur ihr beider Atmen zu hören war, pfeifend und schnell. Viggos Herz raste.

»Sind wir jetzt die Nächsten?«, fragte Alexandra in die Stille hinein. Dann hörten sie, wie sich Schritte dem Auto näherten.

Etwas klopfte metallisch gegen die Scheibe, Blut und sonstige Überreste wurden beiseitegewischt, dann starrten sie in den Lauf eines Maschinengewehrs. Es klopfte erneut. Mit schweißnassen Fingern umfasste Viggo die Fensterkurbel. Ihm war klar, dass sie ein Lebenszeichen von sich geben mussten, dass sie dem Besitzer dieses Maschinengewehrs sehr schnell und unmissverständlich zu verstehen geben mussten, dass sie Menschen waren, von denen keine Gefahr ausging, wenn sie nicht durchsiebt werden wollten.

Trotzdem zitterte seine Hand so stark, dass er mehrmals von der Kurbel abrutschte, ehe er es schaffte, das Fenster ein paar Zentimeter herunterzulassen. Sofort schob sich der Waffenlauf durch den schmalen Schlitz.

»Kommt raus und lasst die Hände gut sichtbar!«, befahl ihnen eine junge Stimme.

»In Ordnung, ja, sofort!«, stammelte Viggo und öffnete ganz langsam Millimeter für Millimeter die Tür. Zuerst streckte er die Hände raus, damit ihr Retter sehen konnte, dass er unbewaffnet war, dann schob er vorsichtig das linke Bein nach. Sein Fuß musste eine Weile herumtasten, bis er zwischen den ganzen Leichen auf festen Boden traf. Viggo trat auf und spürte eine glitschige Masse unter seinen Sohlen hervorquillen. Er schluckte, kämpfte die Übelkeit nieder und hievte den Rest seines Körpers mit erhobenen Armen aus dem Auto. Alexandra folgte ihm.

Die Gewehrsalven hatten ein Massaker angerichtet, der Boden war mit Leichen und Innereien übersät. Auch wenn Viggos Magen rebellierte, es hätte auf der Welt gerade keinen schöneren Anblick geben können als die toten Zombies und den Gewehrlauf ihres Retters, der noch immer auf sie gerichtet war.

Es war nicht die Polizei, auch kein Rambo mit AK im Anschlag und Patronengurt über der Brust. Es war die Armee. Ein junger Bursche in Flecktarnuniform stand vor ihnen, zwei Kameraden in gleicher Uniform wenige Schritte hinter ihm vor einem Panzerfahrzeug mit montiertem Maschinengewehr, das wohl für das schnelle Sterben der Infizierten verantwortlich war. Wie sie es geschafft hatten, den Pick-up nur einmal zu treffen, war Viggo in Anbetracht der hier versammelten Feuerkraft ein absolutes Rätsel.

»Seid ihr gebissen worden?«, bellte der Jungspund militärisch.

Viggo schüttelte heftig den Kopf, die Arme noch immer gen Himmel gestreckt. »Nein, wir sind unverletzt!«

»Und was ist das da an deiner Hand?«

Viggo sah verdutzt nach oben, dann fiel ihm der Verband wieder ein. »Eine Schnittwunde. Nichts weiter! Ich schwöre!«

Ihm war klar, worauf die Befragung abzielte. Wenn die Soldaten auch nur den Hauch eines Verdachts hatten, dass sie möglicherweise infiziert worden sein konnten, würden sie sie auf der Stelle erschießen. Und der Soldat vor ihm sah gerade nicht übermäßig überzeugt aus. Kalter Schweiß trat auf Viggos Stirn.

»Er sagt die Wahrheit!« Das war Alexandras Stimme, tränenerstickt und ängstlich. Auch sie verstand, dass sie noch nicht gerettet waren.

Der junge Soldat legte den Kopf schief. »Verband abmachen. Aber bleib, wo du bist!«

Viggo gehorchte unverzüglich, riss sich den Unterhemdfetzen von der Hand und hielt sie dem Mann entgegen. »Hier, sehen Sie, ein ganz glatter Schnitt!«

Das Gewehr noch immer auf Viggo gerichtet, kam er einen Schritt näher und schaute auf die Verletzung, dann nickte er. »Sieht sauber aus.« Er ließ den Waffenlauf sinken. »Da habt ihr aber Glück gehabt, dass wir vorbeigekommen sind. Wir haben die große Traube gesehen und sind neugierig geworden, was ihr Interesse geweckt hat.«

Viggo schätzte den Burschen auf nicht älter als Mitte zwanzig. Er hatte kurz geschorene Haare, war glatt rasiert und hatte ein sehr jungenhaftes Gesicht. Aber irgendjemand hielt ihn für alt genug, in einer Uniform zu stecken und eine Waffe zu tragen, daher würde Viggo kaum protestieren.

»Danke«, keuchte er. »Sie haben uns das Leben gerettet.«

»Kein Ding«, sagte der Jüngling, der sich später als Oberfeldwebel Binyk vorstellen würde, mit wegwerfender Geste. »Aber ihr versteht, wenn wir euch jetzt noch mal kurz genauer abchecken? Wollen ja kein böses Erwachen erleben.«

Viggo und Alexandra willigten sofort ein.

Sie wurden gründlich von den drei Soldaten untersucht, wobei Viggo penibel darauf achtete, immer in Alexandras Nähe zu bleiben.

»Okay, ihr seht sauber aus«, sagte Binyk zufrieden. »Wir werden euch mit zum Stützpunkt nehmen, dort gibt es ein Lager für Zivilisten. Sie haben einen Teil der Stadt dorthin evakuiert – der Teil, der gehen wollte, bevor es zu spät war.«

Viggo wurde hellhörig. »Ein Flüchtlingslager? Wo ist es?«

»Eine gute halbe Stunde nördlich von hier auf einem stillgelegten Flughafengelände. Eigentlich sollte von dort aus nur unser Einsatz koordiniert werden. Die Not war aber zu groß, und die Menschen mussten irgendwohin«, antwortete Binyk. »Es ist kein Fünfsternehotel, und Kaviar gibt es auch nicht. Dafür haben wir aber einen Stacheldrahtzaun und noch ein paar mehr von denen hier.« Er zeigte auf das montierte Maschinengewehr.

Das waren gute Argumente.

Alexandra und Viggo saßen mit den drei Soldaten hinten im Panzerwagen. Es gab auf beiden Seiten jeweils drei Sitzplätze.

»Was tun Sie hier überhaupt?«, durchbrach Viggo die Stille.

»Eigentlich fahren wir zur Aufklärung. Schauen, wie schlimm die Lage ist, wie sich der ganze Scheiß entwickelt. Wir haben aber auch den Auftrag, Überlebende zu evakuieren. Wir waren schon auf dem Rückweg, als Kristian ...« Er zeigte auf den Kameraden, der am Maschinengewehr stand und von dem man nur den Unterkörper sehen konnte. »... die Horde erblickte. Natürlich wollten wir wissen, worauf diese Mistviecher so heiß sind. Kaum zu glauben, dass das vor zwei Tagen noch funktionierende Mitglieder unserer Gesellschaft waren, oder?«

Viggo antwortete nicht, denn Binyk redete gleich weiter.

»Wir haben angehalten, und, nun ja, den Rest habt ihr mitbekommen. Könnt froh sein, dass Kristian so ein guter Schütze ist und das Auto nichts abbekommen hat.«

»Wie viele Flüchtlinge gibt es auf dem Flughafen?«, wollte Alexandra wissen, die bisher schweigend neben ihrem Vater gesessen hatte.

»Ein paar Hundert, mehr nicht. Wir konnten sie mit Bussen vom Bahnhofsgelände evakuieren, bevor es so richtig unschön wurde.« Binyk schüttelte den Kopf, als hätte er an abgestandener Milch gerochen. »Unglaublich, mit welchem Tempo das passiert ist. Von oben kam nur, dass die nationale Sicherheit gefährdet sei – wir dachten natürlich an einen Dammbruch oder ein verdammtes Atomkraftwerk, das in die Luft geflogen ist. Wie damals, bei Tschernobyl, falls euch das was sagt.«

Viggo und Alexandra nickten.

»Seit gestern gab es keinen Funkkontakt mehr in die Hauptstadt. Scheint so, als hätten die da auch Probleme mit diesem Virus. Jetzt unterstehen wir der Führung von Offizier Sigorakov, der die Leitung über das Gebiet hat. Guter Mann, denkt immer an das Wohl seiner Jungs.«

»Was ist überhaupt passiert?«, fragte Viggo und sprach dann weiter, ohne eine Antwort abzuwarten: »Ich war im Krankenhaus, als das alles begann. Ein paar Leute, Angestellte des Krankenhauses, sind plötzlich durchgedreht und haben sich auf alles gestürzt, was auf zwei Beinen lief.«

»So richtig wissen wir es auch nicht, wenn ich ehrlich bin. Vor zwei Tagen gab es Notstandsmeldungen aus bestimmt einem Dutzend Städten im Land. Die Regierung hat geschaltet und gleich das Militär losgeschickt. Hat aber nicht gereicht, wie es aussieht. Was wir sicher wissen: Zielen Sie immer auf den Kopf, sonst sind die Arschlöcher echt hartnäckig. Und es überträgt sich nicht über die Luft, zum Glück. Aber wenn ihr gebissen werdet, verpasst euch besser selbst eine Kugel. Außer ihr seid heiß drauf, einer von denen zu werden.«

Zwölf Städte am gleichen Tag, dachte Viggo. Das klang nicht nach Zufall, sondern als würde jemand dafür die Verantwortung tragen. Sofort hatte er das Bild eines staatlichen Labors im Kopf, in dem irgendwelche gefährlichen Experimente mit Viren durchgeführt wurden. Und irgendjemand hatte sich dieses Experiment geschnappt und war damit verschwunden. Eine staatliche Geheimmission würde zumindest das schnelle Einschalten des Militärs erklären.

Der Panzerwagen wurde langsamer, der Blinker gesetzt, und Viggo merkte, wie sie um eine Kurve fuhren. Er hatte in dem fensterlosen Vehikel kein Gefühl, wo sie gerade waren, ob sie sich noch in der Stadt befanden.

»Was habt ihr überhaupt noch in der Stadt gemacht? Ist doch absoluter Selbstmord. Jeder mit ein bisschen Verstand hat zugesehen, dass er da schnell rauskam.«

Viggo erzählte, wie Alexandra und er sich auf der Suche nach Magda auf den Weg in die Stadt gemacht hatten. Allerdings verschwieg er die Begegnung, die mit einem Messer im Auge geendet hatte, und Ljudmila. Das konnte vielleicht Misstrauen unter den Soldaten säen.

»Und wie Sie sehen, waren wir leider nicht erfolgreich. Wären Sie nicht gekommen, würden wir da wohl immer noch im Auto sitzen und auf ein Wunder hoffen«, beendete Viggo seine Geschichte.

Binyk überlegte kurz und sagte dann: »Glück im Unglück kann man sagen, glaube ich.«

Plötzlich kam das Fahrzeug zum Stehen, jemand klopfte zweimal auf das Dach. Binyk sah hoch und sagte dann: »Sind da, darf ich bitten?«

Er öffnete die verstärkte Tür im Heck des Autos, Sonnenlicht drang in das Innere, und Alexandra hob beim Aussteigen schützend die Hand vor ihre Augen. Die Luft war frisch, der Geruch von Tod und verbranntem Holz fehlte. In der Ferne konnten sie einen Wald erkennen, der sich über eine Hügelkette zog. Davor lag der Flughafen, der nun als Einsatzzentrale diente.

Viggo konnte einen Funkturm erkennen, daneben stand ein größeres Gebäude. Die Abfertigungshalle, vermutete er. Rechts davon befanden sich vier große Hangars, in denen eigentlich Flugzeuge gewartet wurden. Nun dienten sie als Flüchtlingsunterkünfte. Auf der Landebahn standen an die siebzehn Panzerfahrzeuge wie jenes, mit dem sie gerade gefahren waren. Panzer oder Kampfhubschrauber konnte er aber nicht sehen.

»Sind jetzt am ersten Checkpoint. Kommt mit«, sagte Binyk.

Der Checkpoint bestand aus einer Schranke und einem kleinen Containergebäude, in dem zwei unmotivierte Soldaten saßen.

»Oberfeldwebel Binyk, dritte Kompanie Panzergrenadiere.« Die Uniformierten begrüßten sich mit militärischem Gruß. »Melde zwei Flüchtlinge in der Stadt, ansonsten keine weiteren Ereignisse.«

Der Mann vom Checkpoint schaute ernst, als er Viggo und Alexandra erblickte.

»Sie sind nicht infiziert, wir haben sie bereits abgecheckt«, sagte Binyk.

Für einen kurzen Moment verweilte der Soldat noch mit seinem strengen Blick auf ihnen, dann sagte er: »Okay, fahrt weiter. Ich werde Bescheid geben, dass ihr kommt.«

Sie fuhren noch ein kurzes Stück, vielleicht fünf Minuten. Es wurde nicht gesprochen, alle blickten ernst auf den Boden. Dann wiederholte sich alles: Das Auto kam zum Stehen, Kristian klopfte wieder auf das Dach, Binyk öffnete die Tür, und alle stiegen aus.

Sie standen nun direkt vor dem Flughafen. Die Armee hatte das komplette Gelände mit Stacheldraht abgesichert, der auf dem mindestens vier Meter hohen Maschendrahtzaun montiert worden war. Alle Hundert Meter gab es einen Wachturm, der aus zwei aufeinandergestellten Containern bestand. Man wollte wohl keine böse Überraschung erleben.

Das Tor vor ihnen war noch verschlossen, und wieder begann das ganze Schauspiel: Dienstgrad, militärischer Gruß, Lagebericht, kritischer Blick bezüglich der Neuankömmlinge. Danach wurden sie durchgelassen.

»Wir bringen euch jetzt noch mit dem Auto zur Aufnahmestation«, sagte Binyk. Sie fuhren auf der Landebahn, vorbei an den geparkten Panzerfahrzeugen hin zu dem großen Gebäude neben dem Funkturm.

»Hat mich gefreut, wir sehen uns bestimmt mal wieder«, sagte Binyk und verabschiedete sich von Alexandra und Viggo mit Handschlag.

Beide bedankten sich erneut, dann standen sie allein vor der Abfertigungshalle. Vor ein paar Tagen hatten Fluggäste hier noch eingecheckt, ihr Gepäck aufgegeben, auf den Abflug gewartet oder ihre Liebsten abgeholt. Es war kein großes Gebäude, etwa zehn Starts täglich, und die Ziele lagen alle im Inland. Wer weiter wegwollte, musste erst einen Flug in die Hauptstadt nehmen, von wo aus man zumindest alle wichtigen Städte in Europa gut erreichen konnte.

Seit gut achtundvierzig Stunden diente das Gebäude nun als Auffangstelle für Überlebende der Katastrophe. Von außen war es einer dieser typischen Klötze: grau, viele Fenster und alles andere als einladend, aber im Bau wahrscheinlich sehr kostengünstig – ein gutes Argument in dieser Gegend.

Viggo und Alexandra gingen auf die große Flügeltür zu, durch die Glasscheiben konnten sie eine große Halle mit vielen kleinen Plastikstühlen erkennen, die fein säuberlich aufgereiht waren.

Als man ihr Ankommen bemerkte, öffnete ein Soldat ihnen die Tür und brachte sie zu einem ehemaligen Check-in-Schalter, auf dem viele Zettel und ein Stempel lagen. Dahinter saß eine Frau in Uniform. Ihre braunen Haare hatte sie streng zu einem Zopf zusammengebunden. Als sie die Neuankömmlinge bemerkte, sah sie kurz auf, blaffte ein »Bin gleich für Sie da« und widmete sich wieder ihren Zetteln.

Alexandra und Viggo fühlten sich wie bestellt und nicht abgeholt. Auf den Stühlen warteten vier weitere Personen, die gelangweilt aus den Fenstern schauten. Wahrscheinlich waren sie auch erst seit Kurzem hier.

Ein Knall. Der Stempel sauste in hohem Tempo auf einen Zettel und hinterließ dort seine Farbe.

»So«, sagte die Dame resolut. »Namen?«

Sie sagten ihre Namen, Alter, Wohnort und den Beruf. Als Viggo sagte, dass er zuvor als Krankenpfleger gearbeitet hatte, nickte die Frau zufrieden.

»Haben Sie Waffen dabei?«

»Wenn das hier als Waffe durchgeht«, sagte Viggo, zeigte seinen kleinen Hammer und ließ sich von Alexandra den Schraubenzieher geben.

Die Frau, die sich nicht namentlich vorgestellt hatte, blickte prüfend. »Geht es. Legen Sie die Werkzeuge in die Kiste.«

Viggo betrachtete die kleine blaue Box neben ihr, in der allerhand Messer, Scheren, Rohrzangen und nun auch der Hammer und der Schraubenzieher lagen. Er fühlte sich nackt und verletzlich, streifte den Gedanken aber ab – schließlich war er jetzt von Soldaten mit Maschinengewehren umgeben, und die waren doch deutlich effektiver.

»Wir müssen noch eine Leibesvisitation durchführen, um sicherzugehen, dass Sie keine Verletzungen mitbringen, die die Sicherheit gefährden können.«

Viggo wusste, dass damit keine Armbrüche oder blauen Flecken gemeint waren, verzichtete aber darauf zu erwähnen, dass die Soldaten sie bereits gründlich überprüft hatten. Wahrscheinlich war das hier reine Routine, und eigentlich war er froh, dass man es damit so genau zu nehmen schien.

Die Dame am Schalter zeigte nach links auf die Plastikstühle in der Wartehalle, ohne sie noch einmal anzusehen. Viggo und Alexandra nickten und nahmen in einer leeren Reihe Platz. Dann begann das große Warten.

Es war schlimmer als jedes Wartezimmer einer Arztpraxis. Jedes Räuspern fiel unangenehm auf, es herrschte Totenstille. Das einzige Geräusch war das Rauschen der Belüftung und das regelmäßige Poltern des Stempels, wenn er mal wieder Bekanntschaft mit einem Blatt Papier machte. Die anderen Personen in der Wartehalle kümmerten sich nicht um die Neuankömmlinge. Sie hatten aber wohl auch genug eigene Probleme: dreckverschmiert, kreidebleich, leerer Blick. Viggo konnte sich vorstellen, was sie in den letzten Stunden durchgemacht haben mussten. Welche Verluste sie erlitten hatten.

Es dauerte mindestens eine halbe Stunde, bis die erste Person aufgerufen wurde. Eine Frau, um die vierzig, ihre weiße Bluse war auf der Seite aufgerissen. Sie trug nur noch einen Schuh und verschwand humpelnd mit der Dame vom Empfang in einem Nebenzimmer.

Draußen konnte Viggo hin und wieder ein Panzerfahrzeug vorbeifahren oder ein paar Soldaten sehen. Einige Zivilisten, zumindest vermutete er das aufgrund der Kleidung, liefen auch gelegentlich in kleineren Grüppchen vorbei.

Nach einer gefühlten Ewigkeit kam die Dame vom Empfang zurück und setzte sich kommentarlos wieder an ihren Platz. Weitere Zettel wurden ausgefüllt und bearbeitet, alles musste seine Ordnung haben. Dann ging sie mit einem der Zettel zurück ins Nebenzimmer, und kurze Zeit später kam sie mit der Frau zurück, die durch die Tür aus dem Gebäude verschwand, durch die Viggo und Alexandra es betreten hatten.

Das Prozedere zog sich. Bis die drei verbleibenden Personen vor ihnen abgearbeitet waren, verging noch einmal über eine Stunde. Mittlerweile waren neue Flüchtlinge in die Unterkunft gekommen. Viggo vermutete, dass es bis zum Abend bestimmt dreißig neue Bewohner in der Unterkunft geben würde.

»Nikolaij!«

Viggo und Alexandra sahen sich erleichtert an. Damit konnten nur sie beide gemeint sein.

»Nikolaij, Alexandra!«, wiederholte die Dame am Schalter.

»Bis gleich«, verabschiedete Viggo seine Tochter, die kurz darauf im Nebenzimmer verschwand.

Viggo hatte keine Ahnung, was dort passierte, aber wahrscheinlich würde die angekündigte Leibesvisitation stattfinden, ein paar Fragen würden gestellt werden, was man erlebt hatte, wo man hinwollte, ob man noch von Freunden und Verwandten wusste, die da draußen irgendwo ausharrten.

Gerade als Viggo langsam nervös wurde und er das Gefühl hatte, dass das Gespräch mit Alexandra verdächtig lange dauerte, öffnete sich die Tür wieder. Die Dame kam heraus, füllte ein paar Zettel aus und ging zurück. Kurz darauf kam sie gemeinsam mit Alexandra in die Wartehalle, und Viggo erkannte die Erleichterung auf dem Gesicht seiner Tochter schon von Weitem. Sie lächelte erschöpft, als hätte sie eine wichtige Schulprüfung endlich hinter sich gebracht und bestanden.

»Herr Nikolaij, wir können gleich weitermachen!« Die Aufforderung klang eher nach einem Befehl.

»Ich warte hier auf dich«, rief Alexandra ihrem Vater zu und setzte sich wieder auf ihren Platz.

Viggo ging in das Nebenzimmer. Er war nervös. Seine Handflächen begannen zu schwitzen. Was, wenn sie ihn aus irgendeinem Grund nicht aufnehmen wollten?

Der Raum war höchstens neun Quadratmeter groß und fensterlos. Eine Neonröhre tauchte ihn in künstliches, flackerndes Licht, aber zumindest gab es hier noch Strom. In der Mitte standen ein Tisch und zwei Stühle. Ein Szenario wie bei einem Verhör, es fehlte nur der große Spiegel, durch den man ihn beobachten konnte.

»Nehmen Sie Platz.«

Viggo nickte und setzte sich auf den Plastikstuhl. Die Sitzfläche war hart, und Viggo hoffte, nicht mehr Zeit als nötig auf dem Teil verbringen zu müssen.

Die Dame mit dem Pferdezopf setzte sich ihm gegenüber, kramte einen Zettel hervor, las ein paar Zeilen und sagte dann: »Also gut, Ihr Name ist Viggo Nikolaij, korrekt?«

Viggo nickte.

»Wie haben Sie vom Flüchtlingslager erfahren?«

»Soldaten haben uns in der Stadt aufgesammelt. Binyk hieß einer aus der Truppe.«

Sie setzte ein schwungvolles Häkchen. »Sie haben angegeben, als Krankenpfleger zu arbeiten. Wie Sie sich vorstellen können, haben wir zahlreiche Kranke und Verletzte. Deshalb erwarten wir, dass Sie uns unterstützen.«

»Natürlich, selbstverständlich.« Auch wenn er eine Wahl gehabt hätte, wäre die Antwort dieselbe gewesen. Anderen zu helfen war für ihn mehr als nur ein Job. Dass er in den letzten Tagen drei Menschen tatenlos dem Tod überlassen musste, zehrte entsetzlich an ihm. Wenn sie hier ein sicheres Dach über dem Kopf fanden, wollte er seinen Teil dazu beitragen.

Sie setzte ein weiteres Häkchen. »Sehr gut. Wenn Sie mir jetzt noch erzählen würden, was Sie in der Stadt erlebt haben? Jede Information könnte wichtig sein.«

Viggo wiederholte seinen Bericht, ließ den Glatzkopf und Ljudmila allerdings wieder aus. Dafür erzählte er ausführlicher, was sich im Krankenhaus zugetragen hatte. Außer ihm hatten es bislang keine Augenzeugen des Ausbruchs bis ins Lager geschafft. Vielleicht gab es auch niemanden mehr, der von ihnen noch lebte, dachte Viggo bitter.

»Dann gibt es eigentlich nur noch eine Sache«, sagte sie und fuhr mit ihrem Finger eine Liste entlang. »Kennen Sie eine Magda Nikolaij?«

Diese Frage traf ihn komplett unvorbereitet. Er hatte das Gefühl, dass ihm der Boden unter den Füßen weggezogen wurde.

»Wieso? Was ist mit ihr?« Viggo wagte es nicht zu hoffen.

»Also, kennen Sie eine Magda Nikolaij?«

»Ja, verdammt, sie ist meine Frau!« Nun wurde er ungehalten. Es gab zwei Möglichkeiten: Die erste war, dass Magda sich auch hier im Flüchtlingslager aufhielt. Die zweite, dass man irgendwo ihre Leiche gefunden hatte.

»Dann muss ich Ihnen sagen …«, begann die Armeeangehörige, und Viggo hatte Angst, dass ihm vor lauter Aufregung gleich eine Ader platzen würde, »… dass ich gute Nachrichten habe. Ihre Frau kam gestern mit einem der Busse aus der Stadt. Ich werde Ihnen ein Familienquartier zuweisen.«

Viggo wäre vor Freude fast über den Tisch gesprungen und hätte die Frau umarmt, aber die Pistole an ihrem Gürtel hielt ihn dann doch davon ab. Nach all den Strapazen war ihre Reise doch noch erfolgreich.

»Warten Sie hier. Ein Kamerad wird gleich kommen und die Leibesvisitation durchführen. In der Zeit stelle ich Ihre Papiere aus. Tragen Sie die immer bei sich, und zeigen Sie sie vor, wenn Sie dazu aufgefordert werden. Diese Unterlagen autorisieren Sie, sich auf dem Gelände zu bewegen«, sagte sie mechanisch, dann verließ sie das Zimmer.

Kurz darauf trat ein Soldat ein. Ohne sich vorzustellen, forderte er Viggo auf, sich bis auf die Unterwäsche zu entkleiden, und Viggo kam dem nach, ohne zu zögern. Wenn alles, was ihn von seiner Frau trennte, ein Strip vor dem Militär war, dann würde er im Zweifel auch noch tanzen. Er war durch die Hölle gegangen, um so weit zu kommen.

Der Soldat konnte in seiner Kleidung keine verdächtigen Gegenstände finden, ebenso wenig entdeckte er irgendwelche Bissspuren oder kritischen Verletzungen an dem frierenden Viggo. In dieser

Hinsicht schienen sie hier wirklich gründlich zu sein, was äußerst beruhigend war.

Viggo zog sich wieder an, und keine Sekunde später kam die Frau mit dem ernsten Blick und dem Pferdeschwanz zurück in den Raum. Viggo fragte sich, ob sie überhaupt in der Lage war, zu lächeln oder Freude zu zeigen.

»Hier sind Ihre Papiere.« Sie händigte ihm einen Schrieb aus. Darauf standen sein Name, eine Identifikationsnummer und eine Quartierkennung, C-54. Gestempelt war er mit einem Stempel des Militärs in roter Farbe.

»Das C steht für den dritten Hangar, und 54 ist die Parzelle. Sie werden ein dreistöckiges Hochbett vorfinden. Erwarten Sie keinen Luxus. Ich werde Ihre Frau benachrichtigen, dass sie umziehen muss.«

Viggo wartete, aber Offizierin Freudenlos sah ihn bloß emotionslos an. Als sie merkte, dass er nicht verstand, sagte sie: »Das wäre es, Sie dürfen sich entfernen.«

Als wäre es das Startsignal bei einem Rennen gewesen, machte sich Viggo davon. Im Wartezimmer fand er seine Tochter und nahm sie fest in den Arm. Er drückte sie so fest, dass Alexandra kurz die Luft wegblieb.

»Vorsicht!«, rief sie und befreite sich aus seinem Griff. »Ich freue mich ja auch, dass wir hier in Sicherheit sind. Oder haben sie dir da drin noch von einem Lottogewinn erzählt?«

Da merkte Viggo, dass man ihr nichts davon gesagt hatte, dass ihre Mutter ebenfalls hier war. Er fasste sie bei den Schultern und brachte sein strahlendes Gesicht direkt vor ihr verwirrtes.

»Mama ist hier!«, platzte es aus ihm heraus.

Einen kurzen Augenblick sah es so aus, als würde Alexandra ohnmächtig werden. Zum Glück hielt Viggo sie fest, denn sie taumelte einen Schritt zurück, die Augen weit aufgerissen. Dann fiel sie ihm schluchzend um den Hals.

»C … 54«, murmelte Viggo. »Lass uns mal schauen, ob deine Mutter schon da ist. Und ansonsten richten wir uns schon mal ein.«

Sie liefen zu den Hangars. Unterwegs kamen ihnen zahlreiche Soldaten und Zivilisten entgegen. Während die Uniformierten sie keines Blickes würdigten, grüßten die Zivilisten freundlich. Wer es durch die Aufnahme geschafft hatte, schien direkt dazuzugehören.

In Hangar A fanden sie die Essensausgabe. Es gab Tische und Stühle, und ein paar Leute standen vor einem großen Topf, aus dem etwas mit einer großen Kelle ausgegeben wurde. Aber Viggo und Alexandra hatten in diesem Augenblick Wichtigeres zu tun, als sich um Eintopf Gedanken zu machen. Sie hatten ein Ziel. Schnurstracks marschierten sie auf Hangar C zu.

Offizierin Freudenlos hatte nicht übertrieben, als sie meinte, sie sollten keinen Luxus erwarten. Hangar C war vollgestellt mit Hochbetten, die aus einem Metallgestell und dünnen Matratzen bestanden. Der Bettbezug war dünn und verwaschen grau. Um ein Mindestmaß an Privatsphäre zu gewähren, waren zwischen den einzelnen Quartieren lange Laken gespannt – was ungefähr so effektiv war wie Raucherbereiche auf einem Bahnsteig. Der Rauch hielt sich nämlich nicht an die gelbe Markierung auf dem Boden, und genauso wenig würden es das Geschnarche und die Gespräche der Nachbarn tun.

Trotzdem waren Viggo und Alexandra überrascht, was man hier in so kurzer Zeit aufgezogen hatte. Es wirkte so, als wären Regierung und Militär auf alle Eventualitäten vorbereitet gewesen. Ob sie die Eventualitäten eventuell selbst herbeigeführt hatten, gehörte jedoch in das Reich der Verschwörungstheorien. Manchmal huschten Viggo solche Gedanken durch den Kopf, aber er schob sie schnell wieder beiseite. Sie zwängten sich durch die engen Gänge. Die Luft war zum Glück frisch, da durch das geöffnete Tor genug eindrang. An jedem Bett war eine Nummer angebracht, und langsam kamen sie der 54 näher. Begleitet wurden sie von den neugierigen Blicken ihrer neuen Mitbewohner. Manche schliefen auch, andere starrten einfach in die Leere. Kein Wunder, dachte Viggo. Diesen Menschen war von heute auf morgen alles genommen worden. Wie mit einem Fingerschnipp wurden sie obdachlos, mussten geliebte Menschen zurücklassen und wurden von Monstern gejagt. Kein Wunder, wenn man da den Lebensmut verlor.

Sie passierten gerade Bett 34, und Viggos Herz schlug immer schneller. Unwillkürlich ergriff er die Hand seiner Tochter, die schweißnass war. Sie wussten nicht, in welchem Zustand Magda war, was sie erlebt hatte, ob sie verletzt war. Sie selbst hatten am eigenen Leib erfahren müssen, wie schnell die Situation da draußen kippen konnte.

Keine Minute später standen sie vor ihrem zukünftigen Zuhause. Es war, wie bereits angekündigt, ein dreistöckiges Hochbett mit grauem Bettbezug und dünnen Matratzen. Von Magda war noch nichts zu sehen, daher schauten sie sich erst mal um. Quartier C-54 stand im hinteren Drittel der Halle zwischen zwei anderen Betten, die von herunterhängenden Laken abgeschirmt wurden. Dementsprechend düster war es hier, Tageslicht drang vom Eingang nur noch wenig bis hierhin.

»Immerhin stehen wir mit dem Rücken zur Wand«, bemerkte Viggo mit einem Lachen, denn ihre Parzelle war direkt an der Hangarwand. »Wir hätten es also deutlich schlimmer treffen können und irgendwo da mittendrin schlafen müssen.« Er zeigte mit dem Finger über seine Schulter auf das Meer aus Betten.

»Da war sogar die Jugendherberge unserer letzten Klassenfahrt besser«, sagte Alexandra. »Aber wenn ich oben schlafen darf, werde ich mich schon dran gewöhnen können.«

Viggo gab ihr mit einer Handbewegung zu verstehen, dass sie sich gern ausbreiten durfte. Sie ließ sich nicht lange bitten und kletterte ins oberste Bett, während Viggo sich in das unterste legte. Momentan konnten sie eh nicht viel mehr tun als abwarten. Er legte den Kopf auf das viel zu dünne Kissen und starrte auf das Drahtgitter, das als Lattenrost für die Matratze über ihm diente. Das erste Mal seit ihrem Aufbruch waren sie in Sicherheit. Und damit meinte er eine Sicherheit, die nicht aus ein paar umgeworfenen Möbeln und einer Wohnungstür zwischen ihnen und den Zombies bestand. Er meinte eine Sicherheit, die im Zweifelsfall auf Maschinengewehre und Panzerfahrzeuge zurückgreifen konnte.

Während ihm solche Gedanken durch den Kopf gingen, merkte er, was er seinem Körper zugemutet hatte. Der Schnitt auf seinem Handrücken pochte, seine Beine schmerzten, und seine rechte Schulter brannte, wenn er sie hochzog. Vermutlich eine Folge des Kampfs auf der Straße.

»Hast du gesehen, wo man hier auf Toilette kann?«

Alexandras Frage riss ihn aus seinen Grübeleien. Sie hatte sich über das Bett gebeugt und schaute ihn jetzt kopfüber an, wobei ihre langen Haare schwerkraftbedingt Richtung Boden hingen.

»Ehrlich gesagt, habe ich keinen Plan.«

Hinter ihnen räusperte sich jemand.

»Entschuldigen Sie, da kann ich helfen.« Ein junger Mann trat in ihr Sichtfeld. Er war ein bisschen untersetzt und hatte schulterlanges Haar. Auffällig war vor allem seine Brille mit gelb getönten Gläsern, die Viggo sofort auffiel.

»Ich wollte Sie nicht belauschen, aber hier bekommt man mehr mit, als man möchte.« Er lachte. »Ich bin Daniel, ich schlafe direkt nebenan. Freut mich!«

Viggo und Alexandra stellten sich vor.

»Sanitäranlagen gibt es auf der Rückseite der Hangars«, erklärte er. »Ich muss euch allerdings vorwarnen: Es sind nicht mehr als ein paar Dixieklos, aber sie erfüllen ihren Zweck. Die Toiletten in der Abfertigungshalle sind den Militärs vorbehalten.«

»Cool, danke für die Info«, sagte Alexandra und verabschiedete sich.

Viggo wollte warten, für den Fall, dass Magda auftauchte.

»Wie lange sind Sie schon hier?«, fragte er Daniel.

»Ich kam gestern früh mit einem der ersten Busse aus der Stadt. Kommt mir schon vor wie eine Ewigkeit.« Er kratzte sich mit einer Hand am Kinn. »Die waren hier aber perfekt vorbereitet.«

»Und was macht man hier den ganzen Tag?«

»Sie können schlafen oder auf Ihrem Bett sitzen, das sind schon mal zwei Optionen.« Ein großes Grinsen verlief über das Gesicht von Viggos neuem Nachbarn. »Wenn Sie wollen, gibt es aber auch Freiwilligendienste. In der Küche helfen, sich um die Toiletten kümmern, die Materialausgabe unterstützen. Wahrscheinlich bekommt man hier innerhalb kürzester Zeit so viel Langeweile, dass man sich eine Arbeit wünscht.«

»Danke schön. Noch irgendwas, das ich wissen sollte?«

Daniel überlegte kurz, die freundliche Miene wurde etwas ernster, und seine Augen verengten sich zu Schlitzen. »Nun, nerven Sie die Soldaten nicht. Und halten Sie sich unbedingt an die Regeln. Dazu gehört auch, dass jeder bei Sonnenuntergang in seinem Hangar und am besten im Bett ist. Sie sollen gestern Abend jemanden aus Hangar B aus dem Camp geschmissen haben, weil er brüllend durchs Lager gelaufen ist. Da verstehen die hier wirklich keinen Spaß. Das Allerwichtigste aber: Um neun Uhr, dreizehn Uhr und achtzehn Uhr gibt es die Essensausgabe. Nicht übermäßig lecker, aber es ist genug für jeden da.«

Viggo sah auf die Uhr, es war jetzt kurz nach vierzehn Uhr. Unter Anbetracht der Tatsache, dass eben noch Personen bei der Essensausgabe angestanden hatten, konnte er sich vorstellen, wie lang die Schlange sein musste.

Viggo bedankte sich für die Informationen, und Daniel bot ihm noch mal an, jederzeit zu helfen. Dann entschuldigte sich der Nachbar mit den getönten Gläsern, denn sein Dienst in der Küche begann bald. Er half heute beim Abendessen.

Nun war Viggo allein – oder besser gesagt so allein, wie man in einer Notfallunterkunft zwischen Hunderten von anderen Menschen sein konnte. Aber er war zumindest für sich. Er zog den Vorhang zu, sodass niemand mehr Einsicht in die kleine Parzelle hatte, und legte sich wieder hin. Er schloss die Augen und versuchte abzuschalten, aber das Räuspern und Husten und leise Gemurmel um ihn herum machten es ihm fast unmöglich. Irgendjemand schnarchte laut. Dazu kam das ständige Dröhnen der Deckenventilatoren, die die Luft verwirbelten. Diese Vorhänge waren wirklich nicht mehr als Sichtschutz, gegen Lärm halfen sie nicht. Das würde auf Dauer ziemlich zermürbend werden, dachte Viggo.

Er hatte seine Augen noch geschlossen und lag mit verschränkten Armen unter dem Kopf auf der Matratze, als er hörte, wie der Vorhang zur Seite geschoben wurde. Ein kurzes Gefühl von Enttäuschung machte sich breit, als er seine Tochter und nicht Magda sah.

Aus der Enttäuschung wurde aber schnell Sorge, denn Alexandra sah aus, als hätte sie gerade schreckliche Nachrichten bekommen. Ihr Blick ging zum Boden, die Schultern hingen schlaff herab. Verlegen kratzte sie sich mit einer Hand am Ellbogen.

»Was ist los, Schatz?«, wollte Viggo wissen und richtete sich auf dem Bett auf. »Was ist passiert?« Er merkte, wie sein Körper gleich wieder in Alarmbereitschaft verfiel.

»Ich weiß nicht, es klingt irgendwie …«, fing sie an, brach dann aber mitten im Satz wieder ab. »Also, als ich da draußen war …« Plötzlich hellte sich ihre Miene auf. Ihr eben noch leerer Blick füllte sich mit einem Feuer, wie er es lange nicht mehr bei ihr gesehen hatte.

»Ich kann das nicht, tut mir leid«, sagte sie und fing laut an zu lachen.

Viggo verstand immer noch nicht. Erst als Magda hinter dem Vorhang hervortrat, kapierte er, welches Spiel seine Mädels mit ihm spielen wollten.

Er wusste nicht, was er sagen sollte, und als er etwas hervorstammeln wollte, fiel ihm Magda um den Hals. Viggo nahm seine Frau fest in den Arm und hatte in diesem Moment vor, sie nie wieder loszulassen. »Ich habe dich so vermisst«, presste er hervor und fing an zu weinen.

Auch Magda, die solche Gefühlsausbrüche von ihrem Mann nicht kannte, musste schluchzen.

Alexandra erzählte aufgeregt, wie sie Magda auf dem Weg von den Toiletten getroffen hatte. Natürlich hatten die beiden es sich nicht nehmen lassen, Viggo einen Streich zu spielen, trotz – oder gerade wegen – der Umstände.

Dann erzählten Viggo und Alexandra, wie sie in das Flüchtlingslager gekommen waren, wobei Viggo die Begegnung von Messer und Augapfel erneut übersprang, ebenso wie er Ljudmila komplett ausließ. Nur in einem Punkt konnte er Magda nicht belügen: Katarina. Er erzählte ihr davon, wie sie sie in ihrer Wohnung vorgefunden und dass sie sie erlöst hatten. Magda nickte, als hätte sie so etwas schon befürchtet, und stellte keine weiteren Fragen. Viggo war erleichtert. Er wollte diesen Moment der Familienzusammenführung nicht von Geschichten vom Tod überschatten lassen. Der Zeitpunkt zu trauern würde kommen, das wusste er. Aber dieser Zeitpunkt war nicht jetzt. Der Augenblick gehörte den Lebenden, und es war nur wichtig, dass sie es geschafft hatten.

»Genug von uns. Was war bei dir?«, unterbrach Alexandra ihren Vater irgendwann ungeduldig.

Magda zuckte mit den Schultern und begann von den vergangenen Tagen zu erzählen. Die Schließung des Ladens, wie sich ihr Chef verdrückt hatte und sie zusammen mit Katarina die Nacht im Aufenthaltsraum verbrachte.

»Im Stehen zu schlafen wäre bequemer gewesen«, scherzte sie, doch Viggo erkannte die Träne in ihrem Augenwinkel.

Sie erzählte von der Flucht aus dem Supermarkt und ihrer Angst vor den Plünderern. Viggo wurde wieder einmal schmerzlich bewusst, dass die viel größere Gefahr in solchen Zeiten der Mensch war, nicht die Monster. Tiere bildeten Rudel, um sich gegen Gefahren zu verteidigen. Menschen aber griffen sich gegenseitig an, statt sich zusammenzutun und ihre Stärke zu bündeln. Verrückt!

Auch von ihrer Nacht bei Frau Olinka erzählte Magda, kam jedoch mehr und mehr ins Stocken, schüttelte den Kopf, wie um einen ungebetenen Gedanken beiseitezuwischen.

»Was ist?«, fragte Viggo besorgt.

Magda sah unsicher zu Boden. »Ich musste nur gerade daran denken, nach allem, was ihr erzählt habt … Diese arme alte Dame … sie wird tot sein, Viggo. Oder? Wir haben sie da zum Sterben zurückgelassen.«

Viggo legte ihr beschwichtigend eine Hand auf den Arm. »Das können wir unmöglich wissen. Vielleicht hat sie einen anderen Bus genommen und ist längst hier, du hast sie nur noch nicht gesehen.«

»Bei der Essensausgabe hängen Listen aus«, erklärte Magda. »Da stehen alle Namen im Lager drauf, falls man Angehörige sucht. Ihr Name war nicht dabei. Auch nicht der von Katarinas Mann oder von irgendeinem unserer Freunde.« Die Träne in ihrem Augenwinkel bahnte sich einen Weg über Magdas Wange.

Jetzt musste auch Viggo schlucken. Er dachte an ihren Nachbarn Anton, dessen Pick-up noch immer vor der Taverne zur stolzen Kröte stand, umgeben von einem Berg aus Zombieleichen. Sie hatten dem alten Mann die einzige Fluchtmöglichkeit genommen. Zu Fuß und mit dem schwerfälligen alten Hund wäre er nicht weit gekommen.

»Hast du Oksanas Namen gesehen?« Alexandras Frage nach dem Verbleib ihrer besten Freundin war nicht mehr als ein Flüstern.

Magda schüttelte traurig den Kopf und breitete dann die Arme aus, um ihre Tochter zu trösten, die sich schluchzend an ihre Brust warf. Viggo musste einsehen, dass Tod und Trauer sich ihren Zeitpunkt selbst wählten.

Die erste Nacht verbrachten Magda und Viggo eng aneinandergeschmiegt im viel zu schmalen Bett. An mehr war bei dem Mangel an Intimsphäre nicht zu denken, schließlich lag ihre Tochter nur ein paar Zentimeter über ihnen.

Die kommenden Tage und Wochen verbrachten sie vor allem mit Sitzen und Warten. Im Flüchtlingslager gab es kaum Freizeitaktivitäten, dafür aber sehr viel Freizeit. Von den immer seltener werdenden Patrouillen brachten die Soldaten hier und da einige Spielzeuge für die Kinder mit, es gab auch einen heiß umkämpften Fußball. Doch um Streitigkeiten zu vermeiden, wachte das Militär penibel darüber, wer zu welcher Zeit Zugang zu diesem spärlichen Luxus bekam.

Der effektivste Weg, um Langeweile unter den Überlebenden zu vermeiden, was schnell zu Ärger geführt hätte, waren Arbeitsgruppen. Alexandra half jeden Tag dabei, den Hangar sauber zu halten. Eine stumpfe Tätigkeit: Wenn die Halle einmal durchgefegt war, konnte man wieder von vorne anfangen. So viele Menschen auf einem Haufen sorgten für ordentlich Schmutz.

Magda half im Lager, in das die Soldaten neuen Proviant und Medikamente von ihren Aufklärungsfahrten brachten. Wenn sie einen Supermarkt oder eine Apotheke fanden, nahmen sie mit, was noch übrig war. Oft war das nicht viel, aber sie mussten mit allem vorliebnehmen, was sich ihnen bot, um die schwindenden Vorräte aufzustocken. Niemand hatte damit gerechnet, wie lange sie in diesem improvisierten Lager würden ausharren müssen. Ein paar Wochen waren kein Problem, doch je weiter das Frühjahr fortschritt, desto öfter häuften sich die Engpässe. Nach und nach wurde die Nahrung im Lager kategorisiert und nach Haltbarkeitsdatum sortiert. Was zuerst ablief, wurde auch zuerst gegessen.

Um die Portionierung der Rationen kümmerte sich Artur, ein großer, stämmiger Mann mit Glatze, dessen Bauch so füllig war, dass es aussah, als müsste er jeden Moment platzen. Artur war Kantinenchef in einer Grundschule gewesen und damit der beste Kandidat für diesen Job – für das Flüchtlingslager ein echter Glücksfall. Er wusste, wie man mit wenigen Zutaten möglichst viele Mäuler stopfen konnte.

Viggo half als Krankenpfleger auf der medizinischen Station, die von einer älteren Dame mit Nickelbrille und langen silbernen Haaren geleitet wurde. Sie war in ihrem früheren Leben Kinderärztin und eigentlich pensioniert, blühte aber dank ihrer neuen Verantwortung wieder auf. Viggo musste oft kleinere Wunden nähen, Verbände anlegen oder Fieber messen. Hin und wieder wurden auch ein gebrochener Arm oder ein Bein provisorisch geschient. Für die begrenzten Mittel, die ihnen zur Verfügung standen, machten sie einen durchaus passablen Job. Wenn man die Maßstäbe der modernen Medizin anlegte, war das Ergebnis zwar höchstens stümperhaft, aber sie gaben unter den widrigen Umständen ihr Bestes.

Ihre gemeinsame Zeit verbrachten die drei vor allem in der Kantine beim Essen und in den Abendstunden. Alexandra hatte von einem jungen Burschen, der ein Auge auf sie geworfen hatte, ein Kartenspiel geschenkt bekommen. An einem Ort, an dem es außer dem Zählen von Schweißnähten kaum Beschäftigungsmöglichkeiten gab, war das viel wert. Und so spielten sie jeden Abend bis tief in die Nacht Karten.

Neuigkeiten von draußen drangen selten zu ihnen durch. Die Armee hüllte sich in Schweigen und war für Zivilisten vor Ort kaum zu sprechen. Sie hatten die Infrastruktur aufgebaut und kümmerten sich um den Schutz des Geländes, ansonsten blieben die Soldaten aber unter sich.

Neuankömmlinge stießen immer seltener zu ihnen. Was sie erzählten, bot allerdings auch kaum Anlass zu großer Hoffnung. Die

Zustände draußen wurden nicht unbedingt besser, die Krankheit war noch immer nicht eingedämmt. Riesige Gruppen von Beißern vernichteten ganze Landstriche, wenn man den Geschichten glauben wollte, und auch vor umherstreifenden Menschen nahm man sich besser in Acht.

Die Zeit zog sich hin wie ein unendlicher Seventeen Powergum. Der Frühling ging in den Sommer über, und niemand wusste, wann ihr Warten ein Ende haben würde.

Die Nacht war bereits hereingebrochen, als sich Viggo und Magda aus dem Hangar schlichen. Sie hatten sich vergewissert, dass ihre Tochter tief und fest schlief, und waren auf Zehenspitzen davongehuscht. Manchmal, wenn sie ein bisschen Zeit für sich brauchten, taten sie das.

Durch den Hinterausgang kam man zu einer kleinen Anhöhe, die nur ein paar Meter vom Zaun entfernt war. Von hier hatte man einen schönen Ausblick auf die bewaldeten Berghügel am Horizont, die im Mondschein klar zu erkennen waren. Wenn es dunkel genug war, fiel der alles umgebende Stahlzaun kaum auf, und sie konnten sich für einen kurzen Moment vorstellen, er wäre gar nicht da.

Oft saßen sie dort, Viggo hatte einen Arm um seine Frau gelegt, und schwiegen einfach. Heute, in dieser klaren Sommernacht, jedoch nicht.

»Ich glaube, dass wir uns hier dran gewöhnen müssen«, sagte Viggo. Das Thema brannte ihm schon lange auf der Seele. Er hatte die Hoffnung aufgegeben, dass sich in der Welt draußen noch etwas ändern würde.

Magda wandte den Blick vom Horizont ab und drehte ihren Kopf in seine Richtung. »Ach, wenn ich eins von Hollywood gelernt habe, dann, dass bereits in irgendeinem Labor an einem Gegenmittel geforscht wird. Es ist nur eine Frage der Zeit.«

»Und was ist, wenn nicht?«, fragte Viggo. Er wollte nicht den Miesepeter spielen, doch mit jedem Tag, den sie im Lager verbrachten, verlor er ein bisschen mehr den Glauben daran, dass sie irgendwann zur Normalität zurückkehren würden. »Wir müssen das hier jetzt wohl als unser neues Zuhause akzeptieren.«

Magda schaute wieder in den klaren Sternenhimmel. »Wenn das so ist …«, sagte sie und machte eine kurze Pause, um ihren Kopf an Viggos Schulter zu lehnen. »… dann werde ich mich wohl dran gewöhnen können. Wichtig ist, dass du und Alexandra hier seid. Es war schrecklich, als ich euch im Lager nicht gefunden habe, sie mich aber nicht wieder gehen lassen wollten. ›Zu gefährlich‹«, äffte sie einen der befehlshabenden Offiziere nach, den auch Viggo nicht besonders gut leiden konnte. Sie war ziemlich gut darin. »›Nur zu Ihrer eigenen Sicherheit.‹ Ich hätte ihm am liebsten die Augen ausgekratzt, obwohl er recht hatte. Aber ich war mir ja so sicher, dass ihr noch zu Hause sein müsst. Nie im Leben hätte ich geglaubt, dass ihr zwei Couchpotatoes so bekloppt seid und in die Stadt fahrt!« Sie lachte. Diese Unterhaltung hatten sie schon etliche Male geführt.

»Wie immer freut es mich, dass du eine so hohe Meinung von mir hast«, stichelte Viggo zurück, dann zog er sie noch etwas näher an sich heran und wurde wieder ernster. »Es war so dumm von mir, Alexandra einer solchen Gefahr auszusetzen. Trotzdem hatte ich keine Wahl. Ich würde dich niemals zurücklassen.« Er schluckte. »Wir wären mehr als nur einmal fast draufgegangen. Aber wer hätte auch damit rechnen können, wie schnell das hier alles vor die Hunde geht? Alexandra hat so viel Scheiße sehen müssen. Wir hatten mehr Glück als Verstand.«

Magda streichelte ihrem Mann über den Kopf. »Niemand macht dir Vorwürfe. Du hast nicht wissen können, was in der Stadt los ist. Das wusste niemand. Wahrscheinlich weiß es immer noch keiner. Du hast es geschafft, sie lebend aus dieser Hölle herauszubringen, und nur das zählt.«

Viggo seufzte schwer. »Von einer Hölle in die nächste.« Mit der Hand deutete er auf den Zaun, der bei Nacht zwar fast unsichtbar war, dessen Existenz er jedoch nie ganz vergessen konnte. »Wir werden hier nie wieder rauskommen, Magda.«

»Dann ist das halt so«, sagte Magda schulterzuckend. »Ich bin überall zu Hause, wo ihr beiden seid.« Ihre Hand wanderte über Viggos Hinterkopf zu seinem Nacken.

»Ist so ein bisschen wie im Ferienlager früher, findest du nicht?«, fragte sie. »Gut, die Betreuer stecken nun in Flecktarn und haben Maschinengewehre, und wer das Gelände verlässt, lebt nicht nur mit dem Risiko, von einem Bären angefallen zu werden, sondern auch von Zombies. Aber abgesehen davon gibt es viele Parallelen.«

»Ach ja? Und die wären?« In Viggos Stimme schwang ein leichtes Grinsen mit.

»Nun, da wären der Küchendienst, die vielen Betten auf engem Raum, Gemeinschaftsaktivitäten wie das Kartenspielen und die hübschen Typen, mit denen man sich nachts rausschleicht …« Sie warf ihrem Mann einen vielsagenden Blick zu.

Viggo, der verstand, was sie ihm damit sagen wollte, wog ab, wie groß die Wahrscheinlichkeit wohl war, dass sie jemand hier draußen entdecken würde. »Wenn wir leise genug sind und …«

Weiter kam er nicht, ehe er die warmen Lippen von Magda auf seinen spürte.

Der nächste Morgen begann für Viggo mit einem Patienten, der eine hässliche Schramme am linken Knie hatte. Nichts Lebensbedrohliches, aber eine ärztliche Versorgung würde eine schnellere Heilung ermöglichen.

Der junge Mann hatte das Lager in den frühen Morgenstunden erreicht und trotz all der Strapazen, die er durchlebt haben musste, hatte er noch genug Kraft in sich, um beim Desinfizieren der Wunde in einer Tour zu fluchen. Viggos gute Laune konnte das aber nicht trüben, gedanklich war er immer noch bei der vergangenen Nacht mit seiner Frau. Sie hatten sich ein Stück Normalität zurückerobert – wenn auch nicht so gemütlich wie im heimischen Bett. Aber es war schön.

»Verdammt, brennt das!«, spuckte der Patient aus. Er hatte eine unsportliche Statur, abstehende Ohren, und die paar verbliebenen Haare waren akribisch zur Seite gekämmt, um den ansonsten kahlen Kopf mehr schlecht als recht zu bedecken. Viggo kam das in Anbetracht der Umstände seltsam vor. Auf der Flucht vor Zombies war ihm seine Frisur ziemlich egal gewesen.

»Das muss es, um die Keime zu töten«, sagte er trocken. »Wie haben Sie sich die Wunde denn zugezogen?« Eigentlich interessierte ihn die Antwort nicht wirklich, aber die Frage würde sein Gegenüber von den Schmerzen ablenken.

»Hab mich abgemault, als ich vor den Biestern abgehauen bin. Schön langgelegt, richtigen Bauchklatscher gemacht. Da dachten sie, sie haben mich, aber da hatten sie sich geirrt. Wir Apelts sind aus einem …« Er suchte nach den richtigen Worten. »Wie sagt man? Einem anderen Holz geschnitzt?«

Bei dem Namen stutzte Viggo. »Sie stammen nicht von hier, oder?«

Der Verunfallte schüttelte vehement den Kopf, wobei die gekämmten Haare durcheinandergerieten und den kahlen Schädel preisgaben. »Bin vor zwei Jahren aus Deutschland gekommen, um hier Rinder zu züchten. Ist günstiger hier, weniger Auflagen, und das Futter kostet auch nur die Hälfte. Verkaufen kann ich aber auf der ganzen Welt. Und das Zeug wird mir aus den Händen gerissen, darauf können Sie einen …« Wieder eine Denkpause. »… lassen!«

Während Herr Apelt von seinen Rindern erzählte, die jetzt schutzlos auf einer Wiese ein paar Kilometer entfernt von hier standen und wahrscheinlich schon von den Untoten gefressen worden waren, inspizierte Viggo die Wunde genauer. Es war eine Schürfwunde, wie man sie sich zuzog, wenn man seine Knie als Bremsen auf Betonboden benutzte. Die Haut war unregelmäßig aufgerissen und nässte, an den Rändern klebte angetrocknetes Blut.

»... und deshalb muss ich schnellstmöglich zurück«, beendete der Mann mit dem schütteren Haupthaar seinen Satz. Viggo war seinem Monolog nicht gefolgt und wusste deshalb nicht, was der Grund war.

»Dann habe ich leider schlechte Neuigkeiten für Sie. Die Armee lässt hier niemanden mehr weg. Dort draußen ist es zu gefährlich. Aber ich habe auch eine gute Neuigkeit. Die Wunde muss nicht genäht werden – das wird Ihr Körper schon allein schaffen.«

Der Patient schaute schockiert. »Wie, ich komme hier nicht weg? Ich muss aber, die können einen doch nicht so ungerecht behandeln!«, sagte er energisch.

»Das besprechen Sie am besten mit jemandem vom Militär«, erwiderte Viggo leicht genervt. Er hatte diese Diskussion bereits ein paarmal führen müssen. »Wir verarzten die Leute hier nur, treffen aber keine Entscheidungen, wer was tun darf.«

»Aber das ist doch Freiheitsberaubung!«

»Ich glaube, wir sind jetzt fertig. Sie können gehen und sich gleich beschweren.«

Und das tat Herr Apelt auch. Energisch zog er seine Hose hoch, zurrte den Gürtel fest und marschierte mit großen Schritten aus der improvisierten Praxis.

Viggo hatte in diesem Moment noch keine Ahnung, dass der Neuankömmling für alle im Lager zu einem großen Problem werden würde.

Einige Zeit später

Die Wochen zogen ins Land, und im Lager ging jeder seiner Arbeit nach. Hin und wieder kamen neue Überlebende an und wurden eingegliedert, was die Kapazitäten jedoch langsam, aber sicher an ihre Grenzen brachte. Schlafplätze wurden knapp und die Mahlzeiten stärker rationiert. Nachschlag gab es keinen mehr, und Viggo hätte schwören können, dass die Portionen kleiner wurden. Auch die Schlangen vor den Sanitäranlagen wurden immer länger, und all das schlug auf die Stimmung. Die Leute wurden gereizter, bei der Essensausgabe gab es häufig Streit, und in einem der Hangars war es vor ein paar Nächten erstmals zu einem größeren Handgemenge gekommen, weil sich jemand durch das laute Schnarchen seines Nachbarn gestört gefühlt hatte. Das Militär musste eingreifen, um die Streithähne auseinanderzutreiben, die man seitdem nicht mehr gesehen hatte.

Viggo vermutete, dass die Armee Problemfälle wie diese in eins der vielen ungenutzten Gebäude sperrte, bis sie sich wieder beruhigt hatten. Es gab jedoch auch Gerüchte, dass Unruhestifter nachts in einem Jeep aus dem Lager gebracht und im Wald ausgesetzt worden waren – ohne Nahrung, ohne Waffen und nur mit den Klamotten, die sie am Leib trugen. Aber das tat er als Schauermärchen ab, die das Militär vielleicht sogar selbst streute, damit niemand aus der Reihe tanzte. Bisher hatte das auch sehr gut funktioniert, aber Viggo hatte das Gefühl, dass sich das bald ändern könnte.

Mit einem saftigen Klatschen landete eine Portion Haferschleim auf seinem Teller. Viggo musterte sein Frühstück skeptisch. Eigentlich mochte er Haferschleim, aber dieser hier hatte die Farbe und die trockene Konsistenz von Baumörtel und war wahrscheinlich auch in etwa genauso schmackhaft.

»Gibt es da noch etwas zu?«, fragte er in der naiven Hoffnung auf Zimt und Zucker oder zumindest ein paar Kirschen. Nicht dass es so etwas in den letzten Wochen gegeben hätte, aber man wusste ja nie, ob nicht doch noch neue Lebensmittel eingetroffen waren.

Die Kantinenmitarbeiterin, die ihrem Blick nach zu urteilen die Frage heute nicht das erste Mal gehört hatte, schüttelte nur entschuldigend den Kopf und widmete sich dann der nächsten Person. Viggo konnte ein Seufzen hinter sich vernehmen, als er hörte, wie die nächste Portion Haferschleim auf einen Teller klatschte.

»Bei so einem Essen ist eine Revolution nur noch eine Frage der Zeit«, dachte er, während er auf der Suche nach einem Platz durch das Meer an Menschen navigierte. Magda und Alexandra hatten Spätdienst, und so verbrachte er sein Abendessen heute allein.

Nach kurzer Zeit fand er einen noch freien Stuhl in der hinteren Ecke der Halle. Er stellte seinen Teller auf dem Tisch ab, setzte sich und probierte etwas von der Haferschleim-Mörtel-Mischung. Das Zeug schmeckte genau so, wie es aussah: fad und trocken. Natürlich verfügte das Lager über keine Sterneküche, aber das Essen war dennoch immer genießbar gewesen. Heute jedoch hatte der Koch wirklich danebengegriffen.

Viggo beschloss, lieber hungrig ins Bett zu gehen, als sich mit dieser Pampe den Magen zu verderben, und schob den Teller ein Stück von sich weg, wobei er auf ein Plakat aufmerksam wurde, das an einer Säule ihm gegenüber hing. Dort stand in großen schwarzen Buchstaben, die jemand mit einem Edding auf das Papier gemalt haben musste: »Heute Vorführung in Hangar B. Es läuft: Harry Potter. Beginn: 20:00 Uhr«

Von einem Kinoabend hörte Viggo das erste Mal. Es wunderte ihn, dass er nicht schon früher über den Flurfunk davon erfahren hatte. Außerdem konnte er sich nicht wirklich vorstellen, wie man ein Kino in den Hangar bauen sollte, geschweige denn, woher der Strom und die Gerätschaften dafür kamen. Aber er war bereit, dem

Ganzen eine Chance zu geben, und vor allem Alexandra würde sich freuen. Immerhin war sie ein großer Fan von Harry Potter, und zu besseren Zeiten hatte sie mindestens drei Schals in den Hausfarben von Gryffindor besessen. Für Magda und ihn würde es zumindest eine willkommene Ablenkung werden, auch wenn sie mit dem Zauberknaben nicht viel anfangen konnten.

Viggo stand auf, verteilte seine Ration an eine Familie am Nachbartisch und schlenderte dann zu Hangar C, um dort auf Magda und Alexandra zu warten.

Eine Viertelstunde vor Beginn der Vorstellung fanden sich alle in Hangar B ein. Die Bewohner dort hatten extra einen Bereich freigeräumt, in dem eigentlich Betten standen, und mit den grauen Plastikstühlen aus der Kantine ausgestattet. In mehreren Reihen waren sie vor einer behelfsmäßigen Bühne aufgebaut, hinter der eine Leinwand aus Abdeckplane an der Wand hing. Eine einfache, aber praktische Lösung, um die Bewohner des Flughafens einen Abend lang ihre Sorgen vergessen zu lassen. Viggo dämmerte, dass es sich nicht, wie angenommen, um eine Filmvorführung handeln konnte.

»Die werden doch wohl nicht Harry Potter als Theaterstück aufführen wollen?«, fragte er seine Frau, die grinsend neben ihm stand. Sie wusste, wie sehr er Theater hasste.

»Hast du einen besseren Vorschlag für heute Abend parat?«, stichelte sie liebevoll und nahm ihn bei der Hand. »Komm, wir suchen uns freie Plätze.«

Ein Großteil der rund hundert Stühle war bereits besetzt, und Viggo erkannte auch den einen oder anderen Nachbarn aus ihrem Hangar wieder. Alexandra war aber bereits durch die Reihen gelaufen und hatte noch freie Plätze an der Seite ausfindig machen können. Sie winkte ihre Eltern ungeduldig heran. Da die Stühle versetzt zueinander standen, hatten sie auch von hier aus eine gute Sicht auf die Bühne.

Seufzend ließ sich Viggo auf seinen Stuhl fallen und sah auf die Uhr. Zwei Minuten vor acht. Wenn sie die ganze Geschichte nachspielen wollten, würde das sehr lange dauern.

Als ein Mann vor die Leinwand trat, wurde das allgemeine Gemurmel leiser. Viggo brauchte einen Augenblick, bis er ihn erkannte. Es war der Patient mit der Schramme, den er vor einiger Zeit behandelt hatte. Er hatte das Lager offensichtlich nicht verlassen dürfen und sich seinem Schicksal ergeben.

Apelt trug eine blaue Anzughose und ein orangefarbenes Hemd und war damit auffallend gut gekleidet. Zu gut für ein Flüchtlingslager, auch wenn die Farben nicht zusammenpassten. Er klatschte in die Hände, um die Aufmerksamkeit der Wartenden auf sich zu lenken.

»Einen schönen guten Abend!«, rief er so laut, dass sich einige erschrocken nach vorn umdrehten. »Es freut mich, dass Sie sich alle hier so …« Er schien wieder nach dem richtigen Wort zu suchen. »Ähm …, viel… zahlreich versammelt haben!« Ein Grinsen machte sich in seinem Gesicht breit, als hätte er gerade einen Buchstabierwettbewerb gewonnen. »Uns von Hangar B ist es ein wichtiges …« Denkpause. »... Anliegen, die Lebensqualität hier zu steigern. Da uns das Militär unserer Freiheitsrechte beraubt hat, müssen wir wohl das Beste draus machen, und deswegen haben wir etwas einstudiert, um Ihnen eine schöne Zeit zu bereiten. Aber das kann und das soll nicht darüber hinwegtäuschen, dass die Zustände hier immer schlimmer werden!«

Vereinzelt gab es zustimmendes Geraune im Publikum.

»Es ist an der Zeit, dass wir ein … Mitspracherecht bekommen!«, forderte der fast Glatzköpfige und erntete nun verhaltenen Applaus. »Wir sind wie eine Rinderhorde … ich meine, Rinderherde, die man eingesperrt hat. Ich fordere, dass ein Rat aus Bürgern dem Militär gleichgestellt wird. Diese ungerechte Behandlung muss ein Ende haben!«

Der Applaus wurde lauter, Viggo, Magda und Alexandra sahen sich ratlos an. Offensichtlich war die Stimmung in Hangar B weitaus schlechter als in ihrer Unterkunft. Damit hatten sie nicht gerechnet. Viggo überlegte, wie groß der Anteil des Mannes auf der Bühne daran wohl sein mochte. Reichte ein Aufrührer aus, um so viele andere mitzuziehen?

Apelt hob die Arme, und das Klatschen ebbte ab. »Sei's drum. Wir haben uns heute nicht wegen der Lösung unserer Probleme hier getroffen, sondern um sie mal für ein paar Stunden zu vergessen. Film … äh … Vorführung ab!«

Viggo verließ das improvisierte Theater mit einem unguten Gefühl, was ihm anscheinend auch anzusehen war.

»Was ist los, Schatz?«, wollte seine Frau wissen, die an seiner Seite ging und seine Hand hielt.

Viggo wusste es selbst nicht so genau. Etwas beunruhigte ihn, er konnte es bloß nicht wirklich in Worte fassen. »Es ist die Stimmung hier«, versuchte er es und schaute sich dabei nach Alexandra um, die aber noch immer außer Hörweite hinter ihnen lief und sich mit dem Jungen unterhielt, der ihr nach wie vor unerwidert den Hof machte. »Ich habe das Gefühl, dass sie sich immer mehr auflädt, irgendwie elektrisch. In einer Fantasy-Geschichte würde jetzt vermutlich jemand sagen, dass ein Sturm aufzieht, und das trifft es sehr gut, befürchte ich.«

»Du hast Angst, dass es Streit gibt?«

»Merkst du nicht, wie die Leute immer unzufriedener werden? Die Zustände verschlechtern sich zusehends. Das Militär kann unmöglich davon ausgegangen sein, dass dieses Lager über einen so langen Zeitraum hinweg bestehen bleiben würde.« Er senkte seine Stimme zu einem Flüstern, als sie einen wachhabenden Soldaten passierten. »Allgemein ist es ein Wunder, dass es so lange gut ging.«

»Meinst du nicht, dass du es ein bisschen zu düster siehst?« Sie drückte liebevoll seine Hand. »Natürlich gibt es Probleme, das lässt sich bei so vielen Menschen auf so engem Raum kaum vermeiden. Aber Probleme lassen sich auch immer lösen.« Sie lächelte aufmunternd.

Eigentlich liebte Viggo seine Frau für ihren Pragmatismus. Wo ein Problem war, gab es für sie auch eine Lösung. Aber in dieser Sache hatte er Angst, dass sie nicht recht behalten würde.

Die Blätter an den Bäumen standen in vollem Saft, die Nächte wurden unangenehm warm – der Sommer hielt Einzug. Mittlerweile konnte man die Situation im Flüchtlingslager als durchaus prekär bezeichnen. Die Hangars waren hoffnungslos überfüllt, und manche Bewohner übernachteten lieber unter freiem Himmel, als sich in die Bettenburgen zu quetschen, in denen sich die stickige Luft staute.

Statt auf drei feste Mahlzeiten am Tag hatte man nur noch Anspruch auf zwei, das Abendbrot war komplett gestrichen worden. Eine harte Entscheidung der Lagerleitung, die mit viel Murren aufgenommen wurde. Die meisten waren sich der Vorzüge des Camps noch immer durchaus bewusst, aber das ständige Gefühl der Bedrohung, das alle lange Zeit in Schach gehalten hatte, nahm ab. Kein einziger Zombie war bis auf das Flughafengelände vorgedrungen, dafür schlurften sie manchmal ziellos am Zaun entlang und stierten mit ihren toten Augen ins Nichts. Sie erinnerten die Lagerbewohner zwar daran, dass es eine Realität hinter dem Zaun gab, die deutlich schlimmer war als alles, was sie hier drinnen erleben konnten, aber die Erinnerung verblasste nach und nach. Die Kinder bewarfen die Zombies mit Steinen, wenn gerade keine Wache hinsah, als wäre es bloß ein Spiel.

Während Viggo vor wenigen Wochen noch das Gefühl hatte, dass die Atmosphäre elektrisiert war, war sie nun auf jeden Fall bis zum Anschlag aufgeladen, wie ein Luftballon, in den immer mehr Luft geblasen wurde und der kurz vor dem Zerplatzen stand.

Es war Nacht, und im Hangar war es stickig, trotzdem lagen Viggo und Magda eng aneinandergekuschelt auf Viggos schmaler Matratze. Es sollte die letzte Nacht sein, in der es so etwas wie Frieden, Ordnung und Sicherheit in ihrem Leben gab.

Die Situation eskalierte am nächsten Tag beim Frühstück. Viggo, Magda und Alexandra waren spät dran und kamen fast als Letzte bei der Essensausgabe an, als der tägliche Vorrat an Haferschleim ausging.

Die wenigen Bewohner, die noch in der Schlange standen, reagierten mit mehr oder weniger verständnisvollem Nicken auf die Information, nur einer tanzte völlig aus der Reihe: Herr Apelt. Er echauffierte sich lautstark – und mit allerhand Wortfindungsstörungen –, dass es ja wohl unmöglich sei, wenn andere bevorzugt behandelt würden und der Rest leer ausging, und warum die Portionen nicht abgezählt würden, bevor man sie austeilte.

»Dieser Haferschleim ist nur ein Symptom für alles, was in diesem Todescamp schiefläuft!«, brüllte Apelt der überforderten Küchenkraft ins Gesicht.

Viggo sah sich erstaunt um, als auch andere in die Schimpftirade mit einstimmten und ihrem Unmut Luft machten. Diejenigen, die jetzt wütend ihre Fäuste nach oben reckten, lebten allesamt in Hangar B, so wie Herr Apelt. Wieder fragte sich Viggo, ob dieser Querulant seine Mitbewohner schon seit seiner Ankunft aufgehetzt und die angespannte Stimmung selbst heraufbeschworen hatte. Das Frühstück war nur der Tropfen, der das Fass zum Überlaufen brachte.

Die Rufe der Anwesenden wurden immer lauter. Als der erste Stuhl in Richtung des Personals flog, stürmte das Militär heran, die Gewehre im Anschlag. Schlagartig wurde es still. Viggo stellte sich schützend vor seine Familie, Adrenalin pumpte durch seinen Körper.

»Wer zum Teufel ist für diesen Scheiß verantwortlich?«, brüllte eine Frau in einer Tonlage, die alle Anwesenden strammstehen ließ. Sie trug einen streng gebundenen Pferdeschwanz, und auf ihren Schulterabzeichen prangten so viele Sterne, dass sie jemand Wichtiges sein musste. Im Gegensatz zu ihren Kollegen hielt sie keine Waffe in der Hand. Die Autorität, die sie ausstrahlte, war ihre Waffe. Niemand regte sich, niemand sagte ein Wort. Alle waren wie vor Angst erstarrt.

Die Frau sah sich auffordernd um. Keiner der Anwesenden wagte es, ihrem Blick standzuhalten. Die Leute senkten die Köpfe verstohlen zu Boden oder stierten Löcher in die Luft wie in der Schule, wenn jemand Mist gebaut hatte, der Lehrer den Schuldigen finden musste, aber niemand die Petze spielen wollte.

Doch die Soldatin wusste, wie sie an ihre Information kommen würde. Sie richtete den Blick auf die pummelige Küchenhilfe hinter dem Tresen, die sofort zusammenzuckte.

»Also, möchten Sie es mir vielleicht sagen?«

Man sah der jungen Frau an, dass sie niemanden verpfeifen wollte, aber auch nicht genug Willenskraft hatte, um einem Verhör standzuhalten. Sofort zeigte sie auf Herrn Apelt, wobei ihr ganzer Körper zitterte.

Die Soldatin nickte kurz und quittierte die Hilfe mit einem knappen »Danke schön«. Dann wandte sie sich an ihre Kameraden. »Sofort abführen!«

Augenblicklich packten zwei Uniformierte den fluchenden und zappelnden Anstifter unter den Armen und zerrten ihn aus dem Gebäude. Die Aktion wurde vom missmutigen Gemurmel der Anwesenden begleitet, die aus ihrer Starre erwachten und sich offensichtlich wieder daran erinnerten, dass sie wütend waren. Sie trauten sich nicht, offen gegen das Militär zu rebellieren, doch als der letzte Soldat die Kantine verlassen hatte, flogen Tabletts, Pappbecher, Teller und Besteck gegen die Tür und die Fensterscheiben.

Eine hitzige Diskussion entwickelte sich. Die Leute brauchten einen Sündenbock für ihre Lage, und das Militär kam ihnen da gerade recht. Schnell war man sich einig, dass die Soldaten für die Zustände verantwortlich waren, dass ihre Rationen viel üppiger ausfallen mussten, dass sie wahrscheinlich den Großteil der gefundenen Lebensmittel für sich selbst beanspruchten und es sich damit gut gehen ließen, während die Bewohner im Lager verhungerten.

Viggo traute seinen Ohren kaum. Diese Meinungen konnten sich nicht spontan aus der Situation heraus entwickelt haben. Niemand verhungerte hier! Hatten diese Leute denn alle vergessen, wie schlimm es da draußen zuging? Im Gegensatz zu der Realität hinter den Zäunen saßen sie hier doch wie die Maden im Speck! Zwar hatten sich viele Maden eingefunden, und der Speck wurde immer kleiner, aber das war doch immer noch besser, als zum Speck für die Zombies zu werden!

»Verschwinden wir von hier«, flüsterte er Magda zu, die dankbar nickte. So unauffällig wie möglich machten sich die drei aus dem Staub und ließen die aufgebracht diskutierende Meute in der Kantine zurück.

Den restlichen Tag über blieb es noch ruhig, aber am Abend begann das Kräftemessen. Hangar B ging offiziell in den Streik, verweigerte jede Kooperation mit dem Militär oder eine Beteiligung am Lagerleben. Man verbarrikadierte sich und forderte, dass Herr Apelt wieder freigelassen würde. Vergebens. Viggo fragte sich, ob das Militär den Forderungen nicht nachgeben wollte, um nicht erpressbar zu sein, oder ob man ihn nicht freilassen konnte, weil man ihn bereits aus dem Lager entfernt hatte.

Das Ergebnis aber blieb dasselbe. Das Militär gab nicht nach, und die Lage spitzte sich immer weiter zu. Die anderen Hangars verfolgten besorgt, wie die Sache weiterging, versuchten sich aber nicht einzumischen. Das Militär jedoch war in Zugzwang. Die Lagerführung musste Stärke beweisen, sonst würde sie Gesicht und Autorität verlieren. Panzerfahrzeuge und Maschinengewehre allein reichten plötzlich nicht mehr aus, um die Leute von der bestehenden Hierarchie zu überzeugen.

Als Soldaten mit schwerem Gerät anrückten, um die Barrikaden vor Hangar B abzureißen, setzten sich ihnen Dutzende in den Weg. Da man sie nicht einfach über den Haufen fahren konnte, wurden sie einer nach dem anderen weggetragen, doch für jeden entfernten Demonstranten setzten sich zwei neue hin. Es war ein hoffnungsloser Kampf gegen Windmühlen, und die Soldaten zogen sich wieder zurück. Vorerst.

Es war mitten in der Nacht, als die Bewohner des Lagers von einem lauten Knall geweckt wurden. Auf den ersten folgten viele weitere, und Viggo wusste, dass geschossen wurde. Jemand schoss auf dem Gelände.

Ein wildes Durcheinander brach aus. Viggo warf sich sein Hemd über und stürmte nach draußen. Wenn es Verletzte gab, musste er zur Stelle sein, um Erste Hilfe leisten zu können. Die Schüsse waren aus Hangar B gekommen, wie er vermutet hatte. Aus den weit geöffneten Türen strömten panische Menschen heraus, rempelten ihn an, stießen ihn fast zu Boden.

»Was ist da drin passiert?« Viggo hatte einen jungen Mann an den Schultern gepackt und schüttelte ihn, bekam jedoch keine Antwort, blickte nur in vor Entsetzen geweitete Augen. Er ließ den Jüngling laufen und bahnte sich seinen Weg durch die Flüchtenden.

Im Inneren des Hangars war das Chaos noch viel größer. Überall liefen Soldaten umher und brüllten Befehle, auf die niemand hörte. Mitten im Gang kniete ein uniformierter Mann, den Blick auf die Waffe in seinen Händen gerichtet.

Viggo erkannte ihn. Es war Jegor Imanel, ein Rekrut der Armee. Er war erst zwei Monate vor dem Unfall im Krankenhaus eingezogen worden und befand sich eigentlich noch in der Ausbildung. Viggo hatte ihm vor einigen Wochen eine Platzwunde über dem Auge genäht, die er sich angeblich bei einem Sturz zugezogen hatte. Doch Viggo vermutete, dass seine eigenen Kameraden ihm diese Verletzung beigebracht hatten. Jegor hatte nie zur Armee gewollt, wie er bereitwillig erzählte, als Viggo ihn mit etwas Small Talk von den Schmerzen der Behandlung abzulenken versuchte. Sein Schulabschluss aber sei so miserabel gewesen, dass er keine Wahl hatte und seine Eltern für ihn beschlossen, dass er lieber beim Militär etwas Disziplin lernen sollte, bevor er mit seinem »faulen Arsch die ganze Zeit das heimische Sofa besetzte«.

Für Jegor stellte es sich als Albtraum heraus. Er war ein schüchterner, zurückhaltender Junge, der viel in der Schule gehänselt wurde, weil er so still war und schlecht Anschluss fand. Er war immer ein leichtes Ziel gewesen, das sich nicht wehrte. Viggo vermutete, dass sich daran auch bei der Armee nichts geändert hatte und er das Opfer der ganzen Kompanie geworden war.

Viggo eilte zu dem am Boden Kauernden und kniete sich neben ihn. »Jegor, was ist passiert?«

Der junge Soldat hob langsam den Kopf und schaute sich um, als würde er jetzt erst bemerken, wo er eigentlich war. Dann erkannte er Viggo im fahlen Mondlicht.

»Wir sollten … den Hangar räumen. Nachts, wenn alle schlafen«, begann er stockend und schüttelte ungläubig den Kopf. »Sollte ganz schnell gehen. Aber dann …« Er starrte wieder auf seine Waffe. »Ich dachte, ich werde angegriffen. Und habe … geschossen. Dann haben alle geschossen. Und dann …« Seine Schultern bebten, und seine Stimme brach.

»Ist jemand verletzt?« Keine Antwort. »Jegor! Ist jemand verletzt?«

Der Soldat schluchzte nur und schwieg. Viggo sprang wieder auf die Füße und versuchte, sich in der Dunkelheit zu orientieren, als zwei Militärs an ihm vorbeihasteten, einen leblosen Körper zwischen sich. Viggo dachte nicht lange nach, sondern folgte ihnen sofort nach draußen, wo sie die bewusstlose Person ablegten.

»Beiseite!«, blaffte er die beiden an und machte sich daran, den Puls der Frau – wie er jetzt erkennen konnte – zu ertasten. Unregelmäßig und flach. »Verdammt!«, fluchte er.

Überall liefen Menschen umher und schrien. Für die Bewohner des Lagers musste das Bild eindeutig sein: Das Militär rächte sich für den Widerstand, indem sie jeden exekutierten. Die vielen Schüsse und die Verletzten, die aus Hangar B getragen wurden, ließen keinen Zweifel zu. Die Armee hatte ihre Waffen gegen die eigene Bevölkerung erhoben. Panik erfasste das gesamte Lager. Wie eingesperrtes Schlachtvieh rannten die Menschen in alle Richtungen.

Viggo sah auf die bewusstlose Frau, die vor ihm lag, und erkannte jetzt die große Wunde in ihrem Oberkörper. Das Mondlicht glänzte auf frischem Blut. Sehr viel Blut. Wieder ergriff er ihr Handgelenk, spürte nichts, tastete mit zittrigen Händen ihren Hals ab. Nichts. Sie war tot.

Plötzlich hörte Viggo seinen Namen. Jemand rief mit schriller Stimme nach ihm. Magda! Er sprang auf, konnte sie nirgends sehen, rief seinerseits ihren Namen. Zwei Umrisse schälten sich aus der Dunkelheit und kamen auf ihn zugerannt. Es waren seine Frau und seine Tochter, beide hielten Stoffbündel im Arm.

»Wir müssen hier weg!« Magda war völlig außer Atem. »Die drehen hier alle durch!«

Viggo nickte und nahm Alexandra das Bündel ab. Er konnte Wasserflaschen durch den dünnen Stoff des Bettlakens ertasten, ein Hemdsärmel hing heraus. Wahrscheinlich hatten Magda und Alexandra alles zusammengerafft, was sie noch besaßen.

Im Augenwinkel sah Viggo, wie eine Horde Zivilisten einen Soldaten gegen die Hangarwand drängte und ihm die Waffe entriss. Dann gab es einen lauten Knall, der Soldat sackte in sich zusammen, und das Gewehr wurde triumphierend in die Höhe gereckt.

»Hier lang!« Magda deutete nach vorn. Ein großer Pulk Menschen hatte sich gebildet, die blind vor Angst wie eine von Löwen gejagte Zebraherde auf das große Tor zuliefen. Niemand wollte der Letzte sein, der von den Raubtieren gefressen wird. Familienväter hatten ihre Kinder auf den Armen, die Frauen trugen die wenigen Habseligkeiten, die sie in der Eile hatten zusammensammeln können.

Die am Tor wachhabenden Soldaten blickten fassungslos auf das, was da auf sie zugerannt kam. Sie hielten die Läufe ihrer Kalaschnikows auf die Menschenmenge gerichtet, doch keiner schoss. Drei der vier Soldaten ließen stattdessen die Waffen fallen und suchten ihr Heil in der Flucht, der vierte aber nestelte panisch an seinem Gürtel herum, fand endlich den richtigen Schlüssel an einem großen Schlüsselbund, sperrte das Vorhängeschloss auf, das eine dicke Stahlkette zusammenhielt, und öffnete das Tor. Dann rannte auch er um sein Leben. Nur seiner besonnenen Reaktion war es zu verdanken, dass es in dieser Nacht kein zweites Gemetzel gab.

Die beiden großen Metallflügel des Tors explodierten geradezu nach rechts und links, als sich der Strom aus Flüchtlingen seinen Weg bahnte. Die Menschen rannten hinaus, als wäre der Teufel höchstpersönlich hinter ihnen her. Hunderte wollten gleichzeitig durch das Nadelöhr, und es dauerte nicht lange, bis auch die Zäune zu beiden Seiten umgerissen wurden. Eine Frau fiel hin und wäre fast niedergetrampelt worden, hätte ein Typ mit der Statur eines Bären sich nicht schützend über sie gestellt und ihr so die nötige Zeit zum Aufstehen verschafft.

Magda, Viggo und Alexandra hielten sich in dem Gedränge fest an den Händen, um sich nicht zu verlieren, doch als ein Mann der Länge nach hinschlug und sich im Fall an Viggos Schulter festzuhalten versuchte, kam auch der ins Straucheln und ließ die schweißnasse Hand seiner Frau los. Der Kontakt riss nur für den Bruchteil einer Sekunde ab, aber es reichte aus, dass sie und Alexandra sofort im Gedränge verschwanden.

»Magda!«, brüllte er. »Alexandra!«

Keine Reaktion, zumindest nicht die erhoffte. Menschen, die dicht an ihn gedrängt nach vorne schoben, um endlich durch das Tor zu kommen, sahen ihn nur irritiert an, waren aber viel zu sehr mit sich selbst beschäftigt, um ihm zu helfen.

Mittlerweile war er kurz vor der Öffnung und wurde deshalb immer weiter weggedrängt von der Stelle, wo er und seine Frau sich verloren hatten. Er stemmte sich zwar mit aller Kraft gegen die Masse und versuchte, in die entgegengesetzte Richtung zu laufen, hatte aber keine Chance. Wie ein Stück Treibholz im Fluss wurde er mitgetragen, und irgendwann hörte er auf, sich zu wehren.

Direkt hinter dem Tor fächerte die Menschenmasse auseinander und strömte in alle Himmelsrichtungen davon. Viggo schrie sich die Seele aus dem Leib. Er durfte seine Familie einfach nicht noch einmal verlieren. Doch gegen den Lärm Hunderter fliehender Menschen kam er nicht an. Seine Stimme verhallte ungehört, und sein Blickfeld verschwamm, als sich Tränen in seinen Augen sammelten. Wenn Alexandra und Magda in der Menge erdrückt oder zertrampelt worden wären, würde er das nicht überleben.

»Papa!«

Viggo fuhr herum und sah in die mandelbraunen Augen seiner Tochter. Sie hatte ihn seit einer gefühlten Ewigkeit nicht mehr Papa genannt, seit die Pubertät aus ihr einen Teenager gemacht hatte, der zu cool für solche Wörter war. Jetzt aber lief sie mit weit ausgebreiteten Armen auf ihn zu, wie sein kleines Mädchen es früher immer getan hatte. Er drückte sie so fest an sich, dass sie zu zappeln begann.

»Schon gut, du Penner!«, lachte sie erleichtert. »Ich bekomm gleich keine Luft mehr, und Mama würde sich bestimmt auch über so eine Umarmung freuen, also spar dir noch ein bisschen Kraft auf.«

»Wo ist sie?«, wollte Viggo wissen.

Alexandra zeigte mit einem Finger über ihre Schulter auf eine große Eiche, und dort sah Viggo seine Frau. In der Dunkelheit war sie zwar kaum auszumachen, aber für Viggo hätte auch nur ihr Schatten gereicht, um sie unter Hunderten zu erkennen. Mit Alexandra an der Hand lief er ihr entgegen und zog sie in eine stürmische Umarmung.

Sie verharrten einen Augenblick zu dritt eng umschlungen, ehe Magda das Schweigen brach. »Lasst uns von hier verschwinden.«

Viggo nickte, schulterte eines der Bündel, und ohne wirkliches Ziel folgten sie der Karawane aus Menschen, die sich auf der asphaltierten Straße durch den Wald bewegte. Ein Großteil der Flüchtlinge hatte sich entschieden, erst einmal diese Route zu nehmen, nachdem sie so spontan obdachlos geworden waren.

»Was machen wir jetzt?«, fragte Magda nach einer Weile unsicher.

Viggo zuckte mit den Schultern, er hatte keinen Plan.

»Wir haben doch immer noch ein Zuhause«, meldete sich Alexandra, die direkt hinter ihnen lief. »Das wäre doch ein gutes Ziel.«

Viggos Hand wanderte zu seiner Hosentasche, wo sie den Haustürschlüssel ertastete. Es war ihm zwar unsinnig vorgekommen, dass er sich ohne das vertraute Gewicht des Schlüssels immer irgendwie nackt gefühlt hatte, aber jetzt beglückwünschte er sich insgeheim selbst, diesem kleinen Spleen nachgegeben und den Schlüssel immer bei sich getragen zu haben.

Es war ein verlockender Gedanke, wieder im eigenen Bett schlafen zu können und nicht auf den Feldmatratzen. Wenn man seine Ruhe haben wollte, konnte man einfach die Tür schließen und musste sich nicht das Geschnarche Dutzender anhören. In der kleinen Vorratskammer sollte es noch Dosen und eingemachtes Obst und Gemüse für mindestens ein paar Wochen geben. Magdas Job im Supermarkt hatte ihnen immer mal wieder großzügige Sonderangebote eingebracht. Sie würden sich nicht in einer Kantine anstellen und hoffen müssen, dass der Koch sich bei den unbeschrifteten Gewürzen nicht vertan hatte – oder aber ganz ohne auskommen musste. Sie würden essen können, was und wann sie wollten.

Viggo zog die Augenbrauen zusammen, sodass sich auf seiner Stirn kleine Falten bildeten, und grübelte, wie weit ihr kleines Haus von hier wohl entfernt war. Er hatte ungefähr im Kopf, wo der Flughafen war, und versuchte abzuschätzen, wie lange sie brauchen würden.

»Wenn wir den Straßen folgen, wären wir vielleicht um die zwei Tage unterwegs. Querfeldein könnten wir etwas Zeit sparen, aber ich glaube, wir sollten kein Risiko eingehen und den Straßenschildern folgen.« Bei dem Gedanken, was sie hier draußen im Wald oder in verlassenen Hinterhöfen erwarten könnte, lief es ihm kalt den Rücken runter. »Auf der Straße können wir Gefahren zumindest rechtzeitig sehen und ihnen aus dem Weg gehen.« Er überlegte kurz und fügte dann hinzu: »Oder davor weglaufen.«

»Das klingt nach einem Plan«, stimmte Magda zu. »Zumal uns auch keine Alternative bleibt. Von einem anderen Lager wissen wir nichts, also ist unser Zuhause wohl die beste Option.«

Also war es beschlossene Sache. Die Nacht über wurde durchmarschiert, und mit den ersten Sonnenstrahlen erreichte die Karawane ein Autobahnkreuz, an dem sich die große Gruppe in zwei Ströme aufteilte. Der eine Strom folgte der Autobahn nach Osten in Richtung Stadt, Viggo, Alexandra und Magda schlossen sich der deutlich kleineren Gruppe nach Westen an. Wenn sich Viggo nicht komplett geirrt hatte, mussten sie der Autobahn etwa fünfzig Kilometer folgen, bis sie zu einer Abfahrt kamen, von wo aus es nur noch ungefähr zehn Kilometer sein mussten, bis sie wieder vor der eigenen Haustür standen.

Während der Wanderung hatte Viggo immer wieder die Hoffnung, sie könnten zumindest einen Teil der Strecke mit einem Auto zurücklegen – denn davon gab es hier mehr als genug. In langen Kolonnen waren sie einfach achtlos stehen gelassen worden. Doch die Wagen, die noch fahrtüchtig aussahen, hatten kein Benzin mehr, und der Rest bestand aus ineinander verkeilten Wracks und ausgebrannten Überresten. Die Gruppe gab es irgendwann auf, jedes Fahrzeug einzeln zu überprüfen. In den vergangenen Monaten hatten diesen Job bereits unzählige andere erledigt. Stattdessen zog sich der kleine Trupp immer weiter auseinander, bis zuletzt nur noch vereinzelte Grüppchen zu sehen waren.

Viggo war sich nicht sicher, ob das eine gute oder eine schlechte Idee war. Als kleinere Gruppe machten sie natürlich weniger Lärm, und die Zombies konnten nicht so schnell auf sie aufmerksam werden. In einer größeren Gruppe konnten sie sich dagegen besser verteidigen, was ihm aktuell nicht unwichtig erschien. Als Alexandra nach einigen Stunden Fußmarsch eine Pause verlangte, traf es sich daher ganz gut, dass sie soeben zu einer größeren Gruppe aufgeschlossen hatten, die im Graben verschnaufte.

Viggo führte seine Familie zu einem Pick-up ganz in der Nähe, der quer auf dem Seitenstreifen stand. Sie setzen sich auf die Ladefläche, und Viggo kramte in seinem Bündel nach den Wasserflaschen. Zu seiner Überraschung fand er neben etwas Kleidung auch ein paar Müsliriegel, die Magda wohl im Lager hatte mitgehen lassen. Gespielt vorwurfsvoll hielt er seiner Frau die belastenden Beweise unter die Nase, doch die zuckte nur grinsend mit den Schultern und schnappte sich einen der Riegel.

Nach dem dürftigen Frühstück dauerte es nicht lange, bis sie in der warmen Mittagssonne wegdösten. Der Gewaltmarsch forderte seinen Tribut. Viggos Schlaf verlief erfreulicherweise traumlos, obwohl er sicherlich genug zu verarbeiten gehabt hätte. Ein Rütteln an seiner Schulter ließ ihn langsam wieder zu sich kommen.

»Wie lang habe ich geschlafen?«, fragte er und rieb sich die Augen. Das grelle Sonnenlicht blendete.

»Eine gute Stunde, glaube ich«, antwortete Alexandra, die ihn geweckt hatte.

»Lang genug auf jeden Fall«, meldete sich Magda zu Wort, die bereits auf den Beinen war und ungeduldig wartete. »Die anderen sind schon wieder unterwegs. Wenn wir den Anschluss nicht ganz verlieren wollen, sollten wir weitergehen.«

Viggo sah sich um. Von der Flüchtlingsgruppe war kaum noch etwas zu sehen, nur einzelne dunklere Umrisse am Horizont.

»Du hast recht«, sagte er, sprang von der Ladefläche und schulterte sein Bündel.

Hin und wieder passierten sie kleinere Gruppen, die am Straßenrand rasteten oder sich in die Autos zum Schlafen gelegt hatten. Man grüßte sich flüchtig, blieb aber unter sich. Ihnen allen stand der Schrecken der letzten Nacht noch ins Gesicht geschrieben, und manche waren so blass, dass man sie nur anhand ihres Verhaltens von den Zombies unterscheiden konnte.

Die Sonne stand mittlerweile hoch am Himmel, und Viggo schätzte, dass es langsam auf den Nachmittag zugehen musste. Keiner von ihnen hatte eine Uhr dabei, und sich anhand des Sonnenstands zu orientieren, war unter Stadtbewohnern keine verbreitete Fähigkeit mehr. Die Hitze machte das Laufen zu einer Tortur, und um Magdas Nase zeigten sich die ersten Anzeichen eines Sonnenbrands. Seine beiden Mädels schienen tief in Gedanken versunken und sagten kein Wort.

Viggo wischte sich den Schweiß aus der Stirn. Das Schweigen seiner kleinen Familie behagte ihm nicht. Daher startete er einen Ablenkungsversuch von den düsteren Grübeleien.

»Was machst du zu Hause als Erstes?«, fragte er seine Tochter.

Alexandra sah auf den Boden und zog einen Mundwinkel hoch. »Also, da es momentan wahrscheinlich keinen Strom gibt …« Man konnte ihr förmlich ansehen, wie sie die einzelnen Optionen im Kopf durchging und verwarf. »… fallen Fernsehen und Internet schon mal weg. Ob ich mich auf eine erfrischende Dusche freuen kann, ist auch fraglich. Haben wir überhaupt noch fließend Wasser?«

Viggo zuckte mit den Schultern und hob die Hände. Er wusste es wirklich nicht.

»In dem Fall werde ich wohl … ein Buch lesen müssen. Oder haben wir noch die alten Brettspiele auf dem Speicher, die wir eigentlich auf dem Flohmarkt verkaufen wollten?«

»Hoffentlich«, erwiderte Viggo lachend. »Sonst muss ich mir dein Gemecker anhören, weil du tatsächlich mal ein Buch in die Hand nehmen musst.«

Dafür fing er sich einen bösen Blick ein, aber Alexandra konnte nicht lange ernst bleiben. »Die ›Leidenschaft der jungen Herrin‹ aus Katarinas Bücherregal hat mir sehr gut gefallen«, zog sie ihren Vater auf. »Vielleicht sollte ich öfter so etwas lesen.«

Viggo verdrehte die Augen. »Bloß nicht. Da kommst du nur auf dumme Gedanken.« Er mochte die Vorstellung nicht besonders, dass seine kleine Tochter so etwas wie die Leidenschaft einer jungen Herrin entwickeln könnte.

»Und du?«, wollte Alexandra wissen.

»Ehrlich gesagt, weiß ich das gar nicht so genau. Als Erstes werde ich nach Anton und Oskar schauen. Ich hoffe nur, sie …«

Er musste nicht weitersprechen, Alexandra verstand auch so, was er meinte. Traurig nickte sie, und Viggo ärgerte sich darüber, wie gründlich sein Versuch, sie auf andere Gedanken zu bringen, gescheitert war.

Den Rest des Tages kamen sie gut voran, ohne auch nur einmal auf Zombies zu stoßen. Viggo schätzte, dass sie über die Hälfte der

Gesamtstrecke geschafft haben mussten. Am nächsten Tag sollten sie die Autobahn bereits verlassen können. Seine Hoffnung war, dass die Landstraße nicht von Autowracks verstopft war und sie dort einen noch fahrtüchtigen Wagen finden würden. Aber das war Zukunftsmusik.

Als es bereits dämmerte, kamen sie an einem Lkw vorbei, dessen Beifahrertür offen stand. Das Gefährt war Teil einer Massenkarambolage gewesen, hatte aber keinen nennenswerten Schaden davongetragen. Dem Anhänger nach, auf dem eine Frau lächelnd eine Mineralwasserflasche an den Mund führte, hatte der Lkw Getränke transportiert. Die Ladefläche war aber, zur großen Enttäuschung der drei, bereits geplündert worden.

Trotzdem gab der Laster ein passables Nachtquartier ab. Hinter dem Fahrersitz war eine kleine Matratze verbaut worden, auf der sie es sich gemütlich machten. Sie mussten zwar mit wenig Platz auskommen und lagen mehr übereinander als auf der Matratze, aber das war immer noch besser als der harte Boden eines Anhängers. Die Türen konnten sie von innen mit der Kindersicherung verriegeln, sodass man schon die Scheiben einschlagen musste, wenn man reinwollte – und davon würden sie zumindest wach werden.

Sie teilten den letzten Müsliriegel gegen den größten Hunger miteinander und tranken ein paar Schlucke Wasser, ehe sie sich so gut es ging ausstreckten. Die Matratze war für Viggo um einiges zu kurz, aber in halb aufrechter Position zu schlafen war etwas, das man bei langen Krankenhausschichten schnell lernte. Von der ungewohnt langen Wanderung würde ihm morgen sowieso schon jeder Knochen wehtun, auf einen steifen Nacken kam es da nun wirklich nicht mehr an.

Mitten in der Nacht wurde Viggo durch dumpfe Schreie geweckt. Er konnte nicht einschätzen, wie nah oder fern sie waren, womöglich hatte der Wind sie von weit weg hergetragen. Aber irgendjemand brüllte um sein Leben. Er warf einen Blick zur Seite und sah zu seiner Erleichterung, dass Magda und Alexandra weiterschliefen. Er wollte nicht, dass sie das mit anhören mussten.

Die Schreie begleiteten ihn zurück in den Schlaf. Im Traum floh er vor Untoten in einem Labyrinth. Immer wenn er dachte, dass er den Ausweg endlich gefunden hatte, stand er plötzlich vor einer Wand, den kalten Atem der Monster stets im schweißnassen Nacken.

Dieses Mal war es Viggo, der als Erstes auf den Beinen war. Um Alexandra und Magda nicht zu wecken, kletterte er vorsichtig aus der kleinen Schlafnische, entriegelte die Beifahrertür und sprang aus dem Lkw. Er streckte alle vier Glieder und versuchte seinen Oberkörper zu dehnen. Weil er sich im Schlaf kaum hatte bewegen können, waren Schultern und Nacken wie befürchtet stocksteif. Auf noch so eine Nacht war er wirklich nicht heiß. Doch wenn alles nach Plan verlief, würde er schon morgen in seinem eigenen Bett aufwachen.

In der Ferne saßen ein paar Vögel in den Bäumen und trällerten fröhlich ihr Lied. Ansonsten war es komplett still. Andere Menschen konnte Viggo nicht sehen, es war aber gut möglich, dass die versprengten Nachzügler noch in irgendwelchen behelfsmäßigen Schlafquartieren lagen. Die Sonne schob sich gerade erst über den Horizont, es war also wahrscheinlich noch nicht einmal sechs Uhr.

Viggo nutzte die Zeit, bis der Rest der Familie aufwachte, und sah sich ein paar der umstehenden Autowracks genauer an. In einem alten Opel Astra, der auf der Seite lag und deshalb wohl von anderen Überlebenden ignoriert worden war, fand er ein noch verschlossenes Tetra Pak Orangensaft. Im Handschuhfach eines gelben Dacias – eine schreckliche Farbe, wie Viggo fand – entdeckte er eine angebrochene Tüte Studentenfutter »ohne Rosinen« und zwei Energieriegel, die noch verschweißt waren. »Für die Extraportion

Proteine«, stand darauf. Besser als nichts, beschloss Viggo und steckte seine Beute in die Hosentasche.

Als er zu ihrer provisorischen Unterkunft zurückkehrte, waren auch Alexandra und Magda aufgestanden. Beide klagten über einen verspannten Nacken und Schultern, waren aber ansonsten wohlauf. Viggos kleiner Fund, den er wie eine Jagdtrophäe in die Höhe hielt, zauberte ihnen ein Lächeln ins Gesicht.

Sie ließen den Orangensaft rumgehen, Viggo und Magda teilten sich einen der Energieriegel, während sich Alexandra über das Studentenfutter freute. Es war keine volle Mahlzeit, nicht einmal annähernd, aber fürs Erste musste es reichen. Sie konnten unterwegs weiter Ausschau halten, und wenn sie nichts finden würden, war es immerhin nicht mehr allzu weit bis nach Hause.

Von diesem Gedanken angespornt, setzten sich die drei in Bewegung. Der Tag wurde warm, schnell fingen sie an zu schwitzen. Viggo konnte sich mittlerweile selbst riechen. Er hätte viel für eine Dusche oder zumindest einen Deoroller gegeben, aber beides war auf der ausgestorbenen Autobahn – wenig verwunderlich – Mangelware.

Nach etwa zwei Stunden Fußmarsch zogen Regenwolken auf. Während des kurzen, aber kräftigen Gewitters platzierten sie ihre Wasserflaschen auf dem Asphalt und setzten sich in einen verlassenen Mercedes. Es handelte sich um eine schwarze Limousine mit verdunkelten Scheiben. Alle Türen hatten offen gestanden, der ehemalige Besitzer hatte wohl nicht viele Gedanken an sein Auto verschwendet, als er von hier fliehen musste. Im Kofferraum fand Viggo sogar noch Taschen mit nobler Abendgarderobe, die den Plünderern wahrscheinlich nicht praktisch genug gewesen war. Alles deutete auf eine übereilte Flucht hin.

Als sie im Auto saßen und dem Regen dabei lauschten, wie er auf den Fensterscheiben und dem Dach aufschlug, erinnerte sich Viggo an einen ihrer vielen Urlaube in den Bergen zurück, wenn sie gemeinsam im Zelt gesessen und darauf gewartet hatten, dass die Schlechtwetter-Wolken endlich weiterzogen. Dieses Geräusch von Regen, der gegen die Zeltwand prasselte, hatte er immer als unglaublich beruhigend empfunden, und so ging es ihm auch in diesem Moment. In Anbetracht der Tatsache, dass sie sich mitten in einer Katastrophe befanden, in einer Zombieapokalypse, mochte das komisch klingen, aber Viggo hatte seine Familie bei sich, sie waren alle am Leben und gerade auf dem Weg zu ihrem Zuhause. Mehr brauchte er nicht. Sie würden schon irgendwie zurechtkommen, bis das alles wieder unter Kontrolle war. Hätte ihn jemand gefragt, wie es ihnen gerade ging, hätte er wohl mit der Standardphrase »den Umständen entsprechend gut« geantwortet. Und das war die Wahrheit, er war zufrieden, so zufrieden, wie man es in so einer Situation nur sein konnte.

Nachdem der Regen wieder nachgelassen hatte, setzten sie ihren Weg über die Autobahn fort. Pausen machten sie nur, um ihren natürlichen Bedürfnissen nachzugehen, bis sie gegen Mittag auf eine Raststätte stießen. Eigentlich war es eine Tankstelle mit integriertem Restaurant. Wenn man schon zum Tanken anhielt, konnte man sich auch gleich ein über Stunden leidlich warm gehaltenes Schnitzel reinziehen, so vermutlich die Logik der Besitzer. Für Viggo und seine Familie war es ein kleiner Glücksfall. Zwar war der Großteil des Ladens schon geplündert, aber sie fanden noch zwei Wasserflaschen, die unaufmerksame Augen übersehen hatten, und im Lager waren zwei Dosen mit Bohnen in Tomatensoße unter ein Regal gerollt.

Sie nahmen an einem der runden Plastiktische im Restaurant Platz, öffneten die Dosen und verteilten den Inhalt fair auf drei Plastikschalen, die neben der umgeworfenen Salatbar gelegen hatten. Mit den beiden zusätzlichen Flaschen und dem zusammengeschütteten Regenwasser kamen sie auf drei volle Flaschen Wasser – genug, um ohne trockene Kehle nach Hause zu gelangen.

Die Bohnen hätten wahrscheinlich selbst aufgewärmt zu Würstchen und Spiegelei furchtbar geschmeckt, trotzdem waren sie wie ein Festessen, nach dem sich alle drei pappsatt zurücklehnten.

»Wie lange brauchen wir ungefähr noch?«, fragte Magda.

»Ich würde auf frühen Abend tippen«, antwortete Viggo. »Außer ihr zwei wollt ein kleines Verdauungsschläfchen machen.«

Magda zog eine Augenbraue hoch. »Wir zwei? Möchte der Herr nicht vielleicht selbst eine Mittagspause einlegen?«

Viggo lächelte. »Wir sind gut vorangekommen und haben für den restlichen Tag keine Termine im Kalender stehen, wenn ich das richtig sehe. Also wieso nicht?«

Sie entschieden sich, wieder einen Lkw zu suchen, in dem sie ein Nickerchen machen konnten. Viggo hatte zwar vorgeschlagen, einfach im Restaurant zu bleiben, allerdings warf Magda daraufhin ein, dass dort jeder rein- und rausmarschieren konnte, wie er wollte. Da der Einwand berechtigt war, sahen sie sich auf dem Parkplatz hinter der Raststätte um. Ein Wohnwagen fiel ihnen sofort ins Auge, doch auf diese Idee waren schon andere vor ihnen gekommen, die das Heim auf vier Rädern in keinem sonderlich guten Zustand hinterlassen hatten.

Als Viggo gerade die Tür eines Lkw überprüfte, hörte er einen Schrei. Die Stimme gehörte unverkennbar seiner Tochter.

»Alexandra!«, brüllte er und rannte zurück zur Mitte des Parkplatzes, wo sie sich getrennt hatten. Auch Magda kam mit schreckensweiten Augen angelaufen.

Alexandra stürmte aus einer dritten Richtung heran – allerdings war sie nicht allein. Sie wurde von einer jungen Frau verfolgt, der ein Auge fehlte und die nur noch Fetzen statt Klamotten trug.

»Zum Lkw!« brüllte Viggo, lief wieder zurück und riss die Hecktür auf. Magda war direkt hinter ihm und sprang auf die Ladefläche. Alexandra aber war noch ein gutes Stück entfernt, und er hatte die Sorge, dass sie es nicht schaffen würde.

»Kümmer dich um die Tür, wenn wir drin sind«, rief er seiner Frau zu und rannte dann seiner Tochter entgegen. Er hatte keinen Plan, auch keine Waffe am Mann, und so packte er die Untote wie ein Rugby-Spieler in vollem Lauf an der Hüfte und warf sie auf den Asphalt. Die junge Frau, die kaum noch mehr als Haut und Knochen war, wurde zurückgeschleudert und prallte hart auf dem Boden auf.

Viggo und Alexandra nutzten die Gelegenheit und retteten sich auf die Ladefläche des Lkw. Magda zog die Tür zu, und keinen Augenblick später hörten sie einen dumpfen Aufschlag und das Aufjaulen der Frau. Fäuste prasselten gegen das Metall der Tür.

»Hier drinnen sind wir sicher«, sagte Viggo und hoffte, dass durch den Lärm nicht noch weitere Untote aufgescheucht wurden.

Doch in dieser Nacht blieb das Glück auf ihrer Seite. Zwar verlor die Untote erst nach vielen Stunden die Lust daran, gegen den Laster zu hämmern, aber immerhin raubte sie ihnen so nur den Schlaf und nicht das Leben. Eng aneinandergedrängt harrten sie auf der unbequemen Ladefläche aus, bis der Lärm endlich aufhörte.

Am nächsten Morgen waren alle drei übermüdet und völlig fertig. Ferne Schreie in der Nacht waren das eine, aber wie es sich anfühlte, diesen Mistviechern direkt gegenüberzustehen, war in den vergangenen Monaten zu einer vagen Erinnerung verblasst. Jetzt war das Gefühl von Bedrohung wieder zum Greifen nah.

Das Frühstück ließen sie ausfallen, die Bohnen am Abend hatten für eine gute Basis gesorgt, außerdem war ihnen der Appetit gründlich vergangen. Bis zum Mittag würden sie aushalten. Viel wichtiger war es, von diesem Parkplatz zu verschwinden, ehe noch weitere Zombies auftauchten.

Der Tag wurde ebenso warm wie der letzte. Keinem von ihnen war nach Reden zumute, daher wanderten sie schweigend über das trockene Gras zur Seite der Autobahn. Der Asphalt war schon ziemlich aufgeheizt. Immer wieder blickten sie sich um und schreckten bei jedem Geräusch zusammen. Wie achtlos sie doch die Tage zuvor gewesen waren!

Es musste gegen Mittag sein, die Sonne stand am Scheitelpunkt, als sich Magda meldete. »Ich verschwinde mal eben im Busch.«

Sie kletterte über die Leitplanke und sprang über den Seitengraben, um ein paar Sekunden später mit dem dichten Gehölz abseits der Straße zu verschmelzen.

Viggo und Alexandra wussten, was das bedeutete, und nutzten die Zeit für eine kleine Pause. Sie setzten sich auf die Motorhaube eines blauen Pick-ups, der mit der Front auf die Gegenfahrbahn zeigte. Dort hatte es einen großen Unfall mit mindestens dreißig Autos gegeben, schätzte Viggo.

Er merkte, wie er in Sekundenschlaf verfiel. Es rächte sich, dass er die Nacht über so wenig geschlafen hatte. Immer wieder sank sein Kinn herab, und die Umwelt verschwand für einen kurzen Moment. Viggo wollte dem Drang schon nachgeben und sich einfach auf die Ladefläche des Autos legen, als ein gellender Schrei ertönte. Sofort war er wieder hellwach. Die Stimme und die Richtung, aus der der Schrei kam, ließen keinen Zweifel zu: Magda.

Wie nach einem Startschuss sprangen er und Alexandra von der Motorhaube und rasten in Richtung Gebüsch. Viggo erreichte die Leitplanke als Erster und sprang mit einem Satz drüber. Alexandra brüllte etwas, aber er war wie im Rausch. In diesem Moment gab es nur seine Frau.

Er überwand den Seitengraben und strauchelte in das Dickicht, wobei ihm Äste ins Gesicht schlugen. Seine Augen brauchten einen Augenblick, um sich an die veränderten Lichtverhältnisse zu gewöhnen, hektisch suchte er die Gegend ab, konnte Magda aber nicht finden. Sie musste noch tiefer reingegangen sein.

Dann ein neuer Schrei, gurgelnd, erstickt. Er kam aus der Richtung einer großen Eiche, keine zehn Meter von ihm entfernt. Viggo lief los. Als er den mächtigen Stamm umrundete, sah er das, wovor er sich die ganze Zeit so gefürchtet hatte: Eins der Monster saß über seine Frau gebeugt. Sie wehrte sich nicht, sondern lag einfach nur still da, als würde sie schlafen.

Der Zombie hatte ihn noch nicht bemerkt. Er war viel zu sehr mit seiner Mahlzeit beschäftigt. Schmatzende Geräusche drangen aus seiner toten Kehle hervor.

Viggo entwickelte keinen Plan. Ihm blieb keine Zeit, um nach einem schweren Ast oder einem großen Stein zu suchen. Stattdessen packte er den Angreifer von hinten an den schwarzen, fettigen Haaren und zog ihn mit einem Ruck von seiner Frau weg.

Der Kopf des Gepackten schnellte zurück, und überrascht von der Gewalteinwirkung ließ er sich wie ein Sack Kartoffeln nach hinten fallen. Viggo verlor das Gleichgewicht und fiel selbst hin, rappelte sich aber gleich wieder auf und stand über dem Zombie, bevor der überhaupt begreifen konnte, was passierte.

Wie im Wahn drosch Viggo mit beiden Fäusten auf das Gesicht ein, das vor der Apokalypse mal einem übergewichtigen Mann mit schwarzem Vollbart und langen Haaren gehört hatte, der vielleicht als Lagerist oder Trucker gearbeitet hatte. Sein T-Shirt mit dem verwaschenen Logo einer Metal-Band war über den dicken Wanst gerutscht.

Der Zombie versuchte sich zu wehren, zog aber den Kürzeren. Viggo hatte sich auf seine Brust gesetzt und hämmerte wie ein Irrer immer wieder auf seine Stirn ein. Das, was er gesehen hatte, reichte, um zu wissen, dass es für Magda keine Hilfe mehr gab. Rache war das Einzige, auf das er noch hoffen konnte.

Er ignorierte das verzweifelte Schreien und Flehen von Alexandra, die sich nur einen Meter neben ihm über Magda gebeugt hatte. Erst als aus dem Zombiekopf eine undefinierbare Masse geworden war und ihn die körperliche Erschöpfung langsam übermannte, hörte er auf. Er atmete schwer und blickte auf sein Werk hinab. Von dem bärtigen Gesicht mit blutunterlaufenen Augen war nicht mehr viel übrig. Sein Herz raste, und seine Hände brannten. Er atmete schwer und blickte auf sein Werk hinab.

Das Schluchzen seiner Tochter holte ihn ins Hier und Jetzt zurück. Er blickte hinüber zum reglosen Körper seiner Frau. Alexandra hielt sie in ihren Armen und zitterte heftig, während sie sich leicht vor und zurück wiegte.

»Sag doch etwas, Mama«, wimmerte sie. »Sag irgendwas!«

Viggo schleppte sich hinüber und ließ sich neben seiner Tochter nieder. Er legte ihr einen Arm um die Schultern, Tränen liefen sein Gesicht hinab.

Langsam wich die Farbe aus dem Körper seiner Frau, ihre Augen waren geschlossen. Man hätte glauben können, sie schlafe nur, wäre da nicht die große Bisswunde an ihrer Hauptschlagader am Hals gewesen, aus der Unmengen von Blut strömten. Das Gras um sie herum färbte sich langsam rot.

»Das bekommen wir wieder hin, Mama«, presste Alexandra hervor und drückte ihre Handfläche auf die klaffende Wunde. »Alles wird gut!«

Viggo brach es das Herz. Egal, wie oft Alexandra die Worte auch wiederholte, nichts würde jemals wieder gut werden. Doch er sagte nichts, gab seiner Frau stattdessen einen Kuss auf die Stirn und drückte seine Tochter fest an sich.

Sie verweilten einige Minuten lang in dieser Position, dann ging ein leichtes Zittern durch Magdas Körper. Alexandra riss die Augen auf.

»Sie lebt, Papa! Sie lebt!«

Viggo sprang auf und riss seine Tochter mit sich auf die Füße. »Nein. Sie kommt zurück!«

»Was?!« Alexandra stolperte von ihm weg, schüttelte heftig den Kopf. »Das kann nicht sein!«

»Zur Straße, sofort!«, rief er und packte seine Tochter am Arm. Er zerrte Alexandra hinter sich her, während er den Weg zur Leitplanke suchte. Hinter sich hörte er das verhängnisvolle Stöhnen und wusste, was es zu bedeuten hatte.

Er hatte sich nie Gedanken darüber gemacht, was er tun sollte, wenn es einen von ihnen erwischen sollte. Das hatte er nie in Erwägung gezogen. Jetzt bereute er seine Naivität.

Mit letzter Kraft schupste er Alexandra über die Planke und drehte sich dann um. Magda kam auf ihn zugewankt. Am schlimmsten war, dass die letzte Erinnerung an seine Frau nicht jener Moment vor einigen Nächten auf dem Hügel sein würde, oder wie sie ihn einfach anlächelte, sondern wie sie nun aus dem Dickicht herausstolperte und ihn mit stumpfen Blicken geifernd anstarrte.

Sie erkannte ihn nicht. Sie würde ihn nie wieder erkennen.

Wie ein unerfahrener Teenager auf Stöckelschuhen hielt sie sich unsicher auf beiden Beinen. Ihre Pupillen waren hinter einem grauen Nebel verschwunden. Viggo wusste nicht, ob sie noch irgendwo in dieser Hülle war. Aber er war sich sicher, dass dieser Körper nicht mehr zu seiner Frau gehörte. Seine Frau hätte nie versucht, ihn zu beißen und zu fressen.

Und als hätte jemand plötzlich einen Schalter umgelegt, nahm sie Viggo ins Visier und sprintete los. Er wich im letzten Moment mit einem Sprung aus, wodurch sie im vollen Lauf gegen die Leitplanke stieß und sich überschlug.

»Weg von ihr!« brüllte Viggo, der sah, wie Alexandra nur wenige Meter von ihr entfernt auf dem Boden saß und ihrer Mutter zu Hilfe eilen wollte. Irritiert hielt sie inne.

Viggo stürzte sich von hinten auf Magda, die sich gerade wieder aufrappeln wollte. Er begrub sie unter seinem Körper und hielt sie am Boden. Sie fauchte, ruderte mit den Armen, bekam ihn aber nicht zu fassen.

Und dann tat Viggo etwas, das aus purer Liebe zu seiner Frau entsprang. Er packte sie mit beiden Händen am Haarschopf, hob ihren Kopf an und rammte ihn auf den Asphalt. Erst nach dem siebten oder achten Versuch ließ der Widerstand nach. Viggo wiederholte die Prozedur unzählige Male, bis er ganz sicher war.

Er wusste, dass er das Richtige getan hatte. Es musste getan werden, Magda hatte es nicht verdient, als Monster durch die Welt zu wandeln. Aber er war sich auch bewusst, dass er das hier niemals überwinden würde. Wirklich Angst hatte er aber um Alexandra.

»Wir werden sie hier nicht so liegen lassen«, versprach Viggo seiner Tochter.

Alexandra nickte kaum sichtbar, starrte einfach ins Leere.

»Setz dich bitte in das Auto«, flüsterte Viggo und zeigte auf einen Pkw. Alexandra folgte der Bitte emotionslos.

Jetzt, wo seine Tochter in Sicherheit war, konnte er sich auf die Suche machen. Er wusste, dass er seiner Frau kein angemessenes Begräbnis bieten konnte, aber er würde sie auf keinen Fall auf der Autobahn in der prallen Sonne der Verwesung oder – noch schlimmer – den Beißern überlassen.

Er durchwühlte Autos und Kofferräume, bis er in einem Sprinter endlich fündig wurde. Er musste zu einem Malerbetrieb gehört haben, denn im hinteren Teil des Kleintransporters stapelten sich große Farbeimer. Da man Farbe nicht essen konnte, hatte sich wohl bislang niemand dafür interessiert. Auch Viggo hatte es nicht auf die Farbe abgesehen, sondern auf die Rolle Abdeckvlies, die er sich unter den Arm klemmte.

Als er zum Wagen zurückkehrte, kauerte Alexandra unverändert in ihrem Sitz. Sie hatte die Hände im Schoß gefaltet und stierte mit leerem Blick geradeaus. Da sie auch nicht reagierte, als er die Tür öffnete, legte Viggo ihr vorsichtig die Hand auf die Schulter, um sie nicht zu erschrecken. Sie drehte den Kopf wie in Zeitlupe und sah ihn mit geröteten Augen an.

»Ich habe hier eine Plane«, erklärte er, und sie nickte langsam, machte aber keine Anstalten auszusteigen. Da er sie nicht dazu zwingen wollte, ihm zu helfen, nickte auch er nur und zog sich wieder aus dem Wageninneren zurück. Er konnte Alexandras Blicke durch die Windschutzscheibe im Nacken spüren, als er sich neben Magda hinkniete und sie mühsam, Bahn für Bahn, in das Vlies wickelte. Er wusste selbst nicht so ganz, warum er das tat. Aber die Vorstellung, sie nicht in die nackte Erde zu legen, spendete ihm irgendwie Trost. Vielleicht ertrug er es auch einfach nicht, ihren Körper zu sehen.

Als er Magda vollständig mit schwarzem Vlies ummantelt hatte, organisierte er sich ein Straßenschild, das abgebrochen am Straßenrand lag. Unter großer Kraftanstrengung bog er das Schild an dessen Ende zu beiden Seiten nach innen, um eine improvisierte Schaufel zu erhalten. Auch wenn sich jede Faser seines Körpers dagegen wehrte, er musste für Magda ein Grab ausheben.

Er sprang über die Leitplanke, stieg in den Graben und rammte das Schild in die Erde. Es fühlte sich so falsch an. Es war ein Eingeständnis, dass er gerade seine Frau und Alexandra ihre Mutter verloren hatte. Mit jeder Schaufel Erde, die er aus dem Boden hob, wurde es ein bisschen mehr Realität.

Nach zwei Stunden musste er eine Pause einlegen. Eine Mischung aus Schweiß, Dreck und Blut klebte an seinem Körper und seinen Klamotten, jeder Muskel seines Körpers schrie vor Schmerzen. Wäre Alexandra nicht gewesen, er hätte sich die Mühe gar nicht gemacht. Er hätte sich einfach neben Magda gelegt und darauf gewartet, dass es mit ihm zu Ende ging. Doch für seine Tochter wollte er weitermachen.

Am späten Nachmittag beschloss Viggo, dass er nun tief genug gegraben hatte. Er kletterte aus dem Graben heraus und ging zum Wagen.

»Ich wäre dann so weit«, sagte er zu Alexandra und hörte, wie sehr seine eigene Stimme zitterte.

Sie nickte nur und stieg wortlos aus.

Die improvisierte Beerdigung verlief ruhig. Viggo positionierte den Leichnam von Magda in dem Grab, kletterte dann wieder heraus. Alexandra und er sahen hinab und wussten nicht, was sie tun oder sagen sollten. Sie hatten nichts dabei, was sie ihr hätten ins Grab legen können, hatten auch keine Rede vorbereitet. Wie konnte man sich auf so etwas auch schon vorbereiten?

»Danke«, presste Viggo hervor. »Für alles.«

Alexandra musste wieder weinen, und auch bei Viggo flossen die Tränen. Er hätte nie geglaubt, dass ein Mensch so viel Tränenflüssigkeit produzieren konnte. Als es dunkler wurde und die Nacht sich ankündigte, fing Viggo an, die Erde wieder in das Erdloch zu schaufeln. Er dachte gleichzeitig über alles und nichts nach, die Gedanken nicht greifbar. In seinem Kopf existierte ein großes schwarzes Loch, das jeden klaren Gedanken absorbierte.

Wochen später würde er an diesen Moment zurückdenken und nicht sagen können, was in diesem Augenblick in ihm vorgegangen war. Ein blinder Fleck im Gedächtnis, um sich selbst zu schützen.

Die Nacht verbrachten sie in demselben Auto, in dem Alexandra gewartet hatte. Keiner von beiden hatte mehr die Kraft oder den Willen weiterzugehen. Sie schliefen beide tief und fest vor Erschöpfung, zwar von Albträumen geplagt, aber sie schliefen.

Auch den darauffolgenden Tag verbrachten sie am Grab von Magda. Sie wollten noch nicht loslassen, und das mussten sie auch nicht. Nichts drängte sie weiterzugehen. Die Vorstellung, in ihr altes Haus zurückzukehren, erschien jetzt absurd. Jeder Zentimeter dort war mit Erinnerungen an Magda verknüpft. Viggo hatte noch am selben Abend, als er seine Frau begraben hatte, beschlossen, nicht mehr nach Hause zu gehen.

Als er Alexandra davon erzählte, hatte er den Eindruck, dass sie geradezu froh darüber war. Auch sie hatte Angst davor.

Sie mussten einen Neuanfang starten.

Monate später

Viggo wusste, dass er keine andere Wahl hatte. Er wollte ihr jüngstes Versteck im Keller eines alten Wirtshauses nicht verlassen, doch wenn er nicht bald Medikamente besorgte, stand es schlecht um Alexandra. Nach Magdas Tod waren sie wochenlang ziellos umhergeirrt, hatten sich in Scheunen und Jägerhochständen versteckt, gelebt wie Verbrecher auf der Flucht. Die Stadt mieden sie wie ein Hund den Tierarzt – in den Wäldern gab es nur vereinzelt Zombies, keine großen Rotten, wie sie ihnen in der Stadt begegnet waren.

Alexandra litt seit Tagen an hohem Fieber, das wohl auf einen Kratzer an einem rostigen Nagel zurückzuführen war. In solchen Zeiten musste man sich nicht nur vor den Infizierten oder Plünderern in Acht nehmen, sondern auch vor rostigen Nägeln. Es war bloß eine kleine Unachtsamkeit beim Zusammenbauen neuer Fallen. Alexandra sollte lediglich ein paar Nägel in ein Brett hämmern, das sie oben im Flur auslegen wollten. Leider traf einer der Nägel nicht nur das Brett, sondern auch den Daumen des Mädchens. So wurde aus einer kleinen Wunde schnell ein bedrohlicher Infekt.

Viggo kochte Wasser über der offenen Gasflamme ab. Wenn ein rostiger Nagel schon gefährlicher werden konnte, war das Risiko bei verunreinigtem Wasser noch viel größer. Sie waren unterwegs schon mehr als einmal an Brunnen vorbeigekommen, in denen die aufgedunsenen Körper von Glücklosen schwammen. Ein Festmahl für Fliegen, Maden und anderes Ungeziefer.

Als sich auf der Oberfläche erste Blasen bildeten, nahm er den Topf von der Flamme und füllte das kochende Wasser in einen Becher. Ein Teebeutel folgte, der laut Verpackung »Hilfe bei grippalen Infekten« versprach und nach Fenchel roch. Das war im Falle von Alexandras Erkrankung sicher nicht mehr als ein Placebo, aber dieses Placebo war momentan alles, was sie hatten. Früher wäre er einfach mit ihr zum Arzt gefahren, der hätte ihr ein Antibiotikum verschrieben, und nach zwei Wochen wäre das Thema wieder aus der Welt gewesen.

Viggo starrte minutenlang in die Leere und versuchte, nicht an dieses »Früher« zu denken. Gedanken an früher endeten zwangsweise bei seiner Frau, und er vermisste Magda mehr, als er ertragen konnte.

Er fischte den Beutel aus dem heißen Wasser und schmiss ihn in den improvisierten Mülleimer. Auch wenn die Welt im Chaos versank, wollte er zumindest im Unterschlupf Ordnung halten. Mäuse oder gar Ratten konnten sie nun wirklich nicht brauchen.

Leise ging er zum Bett von Alexandra, das sie nun schon seit zwei Tagen nicht mehr verlassen hatte. Den Tee stellte er auf den kleinen Tisch am Kopfende, dann setzte er sich auf den Bettrand und schaute ihr beim Schlafen zu. Es war einer dieser Momente, in denen er mit allem haderte. Mit dem Schicksal, mit den Entbehrlichkeiten, mit den Strapazen. Viele hatten den Freitod gewählt, das wusste er. Doch Selbstmord kam für ihn nicht infrage, solange er noch etwas hatte, für das es sich zu kämpfen lohnte. Und dieses Etwas lag nun vor ihm im Bett – krank und in schlechter Verfassung.

Alexandra drehte sich zu ihm und öffnete langsam die Augen. Haarsträhnen klebten ihr vom Schweiß im Gesicht, sie war sehr blass und hatte tiefe Augenringe. Trotzdem lächelte sie beim Anblick ihres Vaters.

Viggo erwiderte ihr Lächeln. »Schatz, ich werde mich gleich in die Stadt aufmachen und Medikamente besorgen.«

Er sah, dass Alexandra ihm widersprechen wollte, und legte ihr einen Finger auf die Lippen. »Ich bin noch vor Sonnenuntergang zurück. Versprochen. Auf dem Tisch steht ein Tee, und daneben liegt eine Packung Kekse. Außerdem möchte ich, dass du die hier unter deinem Kissen versteckst.«

Er nahm eine Pistole aus einem Halfter an seiner Seite und gab sie seiner Tochter. Die Waffe hatte er erst vor ein paar Tagen von einem alten Herrn bekommen, den sie mit einer offenen Beinwunde bei einem Feuerwehrauto gefunden hatten. Er hatte sich auf der Flucht vor ein paar Untoten das Bein mehrfach gebrochen und wusste, dass es keine Hoffnung mehr für ihn gab. Viggo bekam die Pistole von ihm – unter der Bedingung, dass er ihn von seinen Schmerzen erlöste. Er selbst brachte es nicht über sich abzudrücken.

Viggo tat ihm den Gefallen.

Alexandra sah die Waffe in ihren Händen mit großen Augen an.

»Im Fall der Fälle kannst du Einbrecher einfach über den Haufen schießen. Wenn ich zurückkomme, werde ich dreimal klopfen, zweimal schnell, lange Pause und dann noch mal. Also baller mich bitte nicht um.« Der Scherz verfehlte seine Wirkung.

Natürlich war die Waffe gegen Plünderer und sonstige Diebe gedacht. Aber Viggo war sich im Klaren darüber, dass sie auch ein Ausweg für Alexandra war, sollte er nicht zurückkommen. Jeder Ausflug war lebensgefährlich. Der Gedanke, dass seine Tochter hier verhungern oder sich in so ein Monster verwandeln könnte, während er irgendwo tod auf dem Dach eines Gebäudes in der Sonne lag oder als Mittagessen für die Zombies diente, schmerzte ihn mehr als alles andere. Aber das konnte er ihr unmöglich sagen. Sie würde wissen, was zu tun war, da war er sich sicher.

»Aber … du kannst sie viel besser gebrauchen!«, sagte Alexandra. Ihre Stimme war schwach und rau. Die Waffe bereitete ihr ganz offensichtlich großes Unbehagen.

»Keine Widerrede. Ich habe das Beil und die Machete. Das wird reichen. Die Pistole mussten wir nie benutzen. Ein bisschen Glück und eine scharfe Axt, mehr hat dein Vater bisher auch nicht gebraucht.«

Er gab seiner Tochter einen Kuss auf die schweißnasse Stirn und ging rüber zur Garderobe, die sie aus ein paar Brettern zusammengezimmert hatten. Dort hing ein Rucksack mit einem Symbol darauf, das Viggo nicht kannte. Alexandra hatte ihm erklärt, dass es sich um irgendwelche Jungs aus dem Internet handelte, die für andere Leute Videospiele spielten. Er verstand den Sinn dahinter zwar nicht, aber der Rucksack hatte ihnen gute Dienste geleistet. Er beinhaltete die nötigsten Sachen, die man brauchte, wenn man schnell aufbrechen musste: eine Trinkflasche mit abgekochtem Wasser, ein paar Pflaster, Müsliriegel und Trockenfleisch, ein Fernrohr und Verbandszeug. Es hatte sich schon mehr als einmal als nützlich erwiesen, eine Unterkunft schnell aufgeben zu können. Zu häuslich und wohnlich durfte man es sich einfach nicht machen.

Neben der Tür lehnte eine prächtige Axt mit rotem Kopf, die sie in einer Feuerwehrwache gefunden hatten. Ursprünglich diente sie wohl dazu, Türen aufzubrechen und so in Not Geratene aus brennenden Häusern zu befreien. Viggo diente sie als Schädelspalter für Zombies. Nicht im Sinne des Erfinders, allerdings mehr als praktisch.

Über der Axt ruhte eine Machete auf zwei Nägeln in der Wand. Ein infizierter Förster hatte damit wohl einst Schneisen ins Unterholz geschlagen. Als Viggo ihn auf einem Streifzug in seiner Hütte fand, schlug er ihm damit eine Schneise in den Kopf. Jetzt schnallte er sich die Waffe um die Hüfte, wo sie locker baumelte und auf ihren Einsatz wartete. Sie war handlicher und schneller zu führen als die Axt, hatte aber auch weniger Wucht. Ein Motorradhelm ohne Visier und eine Lederjacke sollten ihn vor den Hieben der Infizierten schützen. Viggo war bereit.

»Denk dran, wenn es dreimal klopft, nicht schießen!« Er ging schon zu Tür, drehte sich aber noch mal kurz um. »Ich liebe dich, mein Engel.«

Alexandra antwortete mit einem schwachen Lächeln und einem fast schon geflüsterten »Ich dich auch, du Penner«, schlief dann aber fast augenblicklich wieder ein. Schon diese kurze Unterhaltung hatte sie sehr angestrengt.

Viggo durfte keine Zeit mehr verlieren. In seinem Job als Pfleger hatte er schon häufiger Patienten mit so hohem Fieber behandelt, und er wusste, dass er jetzt schnell handeln musste. Er schätzte, dass ihnen nur noch wenige Stunden blieben. Wahrscheinlich siebzehn. Er hatte schon viel zu lange gewartet. Zu hoffen, dass ihr geschwächter Körper selbst mit dem Infekt klarkommen würde, hatte sich als schrecklicher Fehler erwiesen.

Er öffnete die Kellertür, marschierte die Treppe hinauf und umlief alle oben ausgelegten Fallen. Sie hatten Bretter mit Nägeln gespickt, die für ihre missliche Lage überhaupt erst verantwortlich waren, Seile mit leeren Konservendosen aufgehängt, die vor Einbrechern warnen sollten, und sogar eine Armbrust scharf gemacht, die automatisch ausgelöst wurde, wenn man den Stolperdraht auf der zweiten Kellerstufe berührte.

Das frei stehende Waldhäuschen hatten sie vor wenigen Tagen nach der Odyssee der letzten Wochen, immer auf der Flucht vor Räubern, Zombies und schmerzhaften Erinnerungen, gefunden. Es lag einen etwa zweistündigen Fußmarsch von der Stadt entfernt und hatte einst als Gaststätte für Wanderer gedient. Plünderer hatten ganze Arbeit geleistet und kaum etwas Brauchbares zurückgelassen, waren dann aber weitergezogen. Wahrscheinlich lag es ihnen zu weit abseits der größeren Gebäudekomplexe, auch wenn es nun, ein halbes Jahr nach dem Ausbruch, schon sehr viel Glück brauchte, wollte man noch einen guten Fund machen. Die Auslagen der Geschäfte und Vorratskammern der Bevölkerung waren schon lange geleert.

Das galt natürlich auch für das Krankenhaus, aber Viggos Hoffnung ruhte auf dem Medikamentenschrank von Station 6. Der Station, in der Viggos Kollege Viktor vor dem Ausbruch suchtkranke Patienten behandelt hatte.

Die Erinnerung an seinen alten Freund schmerzte. Erinnerungen konnten heutzutage wohl nichts anderes mehr. Viggos größte

Angst war es, im Krankenhaus auf bekannte Gesichter zu stoßen, die ziellos und untot durch die Gänge wandelten. Doch er musste das Risiko eingehen, denn der Medikamentenschrank von Station 6 war vermutlich der einzige noch ungeplünderte Medizinvorrat der ganzen Stadt. Damit die Suchtkranken nicht auf dumme Gedanken kamen, war er verschlossen wie ein Tresor. Unmöglich mit einer Brechstange aufzubekommen und zu schwer, um ihn davonzutragen. Um ihn zu öffnen, brauchte man einen Zahlencode, und Viggo wusste, wo er den fand. Schwester Anita hatte ihn sich auf die Waschanleitung ihrer Uniform geschrieben, da sie ihn immer wieder vergessen hatte. Er hoffte, dass er ihre Uniform in ihrem Spind finden würde – und nicht an ihrem infizierten Körper, der noch irgendwo durch die Flure von Station 6 wandelte.

Es war ein angenehmer Sommermorgen. Der Tau lag auf den Blättern, die Sonne schickte erste Strahlen über die Felder, und Vögel zwitscherten in den Baumkronen. Als Viggo vor die Tür trat, wirkte nichts so, als wäre die Welt von untoten Horden überrannt worden. Vor dem Ausbruch wäre es einer dieser Tage gewesen, die man mit einer Gassirunde und frischen Brötchen vom Bäcker begann. Frisch aufgebrühter Kaffee, ein Frühstück auf der Terrasse, und in der Tageszeitung gab es Neuigkeiten vom regionalen Fußballverein und einen großen Bericht über eine rekordverdächtige Zucchini vom örtlichen Bauern. Er sehnte sich nach dieser Spießigkeit.

Zwischen Viggo und den Medikamenten lagen ungefähr acht Kilometer Fußmarsch und eine unbekannte Anzahl Zombies. Allein waren die Untoten keine große Gefahr. Man konnte davonlaufen und sich verstecken oder ihnen einfach den Schädel einschlagen. Gefährlich wurden sie erst in Gruppen, aber so weit wollte er es gar nicht erst kommen lassen. Die Devise war: kein Risiko, keine Konfrontation, wenn es nicht wirklich sein musste. Die großen Unbekannten waren natürlich Plünderer und Banditen, die sich ganz bestimmt in der Stadt herumtreiben würden. Nachts gehörten die Straßen den Infizierten, aber tagsüber, wenn die Sichtverhältnisse gut waren, kam das ganze menschliche Gesocks hervorgekrochen und suchte nach den wenigen brauchbaren Überbleibseln, die noch in irgendwelchen Schubladen und Kommoden versteckt waren. Viggo selbst hatte einmal mehrere Tausend Dollar zusammengerollt in einer Socke gefunden. Vor Kurzem hätte er damit ein schönes Auto kaufen können, doch nun interessierte sich niemand mehr für die Scheine. Von Wert waren Lebensmittel, Medikamente, Waffen und natürlich Zigaretten. Viele konnten selbst in so einer Situation nicht auf ihr Suchtmittel verzichten.

Viggo marschierte los und folgte dem Wanderweg, der laut einer Karte im Gasthaus auf direktestem Wege in die Stadt führte. Wegen Alexandras Krankheit hatte er bislang kaum Zeit gehabt, sich in der Gegend umzusehen. Er kam an einigen Autowracks mit eingeschlagenen Scheiben vorbei, aus denen alles Nützliche bereits mitgenommen worden war. Vielleicht hätte er eins der Autos noch kurzschließen und einiges an Zeit sparen können, aber bei dem Krach, den er so verursacht hätte, wäre seine Mission schon von vornherein zum Scheitern verurteilt gewesen.

Eines der Autos erregte trotzdem sein Interesse. Es war ein blauer Lada älteren Baujahrs. Der rechte Vorderreifen war platt und der Kofferraum eingedellt, ansonsten war das Auto aber unversehrt. Das machte ihn misstrauisch. Intakte Seitenfenster bei einem Auto kamen ungefähr so häufig vor wie ein Einhorn in freier Wildbahn. Und da stand es nun vor ihm: ein motorisiertes Einhorn. Rost fraß sich an den Kanten durch den Lack, und die ständige Sonneneinstrahlung nahm der Farbe ihren Glanz.

»Was versteckst du wohl?«, murmelte Viggo, zückte die Axt und näherte sich vorsichtig dem Wagen. Eine dicke Schicht aus Dreck und Blättern hatte sich in den vergangenen Monaten auf die Fenster gelegt und verhinderte den Blick ins Innere. Er horchte angestrengt, aber abgesehen vom Wind, der die Tannen durchschüttelte, war es absolut still.

»Schauen wir mal, was die Piñata so für uns bereithält«, dachte Viggo und schlug mit dem Griff seiner Axt die Scheibe ein. Noch während der Stiel der Waffe das Fenster zertrümmerte, griffen knochige Finger aus dem Autoinneren danach.

»Verdammt!«, schrie Viggo und rang mit dem Untoten, der vermutlich schon seit Monaten hier eingesperrt war und nun ungewollt von Viggo aus seinem Gefängnis befreit wurde.

»Gib mir die Axt zurück, du scheiß Lutscher!«, presste er zwischen zusammengebissenen Zähnen hervor. Der Zombie hatte trotz seiner langen Gefangenschaft nichts von seiner übermenschlichen Kraft verloren. Wenn Viggo nicht bald etwas einfiel, würden sie noch morgen früh miteinander ringen.

Mit einer Hand tastete er nach der Machete an seinem Gürtel, die andere hielt den Stiel fest umklammert. Er fummelte an der Öse, um die Machete zu lösen, bekam die Klinge aber nicht heraus. Der Zombie zog Viggos Arm immer weiter ins Auto. Die eingefallene, aschfahle Fratze presste sich gegen die gesplitterte Scheibe. Wo einst die Augen waren, blickten ihm jetzt nur noch dunkle Höhlen entgegen. Diese Viecher mussten eine Art sechsen Sinn haben, um ihre Opfer auch mit vertrockneten Augen noch ausmachen zu können.

Die beiden Gesichter waren keine Handbreit mehr voneinander entfernt. Der Kiefer des Untoten klappte mit lautem Klacken auf und zu – die Vorfreude auf das frische Mahl war ihm deutlich anzusehen. Keine Sekunde zu früh konnte Viggo die Machete endlich aus ihrer Halterung lösen und rammte sie dem Zombie von unten durch den Kopf. Sofort erschlaffte der Körper und gab die Axt wieder frei.

Viggo taumelte zurück und atmete schwer. So hatte er sich den Start seines Ausflugs nicht vorgestellt. Es war die Art von Aufregung, die er gern vermieden hätte, aber das hatte er nun von seiner Neugier. Er griff durch das eingeschlagene Fenster, löste die Zentralverriegelung und öffnete die Fahrertür, wobei der Zombie herausrutschte und auf den Boden fiel. Nachdem sich Viggo vergewissert hatte, dass der Beißer wirklich erledigt war und nicht noch ein untotes Baby unter dem Sitz auf ihn wartete, sah er sich im Wageninnern genauer um.

Auf dem Rücksitz fand er einen kleinen Beutel mit mehreren Dosen Nudeln in Tomatensoße. Früher hätte er einen großen Bogen um so einen Fraß gemacht, heute kamen die Dosen einem Festessen an Heiligabend gleich. Warm gemacht und mit ein paar Gewürzen verfeinert, konnte man das Ganze gut und gern als Fünf-Sterne-Essen bezeichnen. In der Regel ernährten sie sich von Keksen und eingemachtem Gemüse und Obst, das sie in diversen Vorratskammern gefunden hatten. Aber Nudeln hatten sie schon lange nicht mehr.

Im Handschuhfach fand er eine kleine Schachtel mit der Aufschrift »Aspirin«, fünf Tabletten befanden sich noch darin. »Jackpot!«, murmelte er. Dieser kleine Zwischenstopp war jede Strapaze und jedes Risiko wert gewesen. Fünf Dosen Nudeln und fünf Tabletten Aspirin – in solchen Tagen war das mehr als ein Sechser im Lotto.

Viggo verstaute alles gut im Rucksack und schaute auch noch im Kofferraum nach, in dem er mehrere Taschen voll mit Klamotten fand. Größe XXL, überwiegend Kleider – nichts von Nutzen, nichts, womit man hätte handeln können. Und wie es aussah, würde er weder in naher noch in ferner Zukunft ein Geschäft für Damenmode eröffnen. Deshalb ließ er den unnötigen Plunder auf der Straße verstreut liegen. Mit solchem Ballast konnte er auf seiner Mission nichts anfangen. Viggo schaute auch nach einem Erste-Hilfe-Koffer, doch die Besitzer des Wagens hatten es mit den Vorschriften leider nicht zu genau genommen.

Die Sonne war schon ein gutes Stück weitergewandert, als er sich wieder auf den Weg machte. Nach etwa einer Stunde kam er um eine Kurve, und vor ihm erstreckte sich die Stadt. In der Ferne waren die Plattenbauten zu erkennen, vor ihm lag der Güterbahnhof. Dazwischen, direkt im Stadtkern, befand sich das Krankenhaus. Das große rote Kreuz prangte ganz oben und sah wie ein stiller Beobachter auf das Geschehen herab. Im Grunde war es ein hässlicher Bau: viereckig, graue Fassade, weiße Gardinen vor den Fenstern – müsste er es mit einem Wort beschreiben, wäre es wohl »trostlos«.

Viggo kramte im Rucksack herum, bis er das Fernglas zu fassen bekam. Es war ein älteres, binokulares Modell in mattem Olivgrün mit einer Lederschlaufe. Mit dem Hilfsgerät vor den Augen prüfte er seine Umgebung. Das Bahnhofsgelände war von Zombies überlaufen. Ziellos, aber immer auf der Suche nach einer frischen Mahlzeit. Er erblickte mindestens dreißig Läufer und acht Kriecher. Die noch Überlebenden hatten irgendwann angefangen, die Untoten in diese Unterkategorien einzuordnen. Kriecher hatten nicht mehr genug Kraft in den Beinen oder schwere Verletzungen und konnten sich nur über den Boden ziehen, was sie jedoch nicht weniger gefährlich machte. Im hohen Gras waren sie leicht zu übersehen, und wenn eines dieser Viecher erst mal zugepackt hatte, war es schwer, sich wieder loszureißen.

Sein Blick wanderte über die zahlreichen Güterwaggons, die wortwörtlich wie bestellt und nicht abgeholt wirkten. Als sich die Nachricht über die Seuche herumsprach, hatte ein Großteil der Angestellten ihre Arbeit einfach liegen lassen und sich davongemacht. Teilweise hingen die Container noch am Kran.

Am gegenüberliegenden Ende des Geländes war ein imposanter Bahnhof, über den die Pendler aus den umliegenden Dörfern und Kleinstädten früher in die Stadt geströmt waren. Das Gebäude verfügte über hohe Fenster, wodurch die Wartehalle mit viel Licht geflutet wurde. Zur rechten Seite des Bahnhofs gab es einen kleinen Krämerladen, in dem frische Backwaren, aufgebrühter Kaffee und die Tageszeitung verkauft worden waren. Lebensweisheiten und Zoten hatte es vom Besitzer kostenlos dazugegeben. Viggo war vor der Arbeit manchmal dort vorbeigegangen, um sich noch eine Eierschrippe zu holen. Nicht weil die Eierschrippen so außergewöhnlich gut waren, sondern weil er den morgendlichen Trubel mochte. Wenn er ein paar Minuten zu früh dran war, hatte er sich mit dem Brötchen und einem Kaffee auf eine der vielen Bänke in der Halle gesetzt und den Leuten dabei zugesehen, wie sie emsig in Richtung Ausgang strömten, um rechtzeitig zur Arbeit zu kommen.

Aber diese Zeiten waren vorbei. Die Scheiben waren eingeschlagen, Dachschindeln heruntergestürzt. Auf der ihm zugewandten Seite war mit großen roten Lettern die Botschaft »GOTTES RACHE TRIFFT EUCH SÜNDER« gesprüht worden.

Viggo zog die Augenbrauen hoch. Er war zwar früher regelmäßig in die Kirche gegangen, aber dass das hier das Werk eines Gottes sein sollte, konnte er sich nicht vorstellen. Kein Gott konnte so grausam sein und so etwas auf die Menschheit loslassen. Seine Theorie war noch immer, dass irgendein Experiment mächtig in die Hose gegangen war, auch wenn es natürlich aktuell niemanden gab, der das hätte erforschen können.

Mittlerweile stand die Sonne hoch am Himmel. Wenn er rechtzeitig wieder bei Alexandra sein wollte, musste er sich langsam beeilen und aufhören, mit seinen Gedanken ständig in der Vergangenheit zu hängen. Den angenehmen Spaziergang hatte er nun hinter sich gebracht. Vor ihm lag die Königsdisziplin: Irgendwie an den zahlreichen Untoten vorbeikommen, über das Bahnhofsgelände marschieren, sich durch die Straßen schleichen, einen Weg in das Krankenhaus finden, dort den Kittel von Schwester Anita auftreiben, den Zahlencode am Medizinschrank eingeben und mit dem Medikament irgendwie wieder aus der Stadt kommen. Kein unmögliches Unterfangen, aber extrem riskant. Und dann waren da noch unbekannte Faktoren wie Plünderer. Auch wenn er gerade keine sehen konnte, wusste er, dass die Stadt voll von ihnen war. Manche töteten einfach nur zum Spaß, weil es keine Polizei oder Justiz mehr gab, die sie dafür bestrafen konnte. Diese Menschen bereiteten Viggo am meisten Sorgen. Es waren gewissenlose Schweine, die einfach mal rausfinden wollten, wie es im echten Leben aussieht, wenn ein Mensch von einer Kugel in den Kopf getroffen wird. Eine große Gefahr, aber Viggo zögerte keine Sekunde, sie für seine Tochter auf sich zu nehmen.

Plötzlich erregte etwas seine Aufmerksamkeit. Durch das Fernglas konnte er zwei Typen dabei beobachten, wie sie sich von Waggon zu Waggon schlichen. Beide standen gut im Futter und waren alles andere als sportlich. Sie trugen dunkle Overalls und waren mit Schusswaffen ausgerüstet, die jedoch in ihren Holstern steckten. Der eine hatte auffällig gut frisierte Haare, während die des anderen eher an ein Vogelnest erinnerten. Viggo entschied sich, noch kurz abzuwarten und zu beobachten, was die beiden vorhatten, und folgte ihren Bewegungen durch das Fernglas. Irgendwie fühlte sich das fast an wie Fernsehen.

Der mit den perfekt gegelten Haaren schob sich gerade unter einem Güterwaggon durch, während der andere mit gezückter Machete Wache hielt und die Umgebung prüfte. Viggo setzte das Fernglas kurz ab, um sich den Schweiß von der Stirn zu wischen, da entdeckte er ein gefährliches Detail, das ihm sonst aufgrund des eingeschränkten Sichtfelds entgangen wäre: Zwei Containerreihen weiter schoben sich acht bis zehn Zombies langsam schlurfend auf die zwei Überlebenden zu. Die wussten noch nichts von ihrem Unglück und würden es von ihrer Position aus wohl auch erst bemerken, wenn es schon zu spät war.

Die Gedanken in Viggos Kopf fingen an zu rasen: Er hatte eine klare Mission und Verantwortung gegenüber seiner Tochter, deren letzte Hoffnung er war. Andererseits waren da unten zwei Vertreter der aussterbenden Spezies Mensch in großer Gefahr. Mit ihrer Leibesfülle würden sie auf der Flucht vor den Infizierten wahrscheinlich unter den verdammten Waggons stecken bleiben. Der Typ mit der Betonlocke war auf jeden Fall ein gefundenes Fressen für die Zombies, dem anderen räumte Viggo zumindest eine minimale Chance auf eine erfolgreiche Flucht ein.

Es nützte nichts, er konnte nicht dabei zusehen, wie die beiden sich in ihren eigenen Untergang manövrierten. Die Zombies mussten irgendwie abgelenkt und auf eine andere Route gebracht werden. In Viggo war noch zu viel Empathie, Menschlichkeit und Mitgefühl übrig, um die Situation einfach zu ignorieren. Vielleicht geriet er irgendwann in eine ähnliche Lage. Dann würde er sich auch wünschen, dass ihn jemand rettete. Und selbst wenn er scheitern sollte: Wenn es einen Gott gab, würde sein selbstloser Einsatz seine Chancen auf den Einzug ins Paradies bestimmt vergrößern.

Vorsichtig und ohne sein Umfeld aus den Augen zu lassen, pirschte sich Viggo bis zur ersten Waggonreihe vor. Er brauchte eine Idee. Einfach laut zu rufen und dann vor den Zombies wegzulaufen war keine Option. Er musste sie irgendwo einsperren.

Viggo sah sich um. Einige Container standen mit weit geöffneten Toren herum, aber auch wenn die Biester ihm in den Metallkasten folgen würden, säße er im Anschluss in der Falle. Das ging also schon mal nicht. Der Plan an sich war aber nicht ganz verkehrt, beschloss er. Leise schlich er weiter, umrundete zwei Güterwagen mit versperrten Türen und gelangte schließlich zu einem ausrangierten Passagierwaggon mit großen Fenstern und roten Stoffbezügen auf den Sitzen, die im Gegensatz zu den Plastikschalen, die sie in neueren Modellen verbauten, deutlich bequemer aussahen. Ganz offensichtlich war der Wagen früher einmal von Jugendlichen als Treffpunkt genutzt worden, denn die Wände waren mit Kritzeleien beschmiert, und die Türen standen zu beiden Seiten weit offen. Türen, die mit massiven Eisenhebeln wieder verschlossen werden konnten. Vielleicht wurde aus dem Himmelfahrtskommando ja doch noch ein Unterfangen mit realistischen Erfolgsaussichten, und der Waggon im Ruhestand dürfte sich noch ein letztes Mal über neue Passagiere freuen.

Von hier waren es sechs Reihen bis zu den Untoten, insgesamt acht bis zu den Überlebenden. Viggos Atem ging jetzt schneller, der Burstkorb hob und senkte sich rasch. Er umfasste seine Axt mit beiden Händen und verfiel in einen leichten Trab. Zwischen ihm und der toten Horde waren keine weiteren Überraschungen in Form von leblosem Fleisch zu sehen. Er passierte Waggon für Waggon, bis er direkt parallel zu der langsam vor sich hin schlurfenden Gefahr sein musste. Wenn sie einmal seine Witterung aufgenommen hätten, würden sie sich jedoch in beachtliche Läufer verwandeln. Ihm blieb nicht mehr viel Zeit.

Er ging seinen Plan noch einmal im Kopf durch und kam zu dem Entschluss, dass es vielleicht doch ein Himmelfahrtskommando war. »Dafür schulden die beiden mir mindestens einen selbst gebackenen Kuchen«, dachte Viggo und wusste, dass das natürlich völlig albern war. Aber es war die Art von Galgenhumor, die er in so einer Situation brauchte.

Er nahm seinen ganzen Mut zusammen und schlich um die nächste Ecke. Dort wanderte der Trupp Untoter stoisch in die ihm entgegengesetzte Richtung. Sie hatten ihn noch nicht bemerkt. Noch konnte er einen Rückzieher machen – aber das war nicht seine Art.

Ungefähr zwanzig Meter lagen zwischen ihm und der Meute. Viggo hob einen roten Backstein auf, an dem bereits das Unkraut hochwuchs, nahm kurz Maß und warf den Stein dann in hohem Bogen einem Zombie mit Bademantel an den Kopf. Die Schädeldecke gab mit einem dumpfen Geräusch nach, der Getroffene kippte wie ein nasser Sack nach vorne, und aus der Wunde sickerte eine geleeartige Masse, die wohl mal das Hirn gewesen war. Zumindest dieser Spießgeselle würde ihm keine Probleme mehr bereiten.

»Eins zu null für mich«, murmelte Viggo, als sich der Rest der Untoten langsam zu ihm umdrehte. Er blickte in die ausdruckslosen Gesichter, aschfahl, teilweise fehlten Augäpfel, Wangen waren aufgerissen, und auf den Köpfen waren selten noch mehr als ein paar Haarbüschel übrig. Möglich, dass sogar Nachbarn oder Kollegen von ihm unter den Biestern waren. Ein Gedanke, den er so schnell es ging wieder beiseiteschob.

Für einen kurzen Moment schien die Welt stillzustehen, dann sprinteten die Zombies los. Hatten sie erst ein potenzielles Opfer vor Augen, konnten sie wirklich hartnäckig werden. Aber Viggo hatte nicht vor, sich ihnen mit der Axt zu stellen. Da hätte er sich auch gleich von einem Dach stürzen können, das wäre vielleicht sogar aussichtsreicher gewesen. Stattdessen machte er auf der Stelle kehrt und rannte den Weg zurück, den er gekommen war. Er musste aufpassen, dass er in der Hektik nicht über die Schienen stolperte, die immer wieder seinen Weg kreuzten. Eigentlich war es nur ein kurzer Sprint, aber der Schweiß floss ihm in Strömen übers Gesicht, was sicherlich nicht nur an der körperlichen Ertüchtigung, sondern auch an den Zombies hinter ihm lag. Die Viecher holten nämlich langsam auf, und Viggo konnte schon deutlich das Zuschnappen ihrer Kiefer hören. Doch er hatte nicht vor, hier als Mahlzeit zu enden.

Er bog um einen Container und konnte sein Ziel endlich vor sich sehen: der Passagierwaggon mit den roten Stoffsitzen. Eigentlich keine Schönheit, die rote Lackierung war an vielen Stellen schon abgeplatzt, und der Rost fraß sich durch den Unterbau. Trotzdem konnte sich Viggo in diesem Moment keinen schöneren Anblick vorstellen. Mit großen Schritten hastete er auf den Waggon zu, seine Verfolger dicht im Rücken. Mit einem Satz sprang er in den Zug und eilte sofort auf die zweite Tür am anderen Ende zu. An der Erschütterung und den immer lauter werdenden Geräuschen konnte er erkennen, dass ihm die Untoten gefolgt waren und sich nun mit ihm im Zug befanden.

Mit einem beherzten Sprung hechtete er aus dem Abteil, fuhr sofort wieder herum, warf sich gegen die Tür und schlug den Riegel vor. Genau in diesem Moment prallten die Zombies mit voller Wucht gegen das Metall. Zum Glück bekamen die Beißer durch die Infektion nicht nur einen ordentlichen Appetit auf Hirne, sondern wurden auch richtig dumm – ein großer Vorteil für die Überlebenden. Wären sie nur ein bisschen klüger gewesen, hätte einer von ihnen vielleicht daran gedacht, dass sie durch eine geöffnete Tür in den Waggon gelangt waren. So aber konnte sich Viggo fallen lassen und unter dem Zug zurückrobben, um die Tür auf der anderen Seite ebenfalls zu verschließen.

Die Infizierten, die ihn durch die Seitenfenster beobachten konnten, wurden noch aggressiver und verstärkten ihre Anstrengungen, aber es nützte nichts. Sie saßen in der Falle und würden in diesem Waggon ausharren müssen, bis entweder der Planet Erde in die Luft flog oder jemand vorbeikam, um sein gerade gefundenes Maschinengewehr auszuprobieren. Beides war eher unwahrscheinlich. Die Erde machte, vom spontanen Zombiebefall abgesehen, einen guten Eindruck, und Munition war wertvoll und würde sicherlich nicht dafür verschwendet werden, ein paar Infizierte über den Haufen zu schießen, die gefangen in einem Waggon saßen.

»Macht es euch lieber bequem. Ihr werdet viel Zeit da drin verbringen, ob ihr wollt oder nicht«, sagte Viggo und wandte sich dann von der tobenden Menge ab.

Er wischte sich mit dem Ärmel den Schweiß aus der Stirn und setzte sich wieder in Bewegung. Sein Ziel waren die beiden Typen, denen er das Leben gerettet hatte. Sie mussten den Tumult eigentlich mitbekommen haben, und zumindest ein Dankeschön war fällig. Vielleicht wollten sie ihn ja sogar zum Krankenhaus begleiten, was das ganze Unterfangen weitaus weniger gefährlich gemacht hätte.

Viggo passierte die Containerreihen und abgestellten Waggons, bis er an die Stelle kam, an der die zwei unsportlichen Herren vorhin noch versucht hatten, unter einem Zug hindurchzukriechen. Sie waren verschwunden. Weit und breit keine Menschenseele.

Wahrscheinlich sind sie abgehauen, als sie den Krach gehört haben, dachte Viggo und sah sich die Stelle an, an der der Typ mit der Betonlocke vorhin noch feststeckte. Er zuckte mit den Schultern und verbuchte die ganze Aktion als Einzahlung auf sein Karma-Konto – vielleicht würde ihm auch mal jemand aus der Klemme helfen, ob er es mitbekam oder nicht.

Mittlerweile hatte er sowieso schon mehr als genug Zeit mit dem Auto und der Rettungsaktion der beiden Unbekannten verplempert. Er musste endlich ins Krankenhaus und die Medizin besorgen. Der kürzeste Weg führte die Hauptstraße entlang, die ihn direkt bis zur Notaufnahme bringen würde. Aber bei dem Gedanken verkrampfte sich sein Magen. Die Untoten dort würde er zwar rechtzeitig sehen, aber er wäre Banditen hoffnungslos ausgeliefert. Große Straßen mit Geschäften und Einkaufshäusern zogen die Verbrecher an wie ein Scheißhaufen die Fliegen. Dieser Gefahr wollte er sich nicht aussetzen. Stattdessen würde er die Nebenstraßen nutzen und durch Hinterhöfe schleichen. Das dauerte vielleicht etwas länger, aber zumindest hatte er so eine größere Chance, auch an seinem Ziel anzukommen.

Er durchquerte die Bahnhofshalle in leichtem Trab und hielt sich dann links, um durch das Gewirr aus kleinen Gassen zu laufen. Die wenigen Zombies, die ihm hin und wieder im Weg standen, konnte er gut umgehen oder von hinten ausschalten. Wenn es so weiterging, wäre er in ungefähr zwanzig Minuten am Krankenhaus.

In einem Innenhof legte er eine kurze Pause ein, um einen Schluck aus seiner Wasserflasche zu trinken. Dabei betrachtete er die Fenster des grauen Wohnkomplexes. Viele der Scheiben im Erdgeschoss waren durch Plünderer einfach zerschlagen worden. Früher tobte in diesen Hinterhöfen das pure Leben, Kinder spielten Fangen oder Fußball, Mütter hängten die Wäsche zum Trocknen auf, und Großeltern schauten einfach aus dem Fenster, um Nachbarn zu grüßen, die Kinder beim Spielen zu beobachten oder dem Postboten zuzuwinken. Nun lagen hier überall Scherben, aus den Wohnungen geworfene Möbel und verwesende Leichen von getöteten Zombies.

Viggo setzte die Flasche ab und verstaute sie wieder in seinem Rucksack, als er ein immer lauter werdendes Dröhnen hörte. Nach kurzer Zeit wusste er, um was es sich handeln musste: einen Motor. Irgendjemand war tatsächlich so verrückt und fuhr mit einem Auto durch die Stadt.

Er eilte zum Tor des Hinterhofs und sah auf die Straße. Weder links noch rechts konnte er etwas entdecken, keine Zombies und auch kein Auto. Wer auch immer das war, musste komplett irre sein, denn natürlich lockte der Krach alle Infizierten in der Umgebung an. Das Gute war: So würde er vielleicht einfacher ins Krankenhaus kommen, wenn die Mistviecher nicht im Weg waren. Das Schlechte: Das Auto schien genau auf ihn zuzuhalten, denn das Dröhnen wurde immer lauter.

Er wog gerade ab, ob er weiterlaufen oder warten sollte, da wurde ihm die Entscheidung abgenommen. Mit quietschenden Reifen und unter hohem Tempo bog ein Pick-up um die Kurve. Viggo presste sich dicht an die Wand, als das Auto vorbeifuhr. Vorne saßen zwei Gestalten mit Sturmhauben, auf der Ladefläche stand ein Typ mit einer Armbrust. Viggo konnte nicht viel erkennen, außer dass er eine Augenklappe trug.

Keine drei Sekunden nachdem der Pick-up aus seinem Sichtfeld verschwunden war, hörte er, was unweigerlich folgen musste: das Getrampel und die Schreie der Zombies, die dieser Krach anlockte.

Er drückte sich noch ein wenig tiefer in den Schatten und hielt den Atem an – dann kamen sie. Es waren bestimmt an die fünfzig Untote, die die drei Verrückten im Auto verfolgten. Viggo schloss die Augen und hoffte, dass der Schrecken einfach an ihm vorbeiziehen würde. »Wenn es dich da oben gibt«, betete er, »dann lass mich das hier unbeschadet überstehen.«

Er hatte Glück. Das Auto wirkte wie eine Karotte vor der Nase eines Esels, und keiner der Zombies kam auch nur auf die Idee, mal einen Blick nach links in die Einfahrt zum Hinterhof zu werfen, um das viel leichtere Ziel zu erspähen, das Viggo bot. So schnell, wie der Schrecken aufgezogen war, war er auch wieder verschwunden. Er konnte deutlich hören, wie sich das Auto immer weiter entfernte und mit ihm auch das Ungeziefer.

Erst als er weder Motorgeräusche noch das Getrampel der Meute hören konnte, wagte er es auszuatmen. Sein Puls raste, und er musste sich zwingen, langsam ein- und auszuatmen, um sich wieder zu beruhigen. Er hatte schon viele gefährliche Situationen erlebt, aber die hier gehörte auf jeden Fall in die Top Drei. Hätte er den Hinterhof nur ein paar Sekunden früher verlassen, wäre er den Typen unweigerlich vors Auto gelaufen – und die Männer hatten nicht so ausgesehen, als hätten sie ihn einfach in Ruhe gelassen. Im Laufe der Zeit hatte Viggo gelernt, sich auf sein Gefühl zu verlassen – und sein Gefühl sagte ihm jetzt, dass diese Kerle keine guten Absichten hegten. Er wollte gar nicht wissen, was Sinn und Zweck dieser Aktion gewesen sein sollte. In seinen Augen war es höchstens eine Verschwendung von Benzin, und die Jungs brachten sich unnötig in Gefahr. Aber das sollte nicht seine Sorge sein – denn Sorgen machte er sich bereits genug um seine Tochter.

Er musste weiter. Noch einmal checkte er die Straße, blickte nach links, dann nach rechts – keine Menschenseele und auch nichts, was mal ein Mensch war. In gebückter Haltung lief er zum gegenüberliegenden Bürgersteig und direkt weiter in den nächsten

Hinterhof. Sein Plan, sich von den großen Straßen fernzuhalten, schien aufzugehen, auch wenn er so länger brauchte.

Er durchquerte gerade den vierten oder fünften Hinterhof, als ihm etwas ins Auge fiel: »DAS IST GOTTES RACHE, SÜNDER«, stand in großen roten Buchstaben über eine Häuserwand geschmiert. »Irgendjemand verfolgt das hier offenbar mit großem Eifer«, überlegte Viggo beim Anblick des Graffitis. Es schien ein ungeschriebenes Gesetz in so einem Weltuntergangsszenario zu sein, dass hauptsächlich die Spinner überlebten – und dazu zählten ganz bestimmt auch die religiösen Eiferer. Wer vorher noch nicht verrückt war, der konnte es bei dem, was sich tagtäglich ereignete, allerdings auch ganz schnell werden.

Ein kleines Problem ergab sich aus dem Laufen durch die Hinterhöfe: Man verlor schnell die Orientierung. Die Hinterhöfe unterschieden sich höchstens in der Anzahl der aus den Fenstern geworfenen Möbel voneinander, doch darüber hinaus waren sie alle gleich trostlos und verlassen. Viggo musste sich vergewissern, ob er noch der richtigen Route folgte, indem er einen Abstecher zur Hauptstraße machte.

Mit der Axt in der Hand verließ er den Hof. Er schaute sich kurz um, doch außer ein paar Mülltonnen gab es nicht viel zu sehen. Bloß in der Ferne schlurfte ein Zombie ziellos durch die Gegend, doch der sollte kein Problem sein, wenn Viggo leise bleiben würde. Er musste eh in die andere Richtung. Immer aufmerksam passierte er ein paar Autos mit zerbrochenen Scheiben und platten Reifen. An der nächsten Kreuzung presste er sich gegen die Wand und sah um die Ecke, wo sich ihm ein ähnliches Bild bot: Ein paar desinteressierte Zombies, zerstörte Fahrzeuge, Mülltonnen und Plunder auf der Straße. Viggo lauschte aufmerksam, konnte aber nichts hören, keinen aufheulenden Motor, keine quietschenden Reifen und auch keine Horde, die durch die Straßen lief. Das verbuchte er als gutes Zeichen.

Gerade als er die Straße überqueren wollte, gab es einen scharfen Windzug an seinem Ohr, und irgendetwas schlug in die Wand hinter ihm ein. Verdutzt drehte er sich um und sah einen Bolzen im Mauerwerk stecken.

»Schön stehen bleiben, Süßer!«

Viggo fuhr herum und entdeckte den Kerl mit der Augenklappe im Türrahmen eines Wohnhauses, die Armbrust auf ihn gerichtet.

»Der nächste wird treffen, der erste galt nur als Warnung«, rief er zu Viggo herüber. »Warum denn so stumm?«

»Was wollt ihr?«, fragte Viggo panisch. »Ich habe nichts!« Etwas Besseres fiel ihm nicht ein, auch wenn er wusste, dass sie deshalb nicht von ihm ablassen würden. Irgendwie kam ihm der Kerl, der mit seiner Augenklappe ein bisschen wie ein Pirat aussah, bekannt vor.

»Das sagen sie alle«, gab sein Gegenüber mit einem dreckigen Grinsen zurück.

Viggo suchte nervös die Fensterläden ab, denn seine beiden Kollegen waren vermutlich nicht weit entfernt, wenn sie nicht gerade die aufgeschreckte Zombiehorde abschlachteten.

»Warst vorhin kaum zu übersehen, Hübscher. Wie du dich da an die Wand gepresst hast. Kannst von Glück sagen, dass wir dich entdeckt haben und keiner von den Hirnlosen.«

Langsam kam Augenklappe, wie Viggo ihn in Gedanken taufte, aus seiner Deckung und schlenderte auf ihn zu. Sein Kopf war komplett kahl, die ganze Erscheinung irgendwie grob, wie von einem Schlachter, der den ganzen Tag Kuhkadaver zerteilte. An den Füßen trug er braune Cowboystiefel, und er hatte sich einen dieser langen schwarzen Ledermäntel übergeworfen, die mit den Matrix-Filmen so populär geworden waren.

»Lasst mich gehen, und ihr bekommt meinen Rucksack samt Inhalt!«

Augenklappe blieb ungefähr zehn Meter vor ihm mit angelegter Armbrust stehen.

»Sag mal, Süßer, wie kommst du auf die Idee, dass wir hier verhandeln? Ich sag dir, wie es laufen wird: Du wirst dich auf den Boden legen, die Arme auf dem Rücken verschränken, und dann kommt Wladislaw aus seinem Versteck und legt dir Fesseln an. So werden wir es machen – und nicht anders.«

»Bitte, ich habe eine kranke Tochter! Wenn ich nicht bald mit Medikamenten zurückkomme, wird sie es nicht überleben«, bettelte Viggo verzweifelt. Er war sich seiner aussichtslosen Situation schmerzhaft bewusst.

»Schau an, eine Tochter. Wird ja immer interessanter. Magst du uns verraten, wo wir sie finden? Wir hatten schon länger nicht mehr das Vergnügen mit einer Frau!«

Augenklappe musste laut auflachen, und Viggo begriff voller Entsetzen, warum ihm der Typ so bekannt vorkam: Er selbst hatte ihm vor einigen Monaten das Auge ausgestochen, um seine Tochter zu retten. Zu seinem großen Glück hatte Augenklappe noch nicht gemerkt, mit wem er es zu tun hatte.

»Was habt ihr mit mir vor?«, fragte Viggo, um Zeit zu schinden.

»Ach, wir wollen nur mal deine Taschen durchsuchen, vielleicht finden wir ja etwas Nützliches, das du uns vorenthalten möchtest. Und weißt du, wir fühlen uns besser, wenn du dabei gefesselt bist. Nicht dass du auf dumme Ideen kommst und wir dich dafür bestrafen müssen. Das wäre ärgerlich – für alle.«

Viggo wusste, dass es Augenklappe rein gar nichts ausmachen würde. Typen wie er ergötzten sich an dem Leiden anderer. Sie waren wie ein Rudel wilder Hunde: Wenn sie einfache Beute witterten, schlugen sie zu – ohne Rücksicht oder Empathie. Wenn er hier mit dem Leben davonkommen wollte, musste er sich schleunigst eine Lösung einfallen lassen, die den Kerlen attraktiver erschien, als ihn umzubringen. Seine Gedanken wanderten immer wieder zu Alexandra, die schwer krank in ihrem Versteck lag und auf ihn zählte.

»Ich kundschafte die Stadt für eine Gruppe aus!«, log er. »Wenn ich nicht zurückkomme, werden sie schon bald nach mir suchen, und ihr werdet hier keine Ruhe mehr haben!«

»Na, in dem Fall können wir ja sogar noch Lösegeld für dich fordern. Wird ja immer besser, langsam stellst du dich als Hauptgewinn heraus. Aber wie genau passt das mit deiner todkranken Tochter zusammen, für die du gerade Medikamente suchst?«

Viggo war leider noch nie ein guter Lügner gewesen. Damit hatte er sich für weitere Verhandlungen als absolut unglaubwürdig erwiesen.

»Ich glaube ...« Augenklappe musterte ihn von oben bis unten. »... mit so einem hübschen Kerlchen wie dir könnten wir erst mal auch unseren Spaß haben. Am besten nehmen wir dich mit in unser Lager, und dann schauen wir mal, wie gut wir uns verstehen.«

Das war sein Todesurteil. In dem Moment, als Viggo bereit war, einfach hakenschlagend loszusprinten und darauf zu setzen, dass die Armbrust ihn verfehlen würde, hörte er Schreie: »Verdammt, ein Beißer!«

Augenklappe wandte sich nur für den Bruchteil einer Sekunde von seinem Opfer ab, aber er reichte, damit sich Viggo aus seiner Schockstarre lösen und in die Richtung zurückrennen konnte, aus der er gekommen war. Der Bolzen aus der Armbrust verfehlte seine Schulter um Haaresbreite und blieb in einem Fensterrahmen stecken, Holz splitterte.

Viggo sprintete in einem Tempo, das er noch nie in seinem Leben erreicht hatte. Er hörte Augenklappe hinter sich brüllen, er und seine Kumpane nahmen die Verfolgung auf. Da es nahezu unmöglich war, eine Armbrust im Laufen nachzuladen, musste er sich gar nicht erst die Mühe machen, Zickzack zu laufen. Hätten die anderen beiden Schusswaffen bei sich, sie hätten sie schon längst benutzt. Trotzdem wurde der Abstand zwischen ihnen immer kleiner.

Im Hechtsprung schlitterte Viggo über die Motorhaube eines Autos, das der Besitzer im Chaos wohl gegen ein Haus gefahren und anschließend einfach stehen gelassen hatte. Mittlerweile hörte er die Schritte hinter sich überdeutlich, Flüche und Geschrei begleiteten seine Verfolger.

Kurz vor der nächsten Kreuzung wagte er einen Blick nach hinten. Augenklappe hatte einen Fleischerhaken in der Hand, die Armbrust hing auf seinem Rücken – um heranfliegende Bolzen musste er sich also erst mal keine Sorgen mehr machen. Einer der Typen mit den Sturmhauben trug eine Machete, der andere schien einen Baseballschläger zu schwingen, an dem man eine Schere und Nägel befestigt hatte. Auch sie hatten schwarze Ledermäntel an. Zusammen gaben sie ein sehr martialisches Bild ab.

»Noch mehr Weltuntergang geht wohl kaum«, schoss es Viggo durch den Kopf. Hektisch sah er sich im Laufen nach einer Lösung um, irgendeinem Ausweg, einem Versteck – er hätte sich sogar über eine Zombiehorde gefreut, die die Typen beschäftigen oder ihnen zumindest den Weg abschneiden würde. Doch statt Beißern erspähte er zu seiner rechten eine offene Haustür. Es war ein typisches dreistöckigen Wohngebäude: von außen grau und trostlos, die Fenster mittlerweile alle entglast. Große Antennen an der Außenwand ließen darauf schließen, dass die ehemaligen Bewohner viel Zeit vor dem Fernseher verbracht hatten.

»Besser als nichts«, dachte Viggo und war froh, zumindest irgendein Ziel zu haben.

Er sprintete zum Haus und machte einen großen Satz ins Innere. Zeit, nach herumirrenden Beißern zu suchen, blieb nicht. Er musste sich einfach auf sein Glück verlassen. Ohne weiter darüber nachzudenken, rannte er die Treppe hoch ins zweite Stockwerk.

»Seid vorsichtig!«, brüllte einer seiner Verfolger von unten. »Er kann hinter einer Tür lauern und euch die Axt in den Kopf rammen!«

Ihre Schritte verlangsamten sich. Das würde ihm etwas Zeit verschaffen. Zeit, die er brauchte, um ein Versteck zu suchen. Er achtete darauf, keinen Krach zu verursachen, der Aufschluss darüber geben konnte, wo er sich befand. Sollten sie doch in aller Seelenruhe Stockwerk für Stockwerk absuchen.

Er öffnete die Wohnungstür zu einer Wohneinheit und stand direkt im Wohnzimmer mit integrierter Küche. Das war für Wohnungen hier typisch. Man wollte keinen Platz für einen Flur verschwenden, und ein Großteil des Lebens spielte sich sowieso in den Küchen ab – also warum nicht Wohnzimmer und Küche zusammenlegen. In dieser Küche spielte sich jedoch gar nichts mehr ab.

Viggo bot sich ein Bild des Chaos. Die Bewohner mussten überhastet geflohen sein, Klamotten, Bücher und Geschirr lagen verstreut auf dem Boden. Einzig die Möbel waren überwiegend noch an Ort und Stelle. Eine große braune Ledercouchgarnitur stand gegenüber einem altmodischen, aber dafür sehr großen Röhrenfernseher. Die Fernbedienung lag noch einsatzbereit auf dem kleinen Fliesentisch vor der Couch, als könnte der Besitzer jeden Moment zurückkehren und die Nachrichten schauen wollen.

Viggo schlich ins Schlafzimmer. Die Bettwäsche befand sich ordentlich zusammengefaltet auf der Matratze des Doppelbetts.

Unter dem Bett werden sie zuerst nachschauen, dachte er und strich diese Option aus seinem mageren Katalog an Möglichkeiten. »Wenn mich Horrorfilme eines gelehrt haben, dann, dass man sich nie unter dem Bett verstecken sollte.«

Als Nächstes kam ihm der Gedanke, dass es in solchen Filmen auch selten gut für den Protagonisten ausging, wenn er nach oben flüchtete, wo er quasi in der Falle saß. Also musste er irgendwie wieder nach unten kommen.

Das Schlafzimmerfenster zeigte zum Hinterhof. Viggo sah hinaus und musste auch diese Idee verwerfen. Kein Vordach, das seinen Sprung abfedern würde. Ein Fall aus dieser Höhe würde mindestens zwei gebrochene Beine bedeuten. Da würde er einem der Typen doch lieber noch mit der Axt den Kopf spalten, bevor er sich verabschiedete.

Er drehte sich um die eigene Achse, und da sah er die Lösung: ein großer, alter Kleiderschrank aus Eichenholz. Darin hätten mindestens fünf ausgewachsene Männer Platz gefunden. In der Mitte war ein Ganzkörperspiegel angebracht, in dem sich Viggo selbst betrachtete. Ein trauriger, kümmerlicher Anblick. Die Klamotten dreckig und zerrissen, die langen braunen Haare hingen fettig und trostlos von seinem Kopf. Rasiert hatte er sich schon lange nicht mehr, was bei ihm allerdings nur für einen Flaum im Gesicht sorgte, bei dem niemand so genau sagen konnte, ob das jetzt Barthaare waren oder doch nur Dreck. Aber ihm blieb jetzt keine Zeit, um sich für sein Äußeres zu bedauern. Er öffnete eine der Schranktüren und fand wie erhofft allerhand Kleider und Hosenanzüge fein ordentlich aufgereiht.

»Das könnte klappen«, murmelte er.

Er nahm eine der Überdecken vom Bett, um sich damit zuzudecken, und legte sich ganz flach in den großen Schrank. Einem flüchtigen Blick würde sein Versteck standhalten, bei genauerer Inspektion sähe das Ganze aber auf jeden Fall kritisch aus. Eine Wahl hatte er jedoch eh nicht mehr, das Gelärme aus dem Hausflur machte jeden Gedanken an eine Flucht über die Treppen zunichte.

Er versuchte, seine Atmung zu kontrollieren. Sein Herz raste, aber er musste sich beruhigen. Wenn er schnaufte wie ein Schwein, würden sie ihn hier in kürzester Zeit entdecken. Wenn er die Geräusche richtig zuordnete, waren sie gerade eine Etage tiefer dabei, die Küche auseinanderzunehmen.

Halten die mich wirklich für so dumm, dass ich mich unter der Spüle verstecke?, fragte sich Viggo leicht brüskiert, musste aber schnell einsehen, dass sein aktuelles Versteck nicht viel besser war.

Stiefelschritte auf den Stufen. Jemand war im Treppenhaus.

»Komm doch raus, dann können wir die Sache klären!«, rief Augenklappe. »Wenn du uns die ganze Sache hier nicht komplizierter machst als nötig, werden wir uns auch beeilen! Keine Folter, keine Strafe für deine Flucht! Wir werden dir einfach die Hauptschlagader durchschneiden, und du wirst schnell ausbluten. Das ist ein Versprechen!«

Die Schritte kamen langsam die Treppe hoch. Viggo presste seinen ganzen Körper auf den Boden des Eichenschranks, reduzierte seine Atmung auf ein Minimum. Das Quietschen der Wohnungstür, die ganz langsam aufgeschoben wurde, schrillte laut in seinen Ohren. Dann ging das Gepolter los. Die drei stürmten die Wohnung mit einem Lärm, der sogar Zombies in die Flucht geschlagen hätte. Viggo konnte hören, wie Küchenschränke aufgerissen und die Couchgarnitur umgeworfen wurde.

»Hier ist er nicht, Chef!«, dröhnte eine monotone Stimme aus dem Wohnzimmer herüber.

»Wlad, du gehst ins Bad, Olav, wir nehmen uns das Schlafzimmer vor!«

Viggo rutschte das Herz in die Hose, und er hätte schwören können, dass es für ein paar Sekunden aussetzte. Kalter Angstschweiß rann ihm über die Stirn, brannte in seinen Augen. Keine drei Sekunden später hörte er, wie die beiden Männer das Zimmer betraten. Der Holzdielenboden knarzte unter dem Gewicht der Cowboystiefel, und Viggo spürte die Erschütterung bei jedem Schritt bis in die Knochen. Er konnte verfolgen, wie einer der beiden zum Fenster ging, der andere musste am Bett stehen.

»Ich hoffe, du liegst nicht unterm Bett, ansonsten wird es gleich wehtun!«

Viggo hörte das Reißen von Stoff. Die Machete drang durch die Matratze.

»Hier also nicht«, murmelte Augenklappe. »Aber vielleicht im Schrank. Den wollen wir ja nicht vergessen, oder, Olav?«

Schritte näherten sich dem Kleiderschrank, Viggo hielt die Luft an, sandte ein Stoßgebet zu Gott und hoffte gleichzeitig auf die Sache mit dem Karma. In Situationen wie dieser war es besser, auf möglichst viele Pferde zu setzen.

Die Tür wurde aufgerissen, die Decke ließ Licht durch, und es wurde heller. Seine Finger verkrampften sich um den Axtstiel. Auch wenn es aussichtslos war, er würde bis zum letzten Atemzug kämpfen, sollte man ihn entdecken.

Die Kleider und Hosenanzüge wurden zur Seite gerissen.

»Hier ist niemand, Chef!«, rief Olav.

»Ich hätte wetten können, dass er es sich darin gemütlich gemacht hat.« Augenklappe klang enttäuscht.

»Keine Menschenseele, Chef.«

In diesem Moment fing Viggos linke Wade an zu krampfen. Er biss die Zähne zusammen, konnte das Zucken in seinem Bein jedoch nicht unterdrücken.

»Sekunde, da ist …«

Viggo wartete nicht, bis Olav zu Ende gesprochen hatte. Er wusste, dass er aufgeflogen und sein Versteckspiel vorbei war. Im Aufspringen rammte er seinen Kopf mit voller Wucht gegen das Kinn des überrumpelten Olav, der benommen nach hinten wegkippte. Im Bruchteil einer Sekunde scannte Viggo das Geschehen: Augenklappe stand immer noch am Bett, Viggo war ein Stück näher an der Tür dran. Vielleicht konnte er ein weiteres Mal davonlaufen, aber irgendwo würde der dritte Bandit auf ihn warten und ihm den Weg abschneiden.

Augenklappe grinste amüsiert, auch ihm war klar, dass Viggo in der Falle saß. Doch dann veränderte sich seine Mimik. Ihm ging ein Licht auf.

»Dich Arschloch kenne ich doch! Du Wichser bist für das hier verantwortlich!«, rief er und zeigte auf das Stück Stoff in seinem Gesicht, das die Augenhöhle verdeckte.

»Schuldig«, nickte Viggo grimmig und umfasste den Griff seiner Axt fester.

Augenklappe stieß einen schrillen Pfiff aus, auf den Gepolter aus dem Wohnzimmer folgte.

»Du hast doch nicht wirklich gedacht, dass das hier ein faires Duell wird, oder?« Augenklappe zeigte wieder sein hässliches Grinsen. Hinter Viggo positionierte sich Wlad in der Tür, in seiner Hand der martialische Baseballschläger, der an eine Waffe aus Mad Max erinnerte.

»Ich weiß nicht, vielleicht hatte ich gehofft, dass ihr noch so etwas wie einen Rest Anstand besitzt!«, spuckte Viggo aus.

Die beiden mussten laut auflachen. »Den haben wir schon längst aufgegeben.« Augenklappe kam einen Schritt auf ihn zu. »Aber das muss ich dir ja nicht erzählen, du weißt ja schließlich, mit wem du es zu tun hast. Und dieser Jemand ist sehr froh, dass er nun endlich seine Rache für das bekommt, was du ihm angetan hast.«

Viggo nickte langsam. Spätestens jetzt war ihm klar, dass er es mit Verrückten zu tun hatte. Leute, die von sich selbst in der dritten Person sprachen, waren grundsätzlich verrückt. Vermutlich waren sie schon vor dem Ausbruch der Seuche alles andere als fromm und gesetzestreu gewesen. Eine Zombieepidemie änderte daran nur wenig. Mörder, Vergewaltiger, Schläger – solche Leute konnten ihre Triebe jetzt unbehelligt ausleben, da es keine Staatsmacht mehr gab.

»Sei uns also nicht böse, wenn wir dir gleich den Kopf einschlagen werden. Es ist nichts Persönliches. Obwohl …« Er überlegte kurz. »Doch, in diesem Fall ist es wohl persönlich.« Wieder dieses hässliche Lachen.

»Typen wie ihr seid der Grund, warum die Menschheit vor die Hunde geht«, zischte Viggo. Er wusste, dass er verloren hatte, und es versetzte ihm einen Stich ins Herz. Nicht um seinetwillen, er hing nicht mehr sonderlich an seinem Leben. Er lebte nur noch für Alexandra, die in ihrem Versteck lag und auf seine Rückkehr wartete. Wenn er bis zum Einbruch der Nacht nicht zurückkehrte, würde sie begreifen, dass ihr Vater gescheitert war. Bis zum Anbruch des nächsten Tages würde sie so schwach sein, dass sie sich weder gegen Einbrecher noch gegen Zombies wehren könnte. Er hoffte, dass sie den Mut aufbrachte, ihrem Leben selbst ein Ende zu setzen, bevor es ein Zombie tat. Sie beide hatten lang genug gelitten und Frieden verdient – auch wenn der erst im Jenseits auf sie wartete.

»Wie rührend. Und jetzt los, schmeiß die Axt weg, und ich werde es schnell tun.«

Aber Viggo dachte gar nicht daran. Wenn er nur einen Treffer landen konnte, würde einer der Typen vielleicht zumindest einen Arm oder ein Bein verlieren. So viel Genugtuung musste sein.

Viggo schüttelte den Kopf und hielt die Axt vor seine Brust. Augenklappe schien für einen kurzen Moment enttäuscht, gab seinem Kollegen dann ein Zeichen, der den Baseballschläger hob und losmarschierte. Langsam bewegten sich die beiden Männer auf Viggo zu, wie Löwen, die sich an ihre Beute heranpirschten. Sie näherten sich aus unterschiedlichen Richtungen, sodass zumindest einer der Angreifer leichtes Spiel haben würde. Er konnte schließlich nur einen Schlag parieren.

Als sie keine zwei Meter mehr von ihm entfernt waren, donnerte plötzlich ein unglaublicher Lärm durch das Zimmer, die Brust von Wladislaw platzte auf, er ging zu Boden, und Blut quoll hervor.

»Lasst ihn in Ruhe!«, brüllte jemand aus dem Wohnzimmer.

Augenklappe und Viggo starrten ungläubig auf den toten Wladislaw – das alles war so schnell passiert, dass sie es noch gar nicht realisiert hatten. In der Tür stand ein kleiner, untersetzter Mann mit Halbglatze und Schnauzbart. In der Hand hielt er eine abgesägte Schrotflinte, die aus der Distanz vermutlich auch einen Elefanten hätte umbringen können. Eine kleine Nickelbrille saß auf seiner Nase, und ein weißer Priesterkragen verdeckte seinen Hals. Gut sichtbar über dem offenen Ledermantel baumelte ein großes Kreuz auf seiner Brust.

»Im Namen Gottes, lasst diesen Mann gehen! Er hat euch nichts getan, ihr Sünder!« Seine Stimme war volltönend und ebenso einschüchternd wie die Schrotflinte, aus deren Lauf noch der Rauch qualmte.

Augenklappe zeigte sich jedoch unbeeindruckt. »Und was ist, wenn nicht?«

»Dann wird es euch gleich so ergehen wie eurem Freund hier.«

Augenklappe schien die Situation abzuwägen und eine Lösung zu suchen, um doch noch als Gewinner aus der ganzen Sache hervorzugehen, allerdings gab es in Anbetracht einer Schrotflinte nur sehr wenige Gegenargumente. Viggo sah, wie er den Raum unruhig mit den Augen absuchte, aber nichts Hilfreiches fand. Die Armbrust hing immer noch auf seinem Rücken, und mit dem Fleischerhaken wäre er nicht schnell genug bei seinem Gegner gewesen, bevor die Kugeln ihn durchsiebt hätten. Er senkte seine Waffe und gab Viggo ein Handzeichen, dass er verschwinden solle.

»Hau schon …«

Ein lauter Donner zerriss die Luft, und die Schrotflinte jagte ihre Munition direkt in den Kopf von Augenklappe. Auf der Rückseite traten Teile der Schädeldecke und Hirnmasse aus, das komplette Gesicht wurde bis zur Unkenntlichkeit zerfetzt. Wo mal Augen und Nase waren, klaffte jetzt nur ein großes Loch.

Viggo war noch in Schockstarre, da zog der Unbekannte eine Pistole aus seinem Mantel und richtete sie auf den bewusstlosen Olav. Zwei gezielte Schüsse in den Kopf, und der Mann am Boden würde nie wieder aufstehen. »In der Hölle sollt ihr schmoren.«

Wie betäubt stand Viggo vor dem großen Kleiderschrank. Er hatte bereits mit seinem Leben abgeschlossen und sich auf einen schmerzhaften Kampf eingestellt, da kam aus dem Nichts dieser Mann und rettete ihn.

»Sie sind ein Wunder«, stammelte er.

»Nein, ich bin lediglich Gottes letzte Bastion in dieser Hölle – und nun kommen Sie mit, hier draußen ist es nie sicher, und die Schüsse wird man in der ganzen Stadt gehört haben.«

Keine siebzehn Minuten später standen sie in einem Keller irgendwo östlich in der Stadt. Die Fenster waren mit Holzbrettern verbarrikadiert, Helligkeit spendeten ein paar Kerzen, die der Priester gerade entzündete. Eine Matratze mit einer grünen Wolldecke lag in der Ecke, ansonsten gab es abgesehen von einem Hocker und einem kleinen Tisch kein weiteres Mobiliar – wenn man von dem großen weißen Kreuz an der Wand mal absah. Viggo betrachtete es und fragte sich, ob er direkt an den nächsten Irren geraten war, als ihm der Mann mit dem Gesicht eines gutmütigen Onkels ein Glas Wasser anbot.

»Greifen Sie ruhig zu, ich habe das Wasser mit Tabletten aufbereitet. Sie werden schon keinen Durchfall davon bekommen.«

Viggo zögerte kurz, griff dann aber gierig zu und leerte das Glas in einem Zug. Seine Kehle war trocken, seine Lippen fühlten sich wie dünnes Pergamentpapier an.

»Danke.«

»Sehr gern. In der Ecke steht ein Kanister, nehmen Sie sich noch ein Glas. Und bitte entschuldigen Sie, ich habe mich noch gar nicht vorgestellt: Man nennt mich Pfarrer Juri. Ich vertrete die Kirche hier – oder das, was von ihr übrig ist.« Der Pfarrer hielt ihm eine Hand hin.

»Freut mich, Viggo ist mein Name.« Er schlug ein. »Danke für die Rettung in allerletzter Sekunde.«

»Ich habe gesehen, wie die drei Ganoven Sie verfolgt haben. Ich hatte die Typen schon seit geraumer Zeit im Visier, Sie sind nicht der Erste, den sie sich vorgeknöpft haben. Leider hatte ich bislang keine Gelegenheit zuzuschlagen. Jetzt dürfte es in dieser ohnehin schon viel zu gefährlichen Stadt wieder ein bisschen sicherer sein. Es reicht schon, wenn diese Ausgeburten der Hölle auf uns Jagd machen.« Juri hatte seinen gutmütigen Blick nun gegen einen ernsten getauscht. Er nahm selbst einen Schluck aus seinem Becher und fuhr dann fort: »Ich versuche hier so etwas wie Ordnung aufrechtzuerhalten. Gott gab mir seinerzeit die Aufgabe, mich um meine Gemeinde zu kümmern. Und wenn meine Gemeindearbeit so aussieht, dass ich Schafe, die vom richtigen Weg abgekommen sind, schlachten muss, dann tue ich das.«

Ein Pfarrer, der vom Prediger zum bewaffneten Schutzengel einer Stadt geworden war. Viggo konnte es kaum glauben.

»Haben Sie Lust auf ein Stück Fleisch?«, wollte Juri wissen.

»Wie bitte?«

»Fleisch. Natürlich kein saftiges Steak von der Flanke eines argentinischen Bullen, aber ich sollte hier noch etwas Trockenfleisch haben.«

Der Pfarrer kramte in einer Plastiktüte und holte zwei Streifen hervor. Er reichte Viggo einen, der gleich abbiss. Der Geschmack war streng, aber auf eine angenehme Art. Ehrlich gesagt legte Viggo keinen Wert mehr darauf, wie etwas schmeckte, wichtig war nur, dass er es im Magen behielt und es ihn nicht krank machte.

»Waren das die ersten Räuber, die Sie zur Strecke gebracht haben?«

Juri sah ihn mit hochgezogenen Augenbrauen an. »Die ersten? Nein, mittlerweile dürfte ich schon an die zwanzig Diener Satans getötet haben. Sie kommen in die Stadt, legen um, wer sich ihnen in den Weg stellt, und verschwinden wieder. Wenn man dieses Gesocks machen lässt, stirbt das Gute bald aus, und nur noch die Zombies und das Böse werden über den Planeten wandeln. Das werde ich nicht zulassen.«

Viggo hatte nicht für möglich gehalten, dass es noch Menschen gab, die nicht nur an sich selbst dachten, sondern das Wohl der Allgemeinheit verfolgten. Zu der Dankbarkeit über seine Rettung gesellte sich nun Respekt vor den Taten des Geistlichen. Auch wenn er Gewalt verabscheute: Drastische Situationen verlangten drastische Maßnahmen. Männer wie Juri gaben ihm Hoffnung zurück, dass die Menschheit eines Tages wieder zu so etwas wie einem Alltag zurückkehren könnte. Wahrscheinlich würde er dann nicht mehr leben, aber er hoffte es für Alexandra.

»Sie wandern also jeden Tag durch die Straßen und halten nach Räubern Ausschau, denen Sie die Lichter auspusten können?«

Juri musste lachen. »Nun, irgendjemand muss den Job wohl machen. Die meisten nehmen die Beine in die Hand, wenn sie einem Typen wie dem mit der Narbe gegenüberstehen. «

Viggo fühlte sich ertappt, genau dasselbe hatte er schließlich auch getan. Aber bei einem Verhältnis von drei gegen einen, noch dazu ohne Schusswaffe, war die Gefahr, dass man verlor, dann doch etwas größer, als wenn man eine Schrotflinte bei sich trug und das Überraschungsmoment auf seiner Seite hatte. Gottvertrauen allein hätte Juri nicht geholfen.

Beim Thema Gott fiel ihm allerdings etwas ein. »Die Graffiti mit Gottes Rache und so, sind die von Ihnen?«

»Exakt, niemand soll behaupten, er sei nicht gewarnt worden.«

»Und Sie leben hier?« Viggo sah sich erneut im Kellerraum um. Außer dem Kreuz gab es keine persönlichen Gegenstände, keine Familienfotos, keine Bücher, kein Geschirr oder Klamotten.

»Es ist nur eines meiner vielen Verstecke in der Stadt. Ich nächtige selten zweimal hintereinander in derselben Unterkunft, das lädt nur zu einem Hinterhalt ein. Die meiste Zeit verbringe ich aber außerhalb der Stadt in meiner Kirche, wo ich eine kleine Gemeinde um mich geschart habe. Alte, Gebrechliche, Kinder und auch ein paar, die wissen, wie man ein Gewehr hält. Mittlerweile sind wir auf zwanzig Personen angewachsen, züchten ein paar Schweine und bauen Gemüse an. Ich komme hierher, um mich um des Teufels Gesandte zu kümmern oder verlorene Seelen wie Sie zu retten, die in diesem Sumpf hier verloren gehen würden.« Er legte Viggo eine Hand auf die Schulter. »Kommen Sie mit mir, wir könnten jemanden wie Sie gut brauchen. Eine Gemeinschaft gibt Sicherheit, und wir unterstützen uns.«

Viggo konnte es kaum glauben. Wenn es stimmte, was Juri ihm erzählte, gab es endlich einen Funken Hoffnung für Alexandra und ihn. Einen Rückzugsort, eine Gruppe, in der man sich unterstützte. Sie müssten nicht in irgendwelchen Löchern hausen und Angst vor herumziehenden Zombiehorden oder Banditen haben, die zufällig über sie stolperten. Er könnte mit seinen handwerklichen Fähigkeiten helfen, die Kirche auszubauen und sicherer zu machen, und Alexandra würde der Kontakt zu anderen Menschen auf jeden Fall guttun.

»Ich kann nicht«, sagte Viggo.

Er sah die Enttäuschung in Juris Gesicht.

»Verstehen Sie mich nicht falsch«, fuhr Viggo fort. »Ich kann *noch* nicht. Was Sie erzählen, klingt unheimlich verlockend. Aber ich bin nicht allein und gerade auf einer Mission. Meine Tochter liegt ein paar Kilometer von hier entfernt in einem Keller und braucht dringend Medikamente, die ich im Krankenhaus suchen muss.«

»Ich verstehe.« Die Miene des Pfarrers hellte sich wieder auf. »Aber meinen Sie nicht, dass das Krankenhaus bereits geplündert wurde?«

»Doch, aber es gibt eine Art Tresor, den kein Dieb knacken kann. Ich habe auch den Code für diesen Tresor – also in der Theorie, zumindest weiß ich, wo man ihn findet. Bevor wir uns euch anschließen können, brauche ich diese Medikamente und muss zurück zu meiner Tochter. Wenn sie gesund ist, werden wir kommen.«

»Das klingt doch nach einem Plan!« Juri nickte. »Aber seien Sie vorsichtig. Gebäude wie das Krankenhaus oder die Supermärkte locken das Gesindel an. Diese gewissenlosen Schweine zögern keine Sekunde, Ihnen eine Kugel ins Hirn oder ein rostiges Messer ins Herz zu jagen.« Er klang wie ein besorgter Vater, der wusste, dass der Sohn zwar seine eigenen Erfahrungen und auch Fehler machen musste, um daraus zu lernen, dabei aber nicht tatenlos zusehen wollte.

»Ich kann Sie durch die Kanalisation bis kurz vor das Krankenhaus bringen, danach sind Sie wieder auf sich allein gestellt. Ich nehme zwar gern jede Möglichkeit mit, die Bösewichte auszuschalten. Allerdings aus der Deckung heraus und nur, wenn ich mir meiner Sache wirklich sicher bin. Ich kann kein Risiko eingehen, meine Gemeinde braucht mich.«

Viggo war zwar enttäuscht, da er die Hilfe des kampferprobten Priesters gut hätte gebrauchen können, aber er hatte Verständnis. Juri hatte bereits mehr für ihn getan, als er verlangen konnte. Er stand tief in seiner Schuld.

»Wo finden wir euch, sobald Alexandra wieder gesund ist?«

»Die Kirche steht westlich der Stadt in einem kleinen Dorf, lediglich acht Gebäude und ein großer Kuhstall, den wir als Lager für unsere Materialien nutzen. Vielleicht kennen Sie das Kriegerdenkmal für die gefallenen Soldaten des Zweiten Weltkriegs?«

Viggo wusste, welches Dorf gemeint war. Das Kriegerdenkmal war berühmt in der Gegend. Zum nationalen Gedenktag, an dem der Sieg über Nazideutschland gefeiert wurde, pilgerte die halbe Region zu der Soldatenstatue.

»Also gut, ich darf keine Zeit mehr verlieren. Bringen Sie mich zum Krankenhaus.«

Keine fünf Minuten später standen die beiden im Dunklen. Es roch modrig und nach Fäkalien, aber zum Glück war Viggo in dieser Hinsicht nicht mehr empfindlich. Unregelmäßige Körperhygiene stumpfte auch den eigenen Geruchssinn ab. Juri drückte den Knopf seiner Taschenlampe. Das Ding war so groß und schwer, dass es sich auch hervorragend zum Einschlagen von Zombieköpfen eignete. Der Lichtkegel beleuchtete einen kleinen Steg, auf dem sie standen, und direkt vor ihnen befand sich der Entwässerungskanal, durch den früher die ganze Scheiße der Stadt geflossen war. Mittlerweile war er aber ausgetrocknet – kein Wunder, Zombies benutzen keine Toiletten. Die Wände waren seinerzeit aus roten Backsteinen gemauert worden, Schimmel wucherte über den Mörtel – dem feuchten Klima sei Dank.

»Gibt es hier unten wirklich keine Beißer?«

»Es ist nicht auszuschließen, dass mal einer durch einen offenen Gully fällt, aber ich habe hier noch keinen gesehen. Und ich habe schon viel Zeit in diesen Tunneln verbracht, man kann sich nämlich viel Ärger sparen, wenn man gewisse Punkte der Stadt einfach unterläuft.«

Viggo hatte ein mulmiges Gefühl. Er fühlte sich wie in einem der Maislabyrinthe, die er als Kind gern mit seinen Eltern an den Sonntagsausflügen besucht hatte. Bloß war dies hier die Horrorvariante und weitaus weniger harmonisch.

»Folgen Sie mir, und achten Sie darauf, wo Sie hintreten. Manchmal geben die Steine nach, und wenn man unachtsam ist, kann man schnell da unten landen«, sagte Juri und zeigte auf die ausgetrockneten Exkremente, die im Entwässerungskanal lagen wie skelettierte Tierkadaver in der Wüste.

Sie passierten einige Kreuzungen, bogen um unzählige Ecken und verließen die Kanalisation an einer Stelle sogar, nur um zwei Querstraßen später wieder in den Untergrund hinabzusteigen. Viggo hatte mittlerweile komplett den Überblick verloren, und es war ihm ein Rätsel, wie der Pfarrer sich hier unten orientieren konnte. Er suchte nach Zeichen oder Symbolen an den Wänden, die Rückschlüsse darauf zugelassen hätten, wo sie sich befanden und welchem Weg es zu folgen galt, aber er sah nichts und musste akzeptieren, dass er komplett abhängig war.

Plötzlich bedeutete Juri ihm mit einer Geste, stehen zu bleiben und sich ruhig zu verhalten. Jeder Muskel in Viggos Körper spannte sich sofort an, beide Hände gingen zur Axt, die am Gürtel baumelte. Aber seine Sorge war unbegründet, denn der Priester hatte im Kegelschein der Taschenlampe bloß eine Ratte entdeckt, die sich gerade über etwas hermachte, das wie eine Windel aussah.

»Halt mal kurz«, flüsterte Juri und überreichte ihm die Taschenlampe. Anschließend fingerte er aus der Innentasche seines Mantels eine Zwille, in die er eine kleine Metallkugel aus seiner Brusttasche legte.

Viggo musste anerkennend feststellen, dass dieser Mann wirklich für alle Fälle ausgerüstet war.

Juri spannte die Zwille, nahm Maß und ließ die Kugel durch die Luft sausen. Das Geschoss verfehlte den Kopf des Nagers nur um wenige Millimeter und prallte an der Wand ab, was in der Stille einen großen Krach veranstaltete und jede Ratte im Umkreis von Hunderten Metern in die Flucht geschlagen haben dürfte.

»Schade, keine Ratte zum Abendbrot«, sagte Juri enttäuscht und steckte die Zwille wieder ein. »Man glaubt es kaum, aber die kleinen Biester schmecken ein bisschen wie Huhn – eine echte Delikatesse, wenn man sie denn zu fassen bekommt. Die sind flink wie ein Wiesel und sehr aufmerksam.«

Viggo hatte noch nie ein Nagetier probiert, konnte sich aber gut vorstellen, dass sie im Vergleich zu Dosenfutter und Trockenfleisch eine willkommene Abwechslung darstellten. Mit ein paar Gewürzen, gut über dem Feuer am Spieß gegrillt – allein bei dem Gedanken lief ihm das Wasser im Mund zusammen, auch wenn er vor ein paar Sekunden noch einem der Viecher dabei zugeschaut hatte, wie es sich an einer Windel zu schaffen machte. Ekel war ein Relikt aus einer vergangenen Zeit, in der noch keine Zombies über die Straßen schlurften.

»Wie weit ist es noch?«

»Noch zweimal abbiegen, und dann sind wir da«, antwortete Juri. Schon kurze Zeit später standen die beiden vor einer Leiter, die zu einem Gully führte.

Viggo schaute nach oben. Durch die Gullylöcher drang Tageslicht in die dunkle Kanalisation. Hier unten war es vielleicht halbwegs sicher, dafür aber düster und nass, es stank, und ohne einen Ortskundigen konnte man sich in Windeseile verlaufen. Bei dem Gedanken daran zog es Viggo geradezu magisch an die Oberfläche.

»Hier trennen sich vorerst unsere Wege«, stellte Juri fest. »Ich bin froh, dass Gott unsere Wege sich hat kreuzen lassen. Ich erwarte Sie und Ihre Tochter in wenigen Tagen bei unserer Gemeinschaft. Wir haben genug Essen, sichere Mauern und vor allem mehr als genug Arbeit, die auf uns alle wartet. Die Menschheit lässt sich schließlich nicht von heute auf morgen retten.« Bei dem letzten Satz musste er ein bisschen lächeln – vermutlich wusste er selbst, was für ein hoffnungsloses Unterfangen es war. Aber Juri brauchte keine Hoffnung, er hatte seinen Glauben an Gott.

»Ich danke Ihnen und stehe tief in Ihrer Schuld«, erwiderte Viggo. Er wusste nicht so recht, was er einem Mann zum Abschied sagen sollte, der ihm vor nicht mal zwei Stunden das Leben gerettet hatte.

»Sie stehen in niemandes Schuld. Und ich bin mir sicher, dass Sie genauso gehandelt hätten. Der Überlebenskampf auf der Erde ist zu einem Kampf zwischen Himmel und Hölle geworden. Auf der Seite des Lichts stehen Männer und Frauen wie Sie und ich, die trotz all der Widrigkeiten ihren Glauben an das Gute nicht verloren haben. Doch auf der Seite des Teufels stehen nicht nur die Zombies, sondern auch gewissenlose Schweine und Mörder wie die, die ich vorhin erledigen musste.«

Juri hielt ihm die Hand hin, Viggo schlug ein. Der Händedruck war fest, aber freundlich und ehrlich. Keine Kraftdemonstration, sondern ein Zeichen der Zuversicht.

»Noch eine Bitte«, nahm Juri das Gespräch noch einmal auf. »Gehen Sie da drinnen keine unnötigen Risiken ein, und spielen Sie nicht den Helden. Jemand verlässt sich auf Sie und ist auf Ihre Rückkehr angewiesen. Gott hat Verständnis, wenn Sie sich nicht jeder Gefahr stellen können. Vergessen Sie das nicht. Und sollte die Konfrontation mit des Teufels Häschern unausweichlich sein, verteidigen Sie sich hiermit.«

Juri nahm die Pistole, mit der er vorhin den ohnmächtigen Olav hingerichtet hatte, aus seiner Jackentasche und überreichte sie dem sichtlich überraschten Viggo. Eine Schusswaffe war der wertvollste Besitz, der einem Menschen dieser Tage noch geblieben war – vom eigenen Leben abgesehen.

»Das … ich kann … Sie können nicht …«, stammelte er.

»Ich kann sehr wohl. Wenn es Ihnen leichterfällt, dann sehen Sie es als Leihgabe, und bringen Sie sie mir einfach mit, sobald Sie mit Ihrer Tochter zu uns kommen. Ich habe schließlich immer noch meinen Uriel«, sprach Juri und zeigte dabei auf seine Schrotflinte.

Viggo hielt die Pistole wie ein rohes Ei in seinen Händen, steckte die Waffe dann aber schlussendlich doch ein. Er hatte jetzt keine Zeit, darüber zu diskutieren, und im Grunde musste er froh sein. Seine Erfolgsaussichten waren soeben ungemein gestiegen.

Die beiden Männer umarmten sich, Juri ging zurück in die Richtung, aus der sie gekommen waren, und Viggo begann mit dem Aufstieg. Für einen kurzen Augenblick befürchtete er, seine Mission würde schon am Gullydeckel scheitern, der zwischen ihm und dem Krankenhaus lag. Aufgeben war aber keine Option, und so rüttelte Viggo minutenlang vergebens an dem Gusseisen, bis es sich endlich anheben ließ.

Die Sonne blendete ihn, seine Augen mussten sich erst wieder an die Helligkeit gewöhnen, und er hielt schützend eine Hand vor das Gesicht. Als er wieder sehen konnte, steckte er vorsichtig seinen Kopf aus der Öffnung, um sich zu vergewissern, dass keine

Zombies von dem Lärm angelockt worden waren. In der Ferne starrte ein Beißer eine Häuserwand an, ein paar Autowracks zierten die Straße, und jemand hatte ein rotes Sofa auf den Gehweg geworfen. Was der Sinn dieser Aktion gewesen sein mag, wollte sich Viggo nicht erschließen, aber er hatte vor langer Zeit aufgehört, so etwas zu hinterfragen.

Er drehte den Kopf und konnte es endlich sehen: das Krankenhaus. Wie ein Obelisk überragte es alle anderen Gebäude der Umgebung um viele Etagen, und ganz oben war in der Mitte das große rote Kreuz angebracht, wodurch sich auch dem bildungsfernsten Betrachter sofort erschließen sollte, dass es sich um eine medizinische Einrichtung handelte. Das Gelände war von einem hohen Metallzaun umgeben, der einzige Eingang war der Weg über die Auffahrt, wo ein kleines Wartehäuschen stand und eine Schranke damals die Zufahrt für Pkw kontrolliert hatte, die bei der Notaufnahme vorfahren wollten, statt den Besucherparkplatz ein paar Gehminuten entfernt zu nutzen. Auf dem Grundstück selbst drängten Büsche und Bäume aneinander und wurden nur von einem kleinen Gehweg durchtrennt, der sich wie ein Fluss durch das Grün schlängelte. Langzeitpatienten sollten sich hier erholen und an der frischen Luft neue Energie tanken.

Viggo war dieser Anblick nur allzu vertraut. Vor einigen Monaten hatte er hier fünf Tage die Woche verbrachte, und kannte das Gebiet wie seine Westentasche. Das würde ihm jetzt hoffentlich von Vorteil sein.

Er sah sich noch einmal kurz um, konnte aber nichts Verdächtiges entdecken. Der Zombie war immer noch mit der Mauer beschäftigt. Viggo fragte sich, was er da wohl sah, entschied aber, es nicht herausfinden zu wollen. Ganz langsam kletterte er die Leiter hoch und verschloss die Kanalisation wieder, damit niemand in das Loch stürzte – egal, ob Beißer oder Mensch. Für einen Menschen wäre der Fall wohl tödlich gewesen, und ein Zombie könnte

Juri da unten das nächste Mal überraschen. Dafür wollte er nicht verantwortlich sein.

Geduckt schlich er zu dem kleinen Wärterhäuschen hinüber und blickte durch das Fenster. Auf dem Tisch lag eine Besucherliste, auf der alle einfahrenden Autos mit dem Kfz-Kennzeichen, Uhrzeit und Datum notiert worden waren. Der letzte Eintrag war um 17:17 Uhr gemacht worden, kurz nachdem die Medien das erste Mal über die sich ausbreitende Seuche berichtet hatten, die die Toten wieder auferstehen ließ. Schlüssel konnte er keine entdecken, der diensthabende Wachmann hatte sie wohl mit nach Hause genommen. Mit Schlüsseln wäre die ganze Aktion vermutlich einfacher gewesen, aber ein Großteil der Scheiben war wahrscheinlich sowieso bereits eingeschlagen worden. Er würde schon irgendwo einen Einstieg finden.

Viggo überlegte kurz, ob er sich durch die Büsche an das Krankenhaus heranschleichen sollte, entschied sich dann aber für die zwar riskantere, aber auch schnellere Variante und wählte die Auffahrt, über die früher die Notärzte und Krankenwagen im Minutentakt gerast waren. Gebückt lief er den Asphalt entlang, die Axt in der Hand und immer aufmerksam, ob sich aus den Büschen links und rechts ein Zombie auf ihn stürzen könnte.

Wenige Sekunden später stand er vor der großen Tür zur Empfangshalle. Es war eine große, gläserne Flügeltür – zu seiner Überraschung komplett unversehrt. Er schaute durch das Glas, und auch die Empfangshalle war quasi unangetastet, als könnten die Krankenschwestern jeden Moment zurückkommen und ihre Arbeit wieder aufnehmen. Auf dem Tresen konnte er sogar noch den Stapel Flyer sehen, der über Krankenhauskeime aufklärte und wie man seinen Teil dazu beitragen konnte, sie nicht weiter zu verbreiten. Auch der Spender mit dem Desinfektionsgel, den die Besucher beim Betreten und Verlassen des Gebäudes benutzen sollten, stand noch an seinem Ort. Eigentlich hatte Viggo damit gerechnet, Spuren von Plünderungen zu sehen, aber zumindest in diesem Bereich hatte es keine sinnlose Zerstörung gegeben.

Er rüttelte an der Tür, zu seiner Enttäuschung war sie allerdings abgeschlossen. »Wäre ja auch zu schön gewesen«, murmelte er und fing an, sich einen Plan B zu überlegen. Er konnte durch eines der Fenster klettern, die links und rechts der Eingangstür aufgereiht waren wie Zinnsoldaten. Einige davon waren eingeschlagen. Allerdings bestand hierbei die Gefahr, sich an einer Scherbe zu verletzen. In Gedanken umrundete er das Gebäude, bis er zum Lieferanteneingang an der linken Seite kam. Dort waren Medikamente, Bürobedarf, frische Bettlaken, Lebensmittel und allerhand weitere Sachen angeliefert worden. Seine Kollegen hatten den Ort auch gern genutzt, um außerhalb der Sichtweite von Patienten eine Zigarette zu rauchen und über die Ärzte zu lästern. Einen Versuch war es wert, beschloss er. Wenn die Tür verriegelt war, blieb ihm ja immer noch eines der vielen Fenster.

Er lief zum Lieferanteneingang, achtete dabei aber darauf, genügend Abstand zu den kaputten Fenstern zu halten. Die Gefahr war zu groß, dass ein Zombie gerade die Aussicht genoss und zupackte, sobald Viggo vorbeilief. Im Augenwinkel konnte er immer mal wieder Bewegungen in den Räumen ausmachen, wollte aber nicht ausschließen, dass er sich das nur einbildete.

Schnaufend stand er schließlich vor der unscheinbaren braunen Metalltür. An der Wand war ein Schild angebracht, auf dem »Lieferanteneingang« stand, und ein Türgriff ermöglichte auch das Öffnen von außen. Hinter der Tür war der Empfangstresen der internen Verwaltung, die sich um die Annahme von Lieferungen kummerte.

Seine Hand wanderte langsam zur Klinke, sein Puls raste, und insgeheim rechnete Viggo schon damit, dass auch hier abgeschlossen war. Aber dieses Mal hatte er Glück, und der Griff ließ sich nach unten drücken. Er spürte, wie der kleine Metallriegel zurückglitt, und fühlte sich ein bisschen wie ein Teil der Gemeinschaft des Rings, als es ihnen endlich gelungen war, das Tor zu den Minen von Moria zu öffnen – bloß war das hier ein bisschen weniger fantastisch, und ihn verfolgte kein monströses rotes Auge. Die Augen seiner Monster waren tot und leer.

Langsam öffnete er die Tür. Ein leises Quietschen war zu hören, sie war wohl schon länger nicht mehr benutzt worden. Vorsichtig spähte er ins Innere, konnte aber nichts Auffälliges oder Gefährliches entdecken. Das Tageslicht fiel durch die Fenster in den Raum, erreichte die hintersten Winkel jedoch kaum. Es war schummrig, und vor allem roch es ganz anders, als Viggo es in Erinnerung hatte. Der sterile Geruch fehlte. Statt nach Desinfektionsmitteln roch es nach Verwesung und Tod.

Er trat ein und achtete darauf, möglichst wenig Krach zu machen. Vor ihm stand der Verwaltungstresen. Stempel und Stempelkissen lagen noch bereit, als könnte jeden Moment eine Lieferung ankommen, die quittiert werden musste. Sogar ein Kaffeebecher stand noch neben der Tastatur des Computers, mittlerweile völlig ausgetrocknet. Hinter dem Tresen erstreckte sich ein langer Flur, links und rechts waren in regelmäßigen Abständen Türen zu Lager- und Aufenthaltsräumen. Am Ende des Ganges war neben den Toiletten eine Tür zum Treppenhaus, von wo aus er auf Station 6 kommen würde. Dort würde er entweder Schwester Anita oder zumindest ihren Kittel mit dem notierten Code finden, der den Medizinschrank öffnen würde. Viggo war den Plan im Kopf schon mehrmals durchgegangen, und zumindest in der Theorie wirkte es wie eine gute Idee.

Mit der Axt in beiden Händen bewegte er sich langsam und vorsichtig durch den langen Flur – das verräterische Stöhnen der Zombies blieb bisher aus, trotzdem erwartete er jeden Moment einen überraschenden Angriff aus dem Hinterhalt. Wenn er in die Zimmer schielte, offenbarte sich ihm das komplette Chaos. Schränke waren geöffnet, Schubladen herausgerissen worden, leere Schachteln lagen verstreut auf dem Boden. Viggo war nicht der Erste hier, das war wenig überraschend, langsam bekam er aber doch Bedenken, dass irgendwelche Typen mit Armen wie Baumstämmen den Schrank irgendwie aus dem Krankenhaus geschafft hatten, um ihn dann mit schwerem Gerät zu öffnen. Aber so viel Aufwand, ohne zu wissen, was der Safe beherbergte, konnte sich eigentlich niemand erlauben. Zeit war kostbar, und so eine Operation hätte sehr viel davon verschlungen, weshalb Viggo versuchte, den irrationalen Gedanken wieder zu verdrängen. Trotzdem nagte die Ungewissheit an ihm, jetzt, wo er so kurz vor dem Ziel stand, wie eine Maus an einem großen Laib Käse. Er wollte endlich Gewissheit haben, bevor nichts mehr vom Käse übrig war.

Die Tür zum Treppenhaus war mit einem Piktogramm markiert, auf dem ein Männchen ein paar Stufen hochmarschierte. Einen so reibungslosen Aufstieg wünschte sich auch Viggo und öffnete die Tür.

Das Treppenhaus war dunkel, nur wenig Sonnenlicht fiel durch kleine Fenster in der Wand. Auf der dritten Etage machte Viggo eine unschöne Entdeckung: Zwei Zombies lagen mit eingeschlagenen Schädeln vor der Tür zu Station 3, an das Treppengeländer war ein Mann gelehnt, dem ein Messer im Hals steckte. Blut war über den ganzen Boden verteilt und noch nicht komplett getrocknet, der Zwischenfall konnte also nicht lange zurückliegen.

Viggo ging in die Hocke und sah sich den armen Kerl genauer an. Das Kinn war ihm auf die Brust gesackt, und das Messer steckte seitlich in der Luftröhre. Der Sauerei auf dem Boden nach zu urteilen, musste eine Arterie durchtrennt worden sein. Viggo tastete die Taschen des Toten ab, wurde aber nicht fündig. Wahrscheinlich war ihm jemand zuvorgekommen, und die Zombies waren nur eine Ablenkung oder nicht eingeplant gewesen. Er konnte nur hoffen, dass die Typen nicht mehr da waren.

Eine Etage weiter hörte er zum ersten Mal das, wovor er sich so sehr gefürchtet hatte: das Stöhnen und Jaulen der Untoten. Den Geräuschen nach zu urteilen, mussten sich um die zwanzig von ihnen in den Gängen befinden. Früher waren hier die Neurologie und die Neurochirurgie untergebracht – also Patienten, die Probleme mit dem Nervensystem hatten. Peinlichst genau achtete Viggo darauf, keinen Lärm zu machen – was ihn an frühere Zeiten in der Stadtbibliothek erinnerte. Da reichte schon ein Räuspern, um die strengen Blicke der Bibliothekarin auf sich zu ziehen.

Auf Etage 5 war die Tür zum Treppenhaus verschlossen, und Viggo hatte auch nicht vor herauszufinden, was in dem Flur dahinter los war. Hören konnte er nichts, aber Blutspritzer sprenkelten die sonst weiße Tür. Eine dazu passende Leiche gab es allerdings nicht. Vielleicht hatten Zombies hier jemanden zerfetzt, und seine Freunde wollten ihm ein anständiges Begräbnis ermöglichen, bevor er als Futter für die Beißer endete. Oder der Unglückliche war von allein wieder aufgestanden und streunte jetzt durch die Gänge.

Gerade als er weitergehen wollte, hörte er ein Kratzen an der Tür, das ein bisschen klang wie Fingernägel, die über eine Schultafel glitten. Damit hatte er nun die Gewissheit, dass auch Station 5 von den wandelnden Toten besetzt war. Wer auch immer eines Tages diese Tür öffnen würde, er würde ein böses Erwachen erleben. Viggo überlegte noch, ob er zukünftigen Plünderern eine Warnung hinterlassen sollte, aber er hatte keinen Stift dabei, mit dem er etwas an die Tür hätte schreiben können. Außerdem hatte er gerade andere Sorgen.

Wenige Sekunden später stand er vor der Tür zu Station 6. Sie war unbefleckt weiß, verschlossen und wurde durch das Sonnenlicht vom Fenster gegenüber angestrahlt, als würde Gott ihm zeigen wollen, dass er endlich an seinem Ziel angekommen war. Gleich würde sich herausstellen, ob sich all die Strapazen gelohnt hatten. Viggos Puls schoss in die Höhe. Die Aufregung stellte seine

Nerven auf eine harte Probe, denn er hatte keine Ahnung, was ihn gleich erwarten würde. Theoretisch war es möglich, dass der ganze Flur bis unter die Decke mit Zombies vollgepackt war wie ein gut besuchtes Rockkonzert. Doch er würde es nicht erfahren, wenn er nicht hineinging. Damit die Maus in seinem Kopf nicht weiter am Käse nagen konnte, musste er die Zweifel endlich aus der Welt räumen.

Seine Hand glitt zum Griff, drückte ihn langsam nach unten, und die Tür schwang auf. In der anderen Hand hielt er die Axt griffbereit, um alles zu erschlagen, was dahinter lauern konnte.

Aber weder Beißer noch Plünderer warteten auf ihn, nur ein leerer Flur. In der Mitte des Gangs lag ein Krankenbett auf der Seite, aber ansonsten ließ nichts auf das Unglück schließen, das erst das Krankenhaus und dann die ganze Stadt ereilt hatte. Am Ende des Flurs befand sich der Raum, in dem er hoffentlich finden würde, was er suchte. Es war das Stationszimmer des Personals, das zum Gang hin mit einer großen Glasfront versehen war. Im hinteren Bereich führte eine Tür zu den Umkleiden, wo er den Kittel von Schwester Anita finden würde – oder sie selbst.

Leise wanderte er den Flur hinab und blieb dabei an jeder offenen Tür stehen, um nachzuschauen, ob sich nicht doch noch irgendwo ein Zombie aufhielt. Doch alles, was er fand, waren wieder mal aufgerissene Schränke und Chaos. In einem Bett verweste eine Leiche, die hier wohl schon seit Beginn der Katastrophe lag. Nichts, was ihm Unbehagen bereitet hätte.

Kurz vor dem Stationszimmer spähte er nach links und rechts in die weiteren Flure, aber auch hier gab es außer offenen Türen nichts zu sehen. Er entschied sich, lieber keine Zeit zu verschwenden und sich auf den ersten Eindruck zu verlassen. Er öffnetete die verglaste Tür und sah einen vertrauten Anblick: einen großen weißen Schreibtisch mit einem alten Röhrenmonitor, auf dem man alle nötigen Infos zu den Patienten der Station abrufen konnte, davor ein

Bürostuhl mit blauem Stoffbezug. Links davon stand eine Kaffeemaschine, die früher rund um die Uhr in Betrieb gewesen war. An der Wand hing eine Uhr, deren Zeiger stehen geblieben waren. Direkt darunter hing ein Kalender mit Katzenbildern.

Rechts vom Monitor stand immer noch die große Schale, die stets einen Vorrat an Keksen, Schokolade und Bonbons bereitgehalten hatte, wenn man mal schnell einen Zuckerschub brauchte. Mittlerweile waren alle Süßigkeiten verschwunden. Nach all den Monaten wäre das meiste davon aber mit Sicherheit eh nicht mehr genießbar gewesen.

Viggo merkte, wie er wieder anfing, in der Vergangenheit zu schwelgen. Er hatte an diesem Ort so viel Zeit verbracht, neue Freunde kennengelernt und auch menschliche Tragödien miterlebt – bloß ein paar Etagen tiefer. Schlimmer als das Jaulen der Zombies waren nur das Heulen und die verzweifelten Schreie von Eltern, die ihr Kind verloren hatten. Diese Erfahrung wollte er nicht am eigenen Leib machen müssen. Er hatte für solche Sentimentalitäten jetzt keine Zeit.

Unter dem Schreibtisch stand ein hölzernes Schränkchen mit nur einer Tür. Von außen sah das Ganze mehr als unauffällig aus, wie eine Möglichkeit zur Aktenaufbewahrung. Viggo wusste aber, was sich darin befand, und war überglücklich, das Möbelstück an Ort und Stelle zu sehen. Er ging in die Hocke und öffnete die Tür. Dahinter war das, weshalb er gekommen war: der gesicherte Medikamentenschrank, ein großer grauer Klotz aus massivem Stahl, unversehrt. Links oben befand sich eine Zahlentastatur und darüber ein Display. Abgesehen von den Ziffern gab es noch einen Knopf zum Bestätigen und zum Löschen der Eingabe.

Auf eine gewisse Art fühlte er sich wie Indiana Jones bei der Entdeckung des Heiligen Grals. Schließlich lagen auch Abenteuer und Gefahren hinter ihm, die er alle abgewehrt und überlebt hatte – aber auch wenn er dem Ziel jetzt so nah war, wusste er, dass sein

Plan noch scheitern konnte. Dafür würde es schon reichen, wenn Schwester Anita an ihrem letzten Tag im Krankenhaus ihre Kittel in die Wäscherei gebracht hätte und am nächsten Morgen nicht erschienen wäre. Die Gefahr, wieder mit leeren Händen nach Hause kommen zu müssen, war durchaus real. Wieder stibitzte sich die Maus in seinem Kopf ein Stück vom Käse.

Er betrachtete die Tür zur Umkleide. Jeder Pfleger der Station hatte dort einen Spind, in dem Wechselklamotten für den Fall hingen, dass sich zum Beispiel ein Patient erbrach und man etwas davon auf die Dienstkleidung bekam.

Es war an der Zeit, sich der Wahrheit zu stellen.

Viggo stand auf, ging hinüber und öffnete die Tür. Dahinter erwartete ihn erneut ein vertrauter Anblick. Die Wände waren mit Spinden zugestellt, in der Mitte standen zwei Holzbänke. Tageslicht fiel nicht herein, da der Raum über kein Fenster verfügte. Viggo wandte den Blick nach rechts, wo der Durchgang zu den Duschen war, und da sah er sie: Anita.

Sie war nicht nach Hause gegangen, und sie trug ihren Kittel, die ganzen Sorgen waren also völlig umsonst gewesen. Trotzdem erschütterte ihn das Bild. Er war sich zwar darüber im Klaren gewesen, dass sie hier noch herumwandeln konnte, doch insgeheim hatte er gehofft, an den Code in ihrem Kittel zu kommen, ohne sie dafür aus selbigem erst herausholen zu müssen.

Sie starrte auf einen Spind, und Viggo wollte sich gar nicht ausmalen, wie lange sie das schon tat. Vermutlich hatte seit Monaten niemand mehr diesen Raum betreten, und die Krankenschwester stand seitdem einfach auf der Stelle, hoffte auf irgendwelche Reize aus der Umwelt. Weil diese ausblieben, schien das, was von ihrem Bewusstsein übrig war, auf Autopilot geschaltet zu haben und nun wieder zu erwachen.

Langsam drehte sich ihr Kopf zur Seite, als könnte sie kaum glauben, was gerade passiert war. Der Ritter war endlich erschienen und hatte Rapunzel aus ihrem Turm befreit – bloß war Rapunzel in diesem Fall ein Zombie, und statt langem blondem Haar hatte sie nur noch ein paar Haarbüschel auf dem Kopf. Ihre Haut war aschfahl, das Weiß der Augen rot unterlaufen und die Pupillen winzig klein. Unter ihrem Arbeitskittel trug sie eine der hellblauen Hosen, die Standard für alle Krankenpfleger waren. Sie entblößte leicht ihre Zähne, die Viggo an verfaulte Baumstämme erinnerten, die aus einem Sumpf ragten.

Er überlegte noch, ob er irgendwas zur Begrüßung sagen sollte, da stürmte sie mit einem plötzlichen Ruck auf ihn zu – sie hatte seit Monaten nichts zu beißen bekommen, da musste er wie ein Weihnachtsfestessen auf sie wirken.

Kurz bevor sie bei ihm war, riss Viggo seine Axt hoch und schlug ihr mit der stumpfen Seite des Axtkopfes gegen die Schläfe. Es gab ein knackendes Geräusch, und Anita fiel wie von einem Lkw angefahren um. Er hatte schon zahlreiche Begegnungen wie diese hinter sich gebracht, aber er war immer noch überrascht, wie schnell die Untoten umkippten, solange man nur auf ihren Kopf zielte – als würde man eine Kerze auspusten. Vor ein paar Monaten hätte er vielleicht noch Probleme damit gehabt, einer Bekannten die Axt gegen den Kopf zu rammen, aber diesen Luxus konnte er sich nicht mehr leisten.

Er vergewisserte sich, ob Anita endgültig tot war. An der Stelle, wo die stumpfe Seite der Axt ihren Kopf getroffen hatte, war der Schädel sichtbar eingedrückt. Es hatte wohl ausgereicht, um den geschwächten Körper komplett außer Gefecht zu setzen. Er rollte die leblose Schwester auf den Bauch und krempelte den Kragen ihres Kittels um. Die Waschanleitung kam zum Vorschein, und da war mit einem Kugelschreiber die Zahlenreihenfolge 1337 notiert.

»Danke, Anita«, flüsterte er, für mehr war keine Zeit, auch wenn er sie sich gern genommen hätte. Er verließ den Umkleideraum und schloss die Tür wieder hinter sich. So würde seine ehemalige

Kollegin zumindest nicht als Festschmaus für die Beißer enden. Viggo hockte sich wieder vor den Tresor, seine Hände zitterten leicht, als er anfing, den Code einzugeben. Mit der ersten Zifferntaste, die er drückte, erwachte das Display wieder zum Leben und zeigte die eingegebene Zahl an. Seine Finger wanderten zur Drei, und er drückte zweimal, darauf folgte die Sieben – und danach passierte nichts.

Viggo wollte schon vor lauter Wut und Verzweiflung laut losbrüllen, da fiel ihm ein, dass er auch noch die Bestätigen-Taste drücken musste. Sein Zeigefinger wanderte zur Taste und drückte zu, ein leises Klacken war zu hören, und die Tür ging auf. Fort Knox war geknackt.

Er blickte hinein. Auf vier Schubladen standen verschiedene Namen von Medikamenten, die in alphabetischer Reihenfolge sortiert waren. Hektisch riss Viggo alle Fächer auf und fand endlich, wonach er gesucht hatte: ein Antibiotikum, das Alexandra helfen würde.

Wie in Trance schaufelte er nicht nur die gesuchte Medizin, sondern auch den Rest in seinen Rucksack. Wer wusste schon, wann er den Kram mal brauchen würde, und auch die Gemeinschaft des Priesters würde sich bestimmt darüber freuen.

Wäre er etwas aufmerksamer gewesen, hätte er den Zombie bemerkt, der durch die Flure schlurfte. Als er aus der Hocke wieder hochkam, schauten sich die beiden durch die Glasfront direkt in die Augen. Viggo war völlig perplex, und auch der Zombie schien verwirrt darüber, dass noch jemand anders anwesend war. Aber der Beißer schaltete ein bisschen schneller. Wie von einem Löwen gejagt lief der die Fensterfront entlang und durch die offene Tür in das Stationszimmer. Viggo sah sich panisch nach seiner Axt um und entdeckte sie direkt neben dem Tresor – zu weit entfernt. Seine Finger suchten nach dem Messer, das er bei sich trug, und bekamen es zu fassen. Er zerrte am Griff, als der Zombie mit ihm zusammenstieß. Das Messer entglitt ihm und fiel hin.

Gemeinsam gingen sie zu Boden, der Untote lag auf Viggo. Mit einer Hand hielt er den Kopf des Zombies von sich weg, dessen Atem nach Verwesung und geronnenem Blut stank, mit der anderen Hand umklammerte er das rechte Handgelenk des Infizierten. Dessen freie Hand hatte sich tief in die Schulter. von Viggo vergraben und würde ein paar hübsche Kratzer hinterlassen. Das Monster war deutlich stärker als sein menschlicher Kontrahent. Viggo musste sich etwas einfallen lassen.

Er ließ das Handgelenk los, und die frei gewordenen Fingernägel rammten sich gleich in seine Wange, er merkte, wie Blut hinablief, und betete, dass keine Krankheitserreger übertragen wurden. Plötzlich war ein lauter Knall zu hören, geleeartige Hirnmasse, Hautfetzen und Schädeldecke verteilten sich im ganzen Raum. Viggo hatte mit der freien Hand, die nicht mit dem Kopf des Zombies beschäftigt war, nach der Pistole von Juri getastet und sie gefunden. Die Kugel jagte er dem Monster von unten durch den Schädel, und das Ding war sofort tot.

Viggos Atem raste noch, als er wieder aufstand. Mit dem Hemdsärmel tupfte er das frische Blut von der Wange. Er würde die Stelle auf jeden Fall desinfizieren müssen, das wusste er. Zum Glück übertrug sich die Krankheit, die aus Menschen Zombies machte, nur über Bisse. So hatte er es auch immer Alexandra eingetrichtert: »Es ist egal, was der Zombie macht, Hauptsache, seine Zähne kommen dir nicht zu nahe.«

Er steckte die Pistole wieder ein, nahm Axt und Rucksack, denn er durfte hier keine weitere Zeit mehr verlieren. Den Schuss hatte man im ganzen Krankenhaus gehört, und er wusste, dass so etwas Zombies anlockte – aber auch neugierige Typen, die sich überlegen würden, ob es sich lohnen könnte, ihn über den Haufen zu schießen.

Viggo lief zurück zum Treppenhaus, doch es war zu spät. Ein paar Etagen tiefer waren bereits das Gestöhne und Getrampel von

Zombies zu hören – und es waren viele. Er lehnte sich über das Geländer und sah, was er befürchtet hatte: Zombies. Sie drangen aus der Tür zu Station 4. Er zählte mindestens sieben von den Biestern, und in seinem Kopf fing es an zu rattern.

Er hatte zwei Optionen. Er konnte sich irgendwo auf der Station verstecken und hoffen, dass die Zombies die Suche aufgaben, aber die Gefahr war zu groß, dass sie anschließend hier durch die Gänge schlurften und er in der Falle saß. Also entschied er sich für Plan B und trat die Flucht nach oben an. Was er da machen sollte, wusste er auch noch nicht, aber so hatte er auf jeden Fall bessere Überlebenschancen, als wenn er hier stehen blieb.

Er nahm immer zwei Stufen auf einmal, trotzdem holten die Zombies immer weiter auf. Mittlerweile folgten sie nicht nur dem Geräusch des Schusses, sondern hatten auch erblickt, wer dafür verantwortlich war. Die Aussicht auf eine frische Mahlzeit schien sie in eine Art Raserei verfallen zu lassen, und sie rannten noch schneller – zu Viggos Glück nahmen sie aber keine Rücksicht aufeinander und rempelten sich gegenseitig um oder stolperten übereinander.

Die Gruppe der Verfolger war mittlerweile auf zwölf angewachsen, schätzte Viggo nach einem hektischen Blick über die Schulter. Vier Etagen war er schon gelaufen, zwei waren es noch bis zum Dach. Er hoffte, dass die Tür nicht abgeschlossen war, denn ansonsten saß er in der Falle wie ein Haufen Hühner im Stall, wenn der Fuchs kam. Bloß gab es in diesem Fall nur ein Huhn und ganz viele Füchse – kein fairer Kampf.

Er schnaufte, seine Beine pochten vor Schmerzen, der Schweiß rann ihm über die Stirn, aber seine Verfolger spornten ihn zur Hochleistung an. Mit großen Schritten eilte er an Station 12 vorbei, zwei Treppen später stand er vor der großen blauen Tür, die direkt auf das Dach des Krankenhauses führte. Früher hatte sie ab und zu offen gestanden, wenn der Hausmeister nach irgendwelchen

Wartungsarbeiten das Abschließen vergessen hatte, und man hatte hier sein Mittagsessen genießen können. Er schmiss sich mit aller Kraft gegen das Metall und hätte fast vergessen, den Türgriff dabei nach unten zu drücken. Die Tür flog mit großem Schwung auf, und die frische Luft und die Sonnenstrahlen trafen ihn wie ein Hammer den Amboss.

Geistesgegenwärtig schmiss er die Tür gleich wieder zu und stemmte sich mit seinem ganzen Gewicht dagegen – schon wenige Sekunden später prallten die ersten untoten Leiber mit einem dumpfen Krachen auf die Tür wie Wellen in einem Sturm gegen Klippen.

Leider ging Viggos Plan nur bis zu dieser Stelle, und er hatte keine Idee, wie es weitergehen sollte. Es war nur eine Frage der Zeit, bis die Tür aus ihren Angeln flog – oder einer der Zombies zufällig den Türgriff nach unten drückte.

Er presste sich mit dem Rücken gegen die Tür, während sein Blick hektisch das Krankenhausdach abscannte. Es gab einen Lüftungsschacht, der aber vergittert war und sowieso viel zu eng. Selbst wenn es ihm gelang, den Draht rechtzeitig zu entfernen, würde er sich irgendwo im Schacht einklemmen und wie ein Tier in der Falle sitzen und verhungern.

Als das Brüllen der Zombies immer lauter wurde, entdeckte er etwas, das vielleicht die Lösung sein konnte. Etwa fünf Meter rechts von ihm standen Baumaterialien, mehrere Rollen Draht und Holzpaletten, Werkzeuge lagen drum herum. Vermutlich waren Handwerker hier gewesen, um undichte Stellen auszubessern und Witterungsschäden zu reparieren.

Viggo eilte hinüber und betete, dass die Scharniere zumindest noch für eine kurze Zeit durchhalten würden. Er verschaffte sich einen Überblick über die ihm zur Verfügung stehenden Materialien und fasste einen Plan, der MacGyver hätte vor Neid erblassen lassen – aber Not machte eben erfinderisch.

Er legte die Holzpaletten mit der unteren Seite nach oben vor der Tür aus und spannte Draht zwischen den Brettern. Das Bauwerk ergab kein Muster, es sollte nur ein Hindernisparcours sein, über den die Untoten fallen würden. Ihr Instinkt ließ sie immer den kürzesten Weg wählen, ungeachtet des Bodens und der Beschaffenheit.

Viggo zurrte gerade das letzte Drahtseil fest, da hörte er ein bedrohliches Quietschen, die Tür ächzte unter dem Druck der Beißer, die laut schrien. Er richtete sich auf, nahm die Pistole in die Hand und stellte sich am Ende der Paletten auf. Sie sollten ihn sofort sehen und keinen Zweifel haben, welchen Weg sie einschlagen mussten. Drei-, vielleicht viermal konnte er noch ruhig ein- und ausatmen, dann sprang die Tür mit einem immensen Krachen auf wie der Korken einer Flasche Sekt mit zu viel Druck.

Viggo blickte dem Tod in die Augen. Es waren fünfzehn Zombies, die geifernd im Treppenhaus standen, viele von ihnen trugen noch zerrissene und dreckige Arbeitskleidung aus dem Krankenhaus, manche waren nackt, einem fehlte die linke Gesichtshälfte. Aber sie alle hatten diesen gierigen Blick wie ein Rudel Wölfe, das nach einer langen Hungerphase endlich einen prächtigen Bock gestellt hatte. Viggo hatte diese Momente schon oft erlebt, diese gefühlte Ewigkeit, wenn die Untoten ihn erblickt hatten und folgen würde, was folgen musste: Von einer Sekunde auf die andere sprintete die Meute los, um ihre Beute zu erlegen.

Sie kamen keine drei Meter weit, da fielen die beiden Vorderen in dem Wirrwarr aus Drahtseilen hin. Die nachfolgenden Zombies trampelten einfach über sie drüber, fielen aber anschließend selbst zu Boden. In dem Durcheinander war es schwer für die sowieso eher grobmotorischen Menschenfresser, sich wieder aufzurichten. Viggo beobachtete das Spektakel angespannt. Er hatte den Arm gehoben und zielte mit der Pistole, um sofort schießen zu können, wenn es eins der Viecher bis zu ihm schaffte. Die Szenerie erinnerte ihn an Fische, die in einem Netz gefangen waren, sich ihrem Schicksal aber nicht ergeben wollten. Wild zuckten sie hin und her, und ab und zu konnte sich auch der eine oder andere befreien, doch wer Viggo schlussendlich zu nahe kam, wurde mit einem Schuss in den Kopf hingerichtet.

Als der Letzte erschossen war, ließ Viggo die Waffe fallen und fing an zu weinen. Der ganze Druck der letzten Stunden löste sich endlich, zwischen ihm und Alexandra standen jetzt keine Zombies mehr hinter einer Tür, nur noch ein Heimweg, auf dem zwar viel passieren konnte, der aber ein Kinderspiel im Vergleich zu dem hier werden würde. Sein Herz raste, die Tränen liefen ihm über das Gesicht, aber er hatte es endlich geschafft.

Erst jetzt spürte er die körperliche Erschöpfung. Viggo hob die Pistole wieder auf und setzte sich ein paar Meter abseits des Massakers auf den Boden. Eine kurze Pause, die er sich verdient hatte, dann würde er zurückgehen – mehr wollte er nicht.

Er kramte im Rucksack, holte das Wasser hervor und nahm einen kräftigen Bissen vom Trockenfleisch. Der Himmel war klar, die Sonne neigte sich langsam gen Westen, aber er würde noch rechtzeitig vor Einbruch der Dunkelheit wieder bei Alexandra sein.

Es war der 29. Juli 2012, als Viggo den Tag noch einmal Revue passieren ließ, die zwei Typen am Bahnhof, die Begegnung mit Augenklappe, die Rettung durch Juri. Endlich gab es für ihn und seine Tochter wieder eine Zukunft, eine Gemeinschaft, in der sie leben konnten. Es waren diese tröstlichen Gedanken, die Viggo durch den Kopf gingen, als das Donnern einer Marksman Rifle zu hören war, die all diese Träume, Pläne und Hoffnungen zerfetzte und Viggos Leben beendete.

DANKE

Hiermit ist mein erstes (aber vermutlich nicht letztes) Buch zu Ende.

Das Schreiben dieser Seiten war eine wirklich interessante Erfahrung für mich. Seit ich lesen kann, sind Bücher meine regelmäßigen Begleiter. Der Gedanke, dass ich selbst mal eins schreiben würde, kam mir beim Lesen allerdings nie. Dass ich es dann doch getan habe, ist einem Abend mit zu viel Langeweile zu verdanken. Eigentlich sollte das Ganze hier nicht mehr als eine Kurzgeschichte werden, so um die zwanzig Seiten. Als daraus plötzlich knapp achtzig wurden, hatte ich aber das Gefühl, erst einen kleinen Teil von Viggos Geschichte erzählt zu haben. Deswegen habe ich einfach weitergeschrieben, und irgendwann war die kleine Kurzgeschichte zu einem ganzen Roman geworden. So schnell kann's gehen!

Dass aus meinem Text wirklich ein Buch geworden ist, haben wir aber nicht nur meiner Langeweile zu verdanken, ein paar Personen waren auch daran beteiligt. Peter und Dennis zum Beispiel, die mir nach meinen ersten achtzig Seiten das Go für ein richtiges Buch gaben und versprachen: Sollte ich es schaffen, einen Roman daraus zu machen, würden sie mich bei der Veröffentlichung unterstützen. Boris, unser Manager, der dann tatsächlich einen Verlag dafür gefunden hat. Mirka, die dieses Buch nicht nur lektoriert, sondern auch von Anfang bis Ende betreut hat. Risto, die ein Cover gezaubert hat, mit dem ich glücklicher nicht sein könnte. Freunde und Familie, die sich hin und wieder nach dem Stand des Buches erkundigt und so für den nötigen Druck gesorgt haben, es endlich fertig zu schreiben.

Das größte Dankeschön gilt aber der PietSmiet-Community. Ihr habt dafür gesorgt, dass aus einer Szene, die sofort wieder in Vergessenheit hätte geraten können, etwas Besonderes wurde. Etwas, worüber wir viele Jahre später noch reden (und schreiben). Viggo ist mehr als nur ein Insider. Er steht für eine Community, die denselben Humor und dieselben Werte teilt – und das seit vielen Jahren! Versteht dieses Buch bitte als Wertschätzung für Viggo und all das, was daraus geworden ist. Ich hoffe sehr, auch in ein paar Jahren noch Kommentare über das gewissenlose Schwein Peter S. und das unschuldige Opfer Viggo vom Krankenhausdach lesen zu dürfen.